Commentaires élogie
Un sommeil paisib

« Humain, sensible et centré sur le b... ...t rafraîchissant de découvrir et d'endosser une appro... axée sur des soins affectueux au nouveau-né et à l'enfant, une approche qui ne prétend pas savoir ce que tout bébé devrait être et ce que toute personne devrait faire pour réussir son rôle parental. *Un sommeil paisible et sans pleurs* s'adresse à chaque parent et à chaque enfant dans leur particularité. Il allie l'amour et la connaissance. »

— James J. McKenna, Ph. D., directeur, Mother Baby Behavioral Center, University of Notre Dame

« Une réponse sage et extraordinaire aux prières de tous les parents fatigués. Enfin, des moyens affectueux, doux, intuitifs, sécuritaires et efficaces pour favoriser le sommeil. Elizabeth Pantley enseigne aux parents une méthode étape par étape pour connaître une expérience nocturne agréable, excluant les restrictions que les parents n'apprécient généralement pas dans les conseils sur le sommeil. *Un sommeil paisible et sans pleurs* devrait faire partie du programme de chaque cours prénatal et de soins aux bébés ! »

— Nancy Eggleston, conceptrice en éducation populaire, StorkNet.com

« Ce livre fait un merveilleux équilibre entre la signification des pleurs d'un nouveau-né et la réalité de l'épuisement des parents. Ces derniers y trouveront une confirmation de leur intuition selon laquelle ils ne doivent pas ignorer les pleurs de leur bébé et de leur propre pouvoir d'aider leur tout-petit à apprendre à dormir. »

— Michael Trout, directeur, The Infant-Parent Institute, Inc.

« Finalement, un livre qui traite intelligemment un sujet critique : comment endormir un bébé sans recourir à la solution consistant « à le laisser pleurer jusqu'à l'épuisement. » Si vous faites partie des parents qui passent à travers leurs journées tant bien que mal, tout faibles et chancelants après de nombreuses nuits passées auprès d'un bébé ou d'un tout-petit qui n'arrive pas à s'endormir, ou si vous êtes simplement de ceux qui veulent prévenir ce scénario, voici le livre à lire. Il offre des réponses réalistes et réalisables à l'une des situations les plus exigeantes et complexes que doivent affronter les parents. »

— *Tricia Jalbert et Macall Gordon, directrices de la rédaction, Attachment Parenting International*

« Cela m'a toujours dérangée que toutes les méthodes amenant bébé à « faire ses nuits » proclamées par de soi-disant experts soient *cruelles* pour les bébés et les petits enfants. Elizabeth Pantley a répondu aux prières des parents somnolents partout dans le monde en concevant une approche sensible et compréhensive qui fonctionne vraiment ! Si vous faites partie des parents fatigués, voici le livre de vos rêves ! »

— *Gaye E. Ward, fondatrice, Gayesy's Attachment Parenting*

« Enfin un ouvrage qui montre à tous les parents comment amener doucement et tendrement leur bébé à mieux dormir. Les techniques et les méthodes d'Elizabeth constituent un excellent moyen d'encourager un enfant à adopter un horaire de sommeil sain. Ce livre fantastique s'adresse à tous, sans égard au style parental, au type d'allaitement ou aux habitudes ayant trait au sommeil. »

— *Tammy Frissell-Deppe, auteure, Every Parent's Guide to Attachment Parenting, GetAttached.com*

« Rédigé clairement, laissant de côté les sentiments de culpabilité et les raccourcis, ce livre est tout aussi agréable à lire qu'il est utile. Le lien que vous établirez avec votre bébé en réussissant ensemble à mettre fin aux nuits blanches et la sagesse que vous acquerrez en mettant en application le programme d'Elizabeth Pantley se révéleront sans aucun doute un atout pendant de nombreuses années, améliorant votre capacité d'influer positivement sur le développement de votre enfant. Ce livre dépasse largement l'objectif énoncé. En résumé, il est indispensable. »

— Richard Rubin, éditeur, Baby-Place.com

« Finalement, une solution tendre et douce aux problèmes de sommeil de bébé. Elizabeth Pantley donne des suggestions logiques qui fonctionnent ! Dans ce guide pratique et positif, elle montre qu'en comprenant les besoins innés et les réactions acquises de votre bébé vous deviendrez apte à travailler avec lui en vue d'obtenir le repos réparateur si essentiel pour tous. »

— Nancy Price, cofondatrice, Myria Network : Myria.com, ePregnancy.com, GeoParent.com

« Que bébé dorme dans un lit à barreaux ou avec ses parents, *Un sommeil paisible et sans pleurs* est rempli de conseils utiles, encourageants et sensibles tenant compte tant de ses besoins à lui que de ceux de ses parents. Ce livre met l'accent sur les caractéristiques inhérentes à chaque famille et fournit des solutions diversifiées aux problèmes de sommeil. Les parents seront heureux de découvrir les sages conseils empathiques et l'expérience parentale d'Elizabeth Pantley.

— Judy Arnall, fondatrice, Whole Family Attachment Parenting Association

« Finalement ! Un livre sur le sommeil qui non seulement n'est pas cruel pour Bébé, mais aussi tient compte du besoin de dormir de Maman. Elizabeth Pantley a élaboré pour maman et son bébé un plan parfait tout en douceur, un plan que chaque parent peut adapter à sa situation particulière. »

— *Maribeth Doerr, créatrice et éditrice en chef, StorkNet.com*

« Lorsque j'ai suivi les étapes proposées dans ce livre, en quelques nuits seulement j'ai vu une ÉNORME amélioration. Maintenant, chaque nuit je dors plus que je ne l'ai jamais fait pendant des années ! Et voici le meilleur : FINI les pleurs ! »

— *Becky, mère de Melissa, âgée de treize mois, Wisconsin*

« *Un sommeil paisible et sans pleurs* a réussi le test ultime : aider mes oiseaux de nuit de jumeaux à dormir paisiblement ! »

— *Alice, mère de jumeaux de dix mois, Rebecca et Thomas, Dublin en Irlande*

« Avec ma fille aînée, j'ai dû recourir à la méthode consistant à laisser pleurer bébé jusqu'à ce qu'il s'endorme d'épuisement. J'étais donc plutôt sceptique devant cette nouvelle approche. Toutefois, je peux témoigner qu'elle *fonctionne* ! Dylan n'a plus jamais pleuré la nuit une fois que je lui ai montré comment se rendormir tout seul. »

— *Alison, mère de Dylan, âgé de cinq mois, et d'Aislinn, âgée de huit ans, Californie*

Un sommeil paisible et sans pleurs

Aider en douceur son bébé à dormir toute la nuit

Elizabeth Pantley

Traduit de l'américain
par Danielle Champagne

Titre original anglais : The no-cry sleep solution

Traduction : Danielle Champagne
Révision linguistique : Nicole Demers, André St-Hilaire
Révision : Nancy Coulombe
Graphisme : Sébastien Rougeau
Photo de la couverture : Copyright © Elizabeth Hathon/corbisstockmarket.com
Photo de l'auteure : Yuen Lui Studios
ISBN-10 : 2-89565-222-8
ISBN-13 : 978-2-89565-222-9
Première impression : 2005
Dépôt légal : deuxième trimestre 2005
Bibliothèque Nationale du Québec
Bibliothèque Nationale du Canada

Éditions AdA Inc.
1385, boul. Lionel-Boulet
Varennes, Québec, Canada, J3X 1P7
Téléphone : 450-929-0296
Télécopieur : 450-929-0220
www.ada-inc.com
info@ada-inc.com

Diffusion

Canada :	Éditions AdA Inc.
France :	D.G. Diffusion Rue Max Planck, B. P. 734 31683 Labege Cedex Téléphone : 05.61.00.09.99
Suisse :	Transat - 23.42.77.40
Belgique :	D.G. Diffusion - 05.61.00.09.99

Imprimé au Canada

Participation de la SODEC.
Nous reconnaissons l'aide financière du gouvernement du Canada par l'entremise du Programme d'aide au développement de l'industrie de l'édition (PADIÉ) pour nos activités d'édition.
Gouvernement du Québec - Programme de crédit d'impôt pour l'édition de livres - Gestion SODEC.

Catalogage avant publication de Bibliothèque et Archives Canada

Pantley, Elizabeth

Un sommeil paisible et sans pleurs : Aider en douceur son bébé à dormir toute la nuit
Traduction de : The no-cry sleep solution.

ISBN 2-89565-222-8

1. Nourrissons - Sommeil. 2. Sommeil, Troubles du, chez l'enfant. 3. Parents et enfants.
4. Éducation des enfants. I. Titre.

RJ506.S55P3614 2005 618.928498 C2004-941887-4

Ce livre est dédié à mon mari, Robert. Pour tout ce que tu apportes à nos enfants comme père. Des choses qui parfois peuvent sembler insignifiantes mais qui constituent les moments de vie que je chéris le plus en ce lieu spécial de mon cœur que toi seul connais. Je t'offre ce livre, mon mari, pour :

Avoir mis à notre premier enfant, Angela, sa toute première couche. Tes gestes délicats et vigilants ce jour-là font de ce souvenir celui qui m'est le plus cher parmi ceux de mes premiers moments comme mère.

Avoir transporté Vanessa dans un porte-bébé quand nous allions faire des courses au centre commercial. Pour avoir placé ta main sous son corps minuscule quand tu marchais, pour lui avoir caressé le visage entre deux phrases et pour ce regard éclatant d'amour et de fierté.

Avoir chanté à David toutes ces drôles de chansons qui le faisaient rire. Et pour l'avoir fait des dizaines de fois de suite avec le même enthousiasme et la même émotion dans la voix.

Avoir bercé bébé Coleton pour l'endormir, même quand tes bras s'endormaient avant lui. Et pour n'avoir jamais ignoré ce petit garçon qui appelait son papa, même quand tu étais très occupé.

Avoir été l'entraîneur de softball de nos enfants et d'autres gamins, et y avoir mis tout ton cœur. Pour la fois où la lanceuse adversaire se démenait sur le monticule et qu'elle a éclaté en larmes : comment pourrais-je oublier cette scène où tu as émergé de l'abri avec une boîte de papiers-mouchoirs pour passer ton bras autour des épaules de la gamine afin de l'encourager à finir la partie ?

Avoir guidé nos enfants dans leurs études avec un équilibre parfait de sérieux (les réunions pour définir les objectifs) et de plaisir (les séances d'aide aux devoirs en mangeant du maïs éclaté et en regardant le match de baseball des Mariners).

Avoir accueilli des enfants l'un après l'autre dans notre foyer. Quand ton invitation incluait l'équipe de softball au complet et que tout ce petit monde passait la nuit chez nous, pour être resté debout tard afin que je puisse aller au lit tôt.

Avoir enseigné à nos enfants l'importance de la sollicitude, du soutien et de la famille en enlaçant grand-maman quand elle avait besoin d'affection, en la surprenant quand elle avait besoin de nouveauté et en la remerciant pour chaque service, petit ou grand.

Avoir révélé à nos enfants les secrets d'un mariage réussi — la confiance, l'honnêteté, le respect et l'affection — de façon qu'ils puissent imiter notre relation et connaître à leur tour un mariage aussi heureux que le nôtre.

Avoir compris que le rituel de notre bébé à l'heure du coucher avait préséance sur les réceptions, qu'une tresse française parfaite avait autant d'importance que la ponctualité sur le terrain de jeu, que les petits-déjeuners à l'extérieur avec papa le dimanche matin étaient un élément essentiel pour une enfance heureuse et qu'à l'adolescence une porte fermée représentait parfois une invitation plus sincère qu'une porte ouverte.

Avoir reconnu que « papa » est le titre le plus significatif dans la vie d'un homme.

Table des matières

Préface

Le sommeil – ou plutôt le *manque* de sommeil – est l'un des aspects les plus difficiles pour les parents durant la première ou les deux premières années de la vie d'un bébé. Le plus grand défi consiste à amener le nourrisson à dormir toute la nuit. Les parents qui sont attentifs aux besoins de leur enfant hésitent à recourir à des techniques qui exigent de laisser pleurer les bébés ; ils finissent donc par lutter contre le manque de sommeil. Ce « cauchemar nocturne parental » provoque souvent de la frustration et du ressentiment qui, à leur tour, font naître des sentiments inutiles de culpabilité, ce qui assombrit la joie de la famille face à la nouvelle arrivée. À un moment où les nouveaux parents devraient prendre plaisir à découvrir leur bébé, le manque de sommeil les fait plutôt douter d'eux-mêmes.

J'ai toujours cru qu'il serait fantastique de disposer d'un menu d'idées que les parents pourraient essayer jusqu'à ce qu'ils trouvent l'antidote miracle favorisant le sommeil de leur bébé toute la nuit. Elizabeth Pantley a créé un tel menu dans *Un sommeil paisible et sans pleurs.*

Ce qu'il y a de merveilleux dans ce livre, c'est que les parents peuvent concevoir leur propre plan de sommeil à partir non seulement de leurs propres caractéristiques mais aussi de celles de leur bébé. Ils ont la possibilité de choisir parmi diverses solutions sensibles et sensées qui respectent tant le bébé que les parents, ce qui leur permet de trouver un juste équilibre entre les exigences nocturnes du tout-petit et leur propre besoin réel de dormir une nuit complète. Les idées présentées dans ce livre sont fermement ancrées dans le concept selon lequel les premières années sont celles durant lesquelles vous devez aider votre enfant à développer une attitude saine face au sommeil, un concept qui définit le sommeil comme un état agréable, paisible et nécessaire qu'il ne faut pas craindre.

Vous avez probablement choisi ce livre parce que votre bébé vous empêche de dormir la nuit. En raison de votre manque de sommeil, vous avez sans doute de la difficulté à fonctionner normalement durant le jour. Elizabeth Pantley, une mère expérimentée de quatre enfants, comprend parfaitement où vous en êtes puisqu'elle a connu la même expérience. Elle a écrit un ouvrage clair, simple et facile à lire. Les étapes sont expliquées de façon si limpide que même la personne la plus privée de sommeil peut comprendre les solutions et les mettre en application.

Voilà enfin un livre que je peux recommander aux parents épuisés, avec la certitude que ces derniers apprendront comment aider leur bébé à faire ses nuits sans s'épuiser à pleurer.

— William Sears, M.D.

Un mot de l'auteure, Elizabeth Pantley

Le docteur Sears est mon héros en ce qui concerne l'éducation des enfants. Ses livres m'ont secourue il y a quatorze ans, à l'époque où j'étais une nouvelle maman nerveuse et inexpérimentée. Sa sagesse et ses connaissances m'ont aidée à apprendre ce que signifie vraiment être parent et son approche délicate m'a montré à jouer mon rôle de la manière la plus affectueuse et la plus efficace qui soit. Je suis profondément honorée qu'il ait trouvé mes livres si utiles pour les parents qu'il a accepté d'en écrire la préface. À mon avis, tous les parents auraient avantage à connaître le docteur Sears.

Le docteur Sears est l'un des pédiatres les plus reconnus et les plus respectés aux États-Unis. Il est professeur clinicien agréé en pédiatrie à l'école de médecine de la University of California. Il est également l'expert en pédiatrie et en éducation parentale pour parenting.com et a lui-même son propre site Web, AskDrSears.com. Lui et son épouse, Martha, qui est infirmière, sont les parents de huit enfants et ont quatre petits-enfants. Ils participent souvent à des émissions de télévision et leurs paroles sont largement citées dans les médias. Ils ont publié, seuls ou en collaboration, trente ouvrages sur le rôle de parent, des ouvrages que je vous recommande avec enthousiasme. Voici deux livres du Dr Sears ayant été traduits en français : *Un bébé arrive dans la famille !* et *Comment aider votre enfant à dormir.*

Remerciements

Je suis très reconnaissante envers les nombreuses personnes qui m'ont soutenue tout au long de la rédaction du présent ouvrage et j'aimerais exprimer mes remerciements sincères à :

Judith McCarthy chez McGraw-Hill/Contemporary Books – merci pour ton aide et ton soutien constants.

Meredith Bernstein de Meredith Bernstein Literary Agency, à New York – merci pour ton enthousiasme dynamique et ta capacité de faire avancer le travail.

Vanessa Sands – merci d'avoir partagé tes idées, ton talent et ton amitié.

Pia Davis, Christine Galloway et Kim Crowder – merci d'avoir été d'excellentes mères témoins et d'avoir testé le matériel final de ce livre.

Mes mères témoins : Alice, Alison, Amber, Andrea, Ann, Annette, Becca, Becky, Bilquis, Carol, Caryn, Christine C., Christine Ga., Christine Gr., Cindy, Dana, Dayna, Deirdre, Diane, Elaine, Elvina, Emily, Gloria, Jenn, Jenny, Jessie, Jill, Julie, Kari, Kelly, Kim, Kristene, Lauren, Lesa B., Leesa H., Lisa Ab., Lisa As., Lisa G., Lorelie, Marsha, Melanie, Neela, Pam, Penny, Pia, Rene, Robin, Sandy, Shannon R., Shannon J., Sharon, Shay, Staci, Susan, Suzanne, Tammy, Tanya, Tina, Victoria et Yelena – merci pour chaque commentaire et question. (Embrassez vos bébés de ma part.)

Judy Arnall, Maribeth Doerr, Nancy Eggleston, Tammy Frissell-Deppe, Macall Gordon, Tricia Jalbert, Dr James J. McKenna, Nancy Price, Richard Rubin, Michael Trout et

Gaye E. Ward — merci pour votre soutien enthousiaste et stimulant.

Dolores Feldman, ma mère — merci d'avoir été chaque jour une bénédiction dans ma vie. Je t'aime.

Le présent ouvrage a pour but de fournir aux parents et aux différents intervenants une diversité d'idées et de suggestions. Les lecteurs doivent toutefois comprendre que l'éditeur et l'auteure ne proposent pas des services psychologiques, médicaux ou professionnels. L'auteure n'est pas psychologue et l'information contenue dans ce livre provient de ses opinions personnelles, sauf indication contraire. Le matériel est présenté sans garantie d'aucune sorte, exprimée ou sous-entendue, y compris mais non de façon limitative les garanties de la qualité marchande ou de convenance pour un but particulier. Il est impossible de prévoir toutes les éventualités d'une réponse et les lecteurs devraient toujours consulter un spécialiste pour obtenir une aide particulière. Les parents doivent amener régulièrement leur bébé chez le médecin pour obtenir un bilan de santé et discuter de la mort soudaine du nourrisson avec un professionnel médical en vue d'en réduire les risques pour leur enfant. La U.S. Consumer Product Safety Commission (Commission de la sécurité des produits de consommation des États-Unis) ne recommande pas de dormir avec un nourrisson. Toutefois, de nombreux parents partagent leur lit avec leur bébé. Les mesures de sécurité et les références à cette pratique contenues dans ce livre ne doivent pas être interprétées comme une permission de recourir à cette coutume parentale, mais s'adressent aux parents ayant choisi de procéder ainsi après avoir fait des recherches sur le sujet. Ce livre ne remplace ni les soins de santé ni les conseils professionnels.

Introduction

Voyez si les énoncés suivants s'appliquent à votre bébé.

- Cela prend une éternité avant que mon bébé s'endorme.
- Mon bébé ne s'endort que si je fais l'une ou l'autre des activités suivantes : l'allaiter au sein ou au biberon, lui donner une sucette, le bercer, le prendre dans mes bras, le mettre dans une balançoire, le promener en voiture.
- Mon bébé se réveille fréquemment la nuit.
- Mon bébé a de la difficulté à faire des siestes ou en fait de très courtes.

Voyez maintenant si les énoncés suivants vous décrivent.

- Je souhaite désespérément que mon bébé dorme mieux.
- Je ne veux pas laisser pleurer mon bébé. J'en suis incapable.

Si vous vous reconnaissez, ce livre est pour vous. Vous y trouverez des explications sur des étapes précises à suivre pour aider tout en douceur votre bébé à faire ses nuits. Gardez donc l'œil ouvert, prenez-vous une tasse de café et laissez-moi vous expliquer comment vous pouvez amener votre bébé à dormir et ainsi profiter *vous*-même d'un bon sommeil.

Comment ai-je acquis mes connaissances sur les enfants et le sommeil ? Je suis la fière et heureuse mère de quatre enfants qui remplissent ma vie de bonheur, qu'ils soient endormis ou éveillés. Angela, mon aînée, a maintenant quatorze ans et elle me fait connaître (du moins jusqu'à maintenant) les joies d'être mère d'une adolescente. La suivent de près Vanessa, âgée de douze ans, et David, qui a dix ans. Et puis, il y a Coleton, âgé de deux ans. Ah, Coleton, notre adorable petite surprise qui m'a rappelé toutes les merveilles que j'aime des bébés… et qu'avec eux arrivent les nuits blanches.

En ce qui concerne deux de mes enfants, ce livre m'aurait été inutile. David respectait une structure de sommeil si régulière que je me souviens à peine de cette époque de notre vie. Vanessa était l'un de ces rares bébés qui, miraculeusement, dormait dix heures d'affilée à six semaines. (Je ne le croirais pas moi-même si je ne l'avais pas écrit dans son livre de bébé !) Toutefois, ma plus vieille et mon plus jeune se réveillaient souvent durant la nuit. Tandis que j'étais en train d'essayer de convaincre Coleton, mon plus jeune, de dormir à l'heure du coucher et de *rester* endormi *toute* la nuit, j'ai découvert de nombreuses solutions merveilleuses, pratiques et douces à mon problème. En tant qu'auteure et éducatrice de parents, je prends plaisir à partager avec vous ces solutions dans l'espoir que vous pourrez aussi fermer les yeux.

Comment ce livre peut vous aider

Grâce à des mois de recherches, à mon expérience personnelle et au travail avec des familles témoins, j'ai rassemblé et organisé une grande diversité d'idées à partir desquelles j'ai créé ce que j'appelle la solution « sommeil sans pleurs ». Il s'agit d'un programme en dix étapes pour amener votre bébé à faire ses nuits. Ce n'est surtout pas un processus rigide et désagréable. Il n'est pas question ici de laisser pleurer votre bébé, ne serait-ce qu'une seule minute. Ce programme consiste plutôt en un plan que vous créez vous-même pour votre famille, un plan qui s'appuie sur les idées et les recherches que je présente dans ce livre, à l'intérieur d'un cadre de travail simple et facile à suivre. C'est une méthode tout en douceur, aussi affectueuse qu'efficace. D'abord, permettez-moi de vous révéler pourquoi j'ai passionnément eu envie d'écrire ce livre.

Il y a quatorze ans, à l'époque où Angela était bébé, j'étais devant le même dilemme que vous. Elle ne dormait pas longtemps la nuit. Elle s'éveillait toutes les deux heures, requérant mon attention. Nouvellement mère et donc inexpérimentée, j'ai cherché des solutions dans les livres, des articles de magazines, et en conversant avec d'autres parents.

Je me suis bientôt rendu compte qu'il existait deux écoles de pensée en ce qui a trait au sommeil des bébés. L'une prône de laisser pleurer le bébé jusqu'à ce que ce dernier apprenne à s'endormir par lui-même. L'autre affirme qu'il est normal

Coleton, dix-huit mois, et David, neuf ans

qu'un bébé se réveille la nuit et que la tâche des parents consiste à s'occuper de lui en tout temps. Selon cette école de pensée, votre petit dormira toute la nuit quand il sera prêt.

En gros, ces deux méthodes peuvent se résumer ainsi : « laisser pleurer » et « vivre avec ». Je n'ai accepté ni l'une ni l'autre. Je savais qu'il devait bien y avoir une approche plus douce, un moyen terme entre la négligence nocturne et l'épuisement diurne qui tiendrait compte de mon bébé *et* de moi.

À cette époque lointaine, après toutes mes recherches sur les bébés et les besoins précaires de ces derniers, je me suis sentie coupable et égoïste quand j'ai commencé à désirer une nuit de sommeil ininterrompue. Il était pratiquement impossible de concilier mes propres instincts à l'égard des besoins nocturnes d'Angela avec la fatigue qui nuisait à mes activités parentales le jour. Le temps a passé et ma fille a finalement fait ses nuits... après son deuxième anniversaire.

Laisser pleurer

Les partisans de la méthode consistant à laisser pleurer le bébé donnent l'impression qu'il n'y a rien de plus facile. Après avoir passé quelques nuits à pleurer, votre bébé dormira toute la nuit, chaque nuit. Si seulement c'était si simple ! Mes recherches m'ont appris que très peu de parents connaissent un succès exigeant aussi peu d'effort. Bon nombre vivent des heures de pleurs chaque nuit durant de nombreuses semaines (dans bien des cas, tant pour les *parents* que pour le bébé). Certains bébés pleurent si fort qu'ils vomissent. Certains parents remarquent que les pleurs nocturnes rendent leur bébé grincheux et difficile le jour. De nombreux autres trouvent que toute perturbation (la dentition, la maladie, une sieste sautée, des vacances à l'extérieur) ramène les problèmes antérieurs de sommeil et qu'alors ils doivent recommencer encore et encore à laisser le bébé pleurer. Parmi les parents qui optent pour laisser pleurer leur tout-petit jusqu'à ce qu'il s'épuise, bon nombre (sinon tous) choisissent cette option parce qu'ils croient qu'il s'agit du seul moyen de faire dormir leur bébé toute la nuit.

Mon expérience personnelle de cette méthode

À un certain point durant la période d'insomnie d'Angela, j'ai cédé à la forte pression venant de mes amies, de membres de ma famille et même de mon pédiatre qui m'a affirmé que quelques nuits de pleurs allaient résoudre notre problème. (Si vous lisez ce livre, vous avez certainement connu cette pression, vous aussi.) Ainsi, lors d'une terrible nuit, j'ai donc laissé Angela pleurer.

Oh, j'allais la surveiller souvent, augmentant chaque fois l'intervalle de temps entre mes visites. Or, chaque fois que je retournais vers elle, j'étais frappée de voir mon précieux petit bébé qui tendait les bras, désespéré, en état de détresse. « Maman ! » Sa petite frimousse affichait un air de terreur et de confusion. Et elle *sanglotait*. Après deux heures de cette torture, je pleurais moi aussi.

J'ai pris ma petite chérie et je l'ai serrée très fort dans mes bras. Elle était trop affolée pour que je la nourrisse, trop angoissée pour dormir. Je l'ai tenue dans mes bras et j'ai embrassé sa petite tête duveteuse, tandis que son corps frémissait sous l'effet des sanglots. Je me suis demandé si cette méthode tenait compte des besoins de l'enfant, si elle lui apprenait qu'il pouvait faire confiance au monde qui l'entoure, si c'était cela *s'occuper* d'un bébé.

J'ai aussitôt décidé que les adeptes de ce moyen se trompaient, qu'ils avaient horriblement, intolérablement et complètement tort. J'étais convaincue qu'il s'agissait d'une façon simpliste et dure de traiter un être humain, de traiter un si précieux petit être. Laisser un bébé dans la douleur et la peur jusqu'à ce qu'il se résigne lui-même au sommeil est cruel et, pour moi, impensable.

J'ai promis à mon bébé que jamais plus je ne suivrais les conseils des *autres*, jamais plus je ne la laisserais pleurer jusqu'à l'épuisement. De plus, j'ai fait le vœu de ne jamais laisser ses frères et sœurs subir l'expérience horrible qu'elle venait de vivre.

Et j'ai respecté mes promesses.

Treize ans plus tard : plus ça change…

À douze mois, mon quatrième bébé, Coleton, ne faisait pas encore ses nuits. Suivant les traces de sa grande sœur, et *battant* même le record de cette dernière, il se réveillait pratiquement toutes les heures. Étant maintenant devenue une mère ayant acquis de la maturité et de l'expérience ainsi qu'une éducatrice de parents, je me suis aperçue que mes croyances n'avaient pas changé à propos de l'idée de laisser pleurer un bébé. Sachant que de nombreux parents avaient les mêmes convictions que moi, j'étais sûre qu'entre-temps de nouvelles solutions avaient émergé. Je croyais trouver des idées utiles et concrètes dans les livres et j'ai donc entrepris des recherches.

Près d'un mois plus tard, les yeux vitreux de fatigue, j'ai examiné mes trouvailles. J'avais devant moi une pile d'articles et de livres — anciens et récents — proposant les deux mêmes méthodes pour résoudre mon problème, soit laisser pleurer mon bébé ou apprendre à accepter la situation.

Ce que disent les experts de l'agonie mutuelle inhérente à la méthode « laisser pleurer »

J'ai découvert de nombreuses nouvelles données qui ont renforcé mon sentiment d'horreur face à l'idée de laisser un bébé pleurer jusqu'à l'épuisement. Voici ce que disent les docteurs Paul M. Fleiss et Frederick Hodges dans *Sweet Dreams* (Lowell House, 2000) à propos de tels programmes de formation pour les bébés :

> Les bébés et les jeunes enfants sont des créatures émotionnelles et non rationnelles. Un enfant ne peut comprendre pourquoi vous ne tenez pas compte de ses cris d'appel à l'aide. En laissant pleurer votre bébé, même dans les meilleures intentions du monde, vous pouvez l'amener à sentir qu'il a été abandonné. Les « experts » du sommeil ne tiennent pas compte des besoins biologiques auxquels réagissent les bébés ou les nient carrément. C'est vrai qu'un bébé qu'on laisse pleurer peut finir par se rendormir. Toutefois, la cause initiale de son réveil demeure irrésolue. Même si les parents ont vérifié pour s'assurer que le bébé n'était pas malade ou ne subissait pas un inconfort physique, s'ils ne le prennent pas dans leurs bras, s'ils n'interagissent pas pour le consoler, le calmer ou l'allaiter jusqu'à ce qu'il se rendorme, le stress émotionnel rattaché à la situation persistera.
>
> L'approche la plus sensible et la plus humaine consiste à répondre immédiatement aux pleurs de votre enfant. N'oubliez pas que vous êtes le parent et que l'une de vos responsabilités les plus agréables est de rassurer votre bébé. Il est merveilleux de savoir que vous seul avez le

pouvoir d'égayer la vie de votre enfant et d'en bannir la peur et la tristesse.

Kate Allison Granju écrit dans *Attachment Parenting* (Pocket Books, 1999) :

> Les bébés sont des êtres extrêmement impuissants, vulnérables et dépendants. Votre bébé compte sur vous pour que vous vous occupiez de lui tendrement. Quand il pleure, il vous signale — de la seule façon qu'il connaît — qu'il a besoin de vous auprès de lui.
>
> Vous connaissez sans doute ce sentiment terrible que l'on éprouve lorsqu'on pleure de peur ou de détresse. Ce n'est pas différent pour votre petit. Quand il pleure — pour quelque raison que ce soit —, des changements physiques se produisent. Sa tension artérielle augmente, ses muscles deviennent plus tendus et des hormones de stress se propagent dans son petit corps.
>
> Les bébés soumis à la méthode « laisser pleurer » pour l'entraînement au sommeil semblent parfois dormir plus profondément après avoir finalement lâché prise. Cela s'explique par le fait que les bébés et les jeunes enfants dorment souvent profondément à la suite d'un traumatisme. Ce sommeil profond ne doit pas être considéré comme une preuve de l'efficacité de cette méthode mais comme une évidence de l'une de ses nombreuses lacunes perturbatrices.

Dans *Nighttime Parenting* (Plume, 1999), le docteur William Sears affirme que laisser un bébé pleurer crée un « détachement des parents » et il déconseille cette approche. « Chers parents, permettez-moi de vous mettre en garde.

Dans l'éducation des enfants, il n'existe pas de solutions simples aux problèmes difficiles. Les enfants sont trop précieux et leurs besoins trop importants pour en faire des victimes de conseils faciles et simplistes. »

Ce que disent les parents à propos de la méthode « laisser pleurer »

Lorsque je discutais de ce livre avec d'autres parents, bon nombre d'entre eux ont partagé avec moi leurs expériences personnelles de la méthode « laisser pleurer ».

« Quand nous avons essayé de laisser Christoph pleurer, il s'est lamenté pendant deux ou trois heures, onze nuits d'affilée. Il est devenu craintif et difficile toute la journée. Depuis que nous avons renoncé à ce moyen horrible, nous dormons tous mieux. »

— *Amy, mère de Christoph âgé de dix mois*

« Quand Emily avait onze mois, nous avons essayé de la laisser pleurer jusqu'à ce qu'elle s'endorme par elle-même. Cela a fonctionné durant quelques jours et j'en étais très contente. Puis, Emily est revenue à l'ancien modèle et cela n'a plus jamais remarché. »

— *Christine, mère d'Emily âgée de dix-huit mois*

« Avec mon premier enfant, je voulais ' bien faire les choses ' et j'ai expérimenté la méthode ' laisser pleurer '. Je me suis aperçue qu'il y avait tant d'occasions de rechutes — les voyages, les maladies, les cauchemars, les situations nouvelles, etc. — que cette méthode ne servait à rien. Cette première expérience a été des plus négatives ; je n'ai pas pu supporter les séances de pleurs à répétition. »

— Heather, mère d'Anna âgée de quinze mois et de Brandon âgé de trois ans

« Nous avons essayé cette méthode puisque mon pédiatre m'avait recommandé de laisser pleurer mon bébé toute la nuit s'il le fallait. Eh bien, Salvador a pleuré de façon intermittente durant quatre heures, a dormi jusqu'à deux heures et demie puis a repris les épisodes de pleurs jusqu'à ce que j'aille le chercher à six heures. Ce fut une torture absolue ! La partie ' pleurer ' de cette idée fonctionne, mais la partie ' dormir ' ne marche pour ni l'un ni l'autre. »

— Silvana, mère de Salvador âgé de neuf mois

« Nous avons sagement tenté de faire en sorte qu'Angélique, notre premier bébé, s'endorme dans son berceau et avons finalement décidé de la laisser pleurer, croyant faire ce qu'il fallait. Or, cela ne lui convenait pas du tout. Une certaine nuit, elle a pleuré pendant plus d'une heure et en avait l'écume à la bouche. Cela m'a horrifiée et j'en ressens encore un malaise. Par la suite, Angélique a dormi avec nous. Elle a presque trois ans maintenant et dort dans sa chambre. Lorsqu'elle fait un cauchemar, nous l'accueillons dans notre lit. Actuellement, j'allaite notre fils , Jean-Paul, qui couche avec nous. Ce n'est pas le meilleur des dormeurs, mais je crois profondément que mon rôle de mère ne s'arrête pas durant la nuit et je ne veux pas d'une solution qui me propose de laisser pleurer mon fils. »

— Rachel, mère de Jean-Paul âgé de dix mois et d'Angélique âgée de trois ans

Comment se sent un bébé qui pleure jusqu'à s'épuiser ?

Personne ne peut vraiment dire comment se sent un bébé qui s'endort en pleurant, mais plusieurs personnes le devinent — prenant avantage de l'absence de parole du bébé pour présenter leur propre opinion. Lors des recherches que j'ai effectuées dans le cadre de la rédaction de ce livre, j'ai regardé une vidéo d'un « expert » du sommeil. Le supposé expert disait : « Laisser un bébé s'endormir en pleurant n'est pas dangereux du point de vue physique ou physiologique, même si les pleurs durent des heures. » Apparemment, il offrait cette justification pour rassurer les parents sur leur façon de procéder. J'étais si horrifiée que j'ai immédiatement transmis cette information à mon mari, un père tendre et dévoué sur qui nos enfants peuvent compter. Cette affirmation l'a tellement hanté que le lendemain il adressait par Internet sa réponse aux parents tentés de suivre ce conseil :

> Si vous croyez ce que dit cet « expert », vous êtes sur la mauvaise voie. Ne pensez pas une seule minute que cette attitude ne dérange pas votre petit bébé. Cette insensibilité face aux sentiments de votre enfant pourrait affecter d'autres domaines de sa vie à mesure qu'il grandira. S'il désire que vous le preniez dans vos bras durant le jour et que vous êtes trop affairés, il est tentant de vous convaincre que cette inattention ne le marquera pas de manière permanente. Quand il sera plus vieux et qu'il voudra jouer au ballon avec vous mais que vous n'en aurez pas le temps, vous pourrez vous justifier en vous disant qu'il est préférable qu'il joue avec ses amis. S'il veut que vous assistiez à une rencontre à son école mais que

> vous êtes trop fatigués, vous pourrez toujours alléguer que votre présence n'est pas vraiment nécessaire. Durant la petite enfance, vous établissez un modèle de relation avec votre enfant, un modèle qui durera toute votre vie. Il y a des moments où vous devez encourager l'indépendance chez vos enfants, mais il est essentiel de choisir ces moments avec sagesse.

Dans cette même vidéo, l'auteur déclare aux parents privés de sommeil cet énoncé terrifiant : « Votre enfant n'apprendra *jamais* à s'endormir si vous ne le laissez pas pleurer. » Vraiment ? Venez donc le dire à mes quatre enfants qui dorment maintenant toute la nuit. Venez le dire aux millions de bébés qui finissent par dormir toute la nuit sans avoir eu à s'épuiser en pleurant.

Personne ne connaît vraiment les conséquences à long terme de la méthode « laisser pleurer ». Après tout, personne ne peut élever deux fois le même bébé et noter les différences. De plus, personne ne sait comment un bébé abandonné à ses pleurs peut se sentir. Jean Liedloff présente une perception très probable dans son ouvrage d'anthropologie intitulé *The Continuum Concept* (Addison-Wesley, 1977). Voici sa description d'un bébé qui s'éveille en pleine nuit :

> Il se réveille dans un silence et un calme terrifiants. Il crie. Son corps en entier est animé d'un besoin, d'un désir, d'une impatience intolérables. Il suffoque et s'époumone jusqu'à en avoir mal à la gorge et à la poitrine. Il n'arrive plus à endurer cette souffrance et bientôt ses sanglots diminuent et cessent. Il écoute. Il ouvre et ferme les poings. Il balance sa tête de part et d'autre. Rien n'y fait. C'est insupportable. Il se remet à pleurer, mais sa gorge

endolorie n'en peut plus ; il arrête donc. Il agite les bras et les jambes, puis il arrête, plus capable de souffrir, de penser ni d'espérer. Il écoute. Puis, il se rendort.

Promesse tenue, mais fatigue persistante

Ainsi, après avoir lu tous ces ouvrages, j'étais encore plus déterminée à tenir ma promesse de *ne pas* laisser mon bébé pleurer jusqu'à ce qu'il s'endorme. Cependant, avec mon expérience de mère de quatre enfants, j'ai refusé de me sentir coupable d'aspirer à une bonne nuit de sommeil. Je voulais dormir. Je voulais des réponses. Il devait certainement y en *avoir*.

J'ai entrepris des recherches sérieuses. J'ai fouillé les bibliothèques et les librairies, de même qu'Internet. De manière prévisible, j'ai trouvé quantité d'articles et d'histoires sur les bébés et le sommeil. Les observations et les lamentations abondaient. Mais les solutions ? Les mêmes deux écoles de pensée apparaissaient constamment : laisser pleurer ou vivre avec.

Toutefois, les parents, eux, ne semblaient faire partie que d'une seule catégorie : privés de sommeil et désespérés. Voici comment Leesa, mère de Kyra âgée de neuf mois, décrivait sa situation :

> Je suis vraiment désespérée car le manque de sommeil commence à se faire sentir dans tous les aspects de ma vie. J'ai l'impression de ne plus pouvoir soutenir une conversation intelligente. Je suis totalement désorganisée et je n'ai pas la force de tenter de me réorganiser. J'aime cette enfant plus que tout au monde et je ne veux pas la faire pleurer, mais je suis moi-même au bord des larmes chaque

> fois que je pense à l'heure du coucher. Parfois, je me dis : « Pourquoi me coucher puisque je vais me lever dans une heure de toute façon ? » Mon mari s'attend à ce que je trouve des solutions et j'en suis arrivée à pratiquement lui hurler : « Si j'avais des solutions, Kyra ne dormirait-elle pas ! »

À ce stade de mes recherches, j'ai pensé que les autres parents qui vivaient cette épreuve des réveils fréquents durant la nuit auraient des idées à partager. J'ai donc consulté des sites Web sur le rôle parental, des sites proposant des tableaux d'affichage et des lignes de discussion, et j'ai découvert une multitude de parents face au dilemme de laisser pleurer leur bébé ou de supporter tant bien que mal la situation. Parmi les extraits de conversations faisant référence à des expériences personnelles, les articles, les livres et d'autres sources, et à partir de mon vécu avec mon petit Coleton, je me suis mise à dénicher des solutions. Dans mon expérience personnelle et dans les échanges avec d'autres parents ayant essayé toutes les méthodes possibles, j'ai découvert des idées qui ne condamnaient point le bébé à pleurer des heures durant la nuit. J'ai trouvé les solutions qui offraient des voies paisibles à toute la famille ayant désespérément besoin de repos.

Je me suis renseignée afin de savoir pourquoi les bébés se réveillaient la nuit et j'ai fait le tri entre la vérité et les erreurs. J'ai étudié à fond chacune des nombreuses solutions sur lesquelles j'avais lu, je me suis plongée dans tout ce que j'arrivais à dégoter sur le sujet et j'ai communiqué régulièrement avec d'autres parents privés de sommeil. Lentement, à partir du moyen terme entre la misère de la méthode « laisser pleurer » et l'épuisement insidieux des parents éveillés toute la nuit, un plan a émergé — un programme tendre et en douceur pour aider mon bébé à dormir.

Je le sais parce que je l'ai vécu

La plupart des livres sur les bébés et le sommeil sont écrits par des spécialistes qui — même s'ils sont bien documentés sur les aspects techniques et physiologiques du sommeil — n'ont tout simplement pas, de toute évidence, subi personnellement l'agonie de passer plusieurs nuits blanches de suite à cause de leurs bébés ou vécu le cauchemar d'entendre leurs tout-petits pleurer dans la noirceur, réclamant leurs parents. À l'opposé, j'ai connu l'existence nébuleuse provoquée par les nuits sans sommeil. Être la mère de quatre enfants ayant chacun sa propre personnalité m'a permis d'acquérir la certitude que, même s'il est *possible* pour un bébé de dormir toute la nuit, il s'agit d'une exception.

Ces livres « d'experts » sont généralement compliqués, difficiles à lire et déplorablement pauvres en solutions. J'ai parcouru des piles de livres remplis de connaissances sur le sommeil humain, mais tous étaient dépourvus de solutions précises pour en venir à un sommeil nocturne durable chez les bébés sans devoir recourir à la méthode « laisser pleurer ». Bien sûr, les lecteurs apprennent le fonctionnement du sommeil, mais une question demeure sans réponse : « Comment enseigner à son bébé à dormir ? »

J'ai présenté l'information utile d'une manière conviviale, simple à comprendre. Même dans votre état de privation de sommeil, vous serez en mesure de trouver des solutions rapidement et facilement.

Afin de vous donner une idée de ce que je vivais au moment d'amorcer la rédaction de ce livre, voici l'horaire des réveils nocturnes de Coleton, que j'ai notés sur des bouts de papier lors de nuits vraiment blanches.

Les réveils nocturnes de Coleton

À l'âge de douze mois

20 h 45 Allaitement au lit ; Coleton ne dort pas
21 h À nouveau debout pour lire avec David et Vanessa
21 h 20 De retour au lit, étendue, allaitement endormir Coleton
21 h 40 Enfin, il est endormi !
23 h Allaitement pendant 10 minutes
00 h 46 Allaitement pendant 5 minutes
1 h 55 Allaitement pendant 10 minutes
3 h 38 Changement de couche, allaitement pendant 25 minutes
4 h 50 Allaitement pendant 10 minutes
5 h 27 Allaitement pendant 15 minutes
6 h 31 Allaitement pendant 15 minutes
7 h 02 Allaitement pendant 20 minutes
7 h 48 Debout pour la journée, allaitement
Nombre de réveils nocturnes : 8
Plus longue durée de sommeil : 1 ½ heure
Heures totales de sommeil nocturne : 8 ¼ heures
Siestes : une sieste sans repos durant ¾ heure
Heures totales de sommeil : 9 heures

Cela a été ma *vie* pendant douze mois ! Alors, vous imaginez ! Si vous êtes dans cette situation présentement, je vous témoigne ma sympathie la plus sincère car je sais ce que vous vivez. Or, je peux vous tirer de ce lieu sans sommeil, tout comme je l'ai fait pour mon bébé et moi. C'est une promesse.

Me frayant un chemin à travers les idées et les options, expérimentant et mettant en application ce que j'apprenais, j'ai constaté une amélioration vingt jours après avoir créé et utilisé mes solutions « sommeil ». Voici l'horaire des réveils nocturnes de Coleton à ce moment-là :

Les réveils nocturnes de Coleton

Plan de sommeil en vigueur depuis 20 jours

20 h Allaitement au lit pour endormir Coleton
23 h 38 Allaitement pendant 10 minutes
4 h 35 Allaitement pendant 10 minutes
7 h 15 Allaitement pendant 20 minutes
8 h 10 Debout pour la journée, allaitement
Nombre de réveils nocturnes : 3
Plus longue durée de sommeil : 5 heures
Heures totales de sommeil nocturne : 11 ½ heures
Siestes : une sieste reposante durant 1 heure
Heures totales de sommeil : 12 ½ heures
Pleurs : ZÉRO

Le succès, un jour à la fois

À mesure que mes recherches avançaient, l'amélioration se poursuivait. Voici de sages paroles d'Iyanla Vanzant, tirées de son livre *Hier, j'ai pleuré* (AdA, 2002) : « Tous les professeurs doivent apprendre. Tous les guérisseurs doivent être guéris. Et le travail d'apprentissage ou de guérison ne s'arrête pas pendant le processus d'apprentissage ou de guérison. »

Lorsque le sommeil de Coleton a commencé à s'améliorer, j'étais très engagée dans la recherche et l'écriture de ce livre ; j'ai donc naturellement continué de mettre en application ce que j'apprenais. Le temps passait et Coleton, suivant *enfin* les traces de sa sœur, dormait maintenant dix heures d'affilée sans le moindre petit cri. (Au début, j'étais inquiète et je me réveillais souvent. Je plaçais mes mains sur son petit corps pour sentir sa respiration. Puis, j'ai fini par me rendre compte qu'il dormait tout simplement paisiblement.)

Voici le journal du sommeil de Coleton, une fois instaurées les stratégies apprises en cours d'écriture de ce livre :

Les réveils nocturnes de Coleton

19 h 50 Coleton pose sa tête sur mes genoux et *demande* à « faire dodo »
20 h Allaitement au lit
20 h 18 Coleton est endormi
6 h 13 Allaitement pendant 20 minutes
7 h 38 Debout pour la journée
Nombre de réveils nocturnes : 1 (7 de moins qu'au début)
Plus longue durée de sommeil : 10 heures (amélioration de 8 ½ heures)
Heures totales de sommeil nocturne : 11 heures (amélioration de 2 ¾ heures)
Siestes : 1 sieste reposante de 2 heures (amélioration de 1 ¼ heure)
Heures totales de sommeil : 13 heures (amélioration de 4 heures)
Pleurs : ZÉRO

N'oubliez pas qu'il s'agissait d'une période de recherche et d'expérimentation d'idées. Vous avez l'avantage de suivre un plan bien ordonné ; vous devriez donc obtenir du succès plus rapidement. De plus, Coleton était certainement différent de sa sœur Vanessa qui, à un âge très jeune, s'endormait dans son berceau et se réveillait de bonne humeur dix heures plus tard. Les bébés sont différents les uns des autres, tout comme les adultes qui les élèvent. Comparez les données de ce journal à celles du début. Même si cela a pris quelque temps pour arriver à ces résultats, j'en étais enchantée.

Voici une précision qui plaira à beaucoup d'entre vous. Tout au long de ce processus, Coleton a été nourri au sein et dormait avec moi. À partir de ma propre expérience et de mes échanges avec d'autres mères, j'ai réalisé que les bébés allaités au sein et dormant avec leur mère *peuvent* se nourrir sans réveiller leur maman, contrairement à la croyance populaire. Si vous êtes déterminée à poursuivre l'allaitement au sein et à dormir avec votre bébé, vous pourrez probablement le faire tout en bénéficiant de sommeil !

Utilisez ce livre dans la mesure où il vous est utile

Chère lectrice et nouvelle amie, voici une bonne nouvelle. Vous pouvez n'adhérer au processus proposé ici que dans la mesure où ce dernier vous est utile. Je ne vous demande pas de faire quelque chose que vous n'aimez pas ou qui manquerait de douceur envers votre bébé. N'utilisez que les idées qui vous plaisent ; même en ne recourant qu'à quelques-unes, vous pourrez améliorer votre sommeil et celui de votre bébé.

Mon but est de vous aider, vous *et* votre bébé, à dormir toute la nuit — sans que ni l'un ni l'autre ne pleure.

Mes mères témoins

Lorsque j'ai obtenu du succès avec Coleton, j'ai voulu rassembler d'autres familles aux prises avec un bébé qui s'éveillait souvent la nuit. J'ai réuni un groupe de soixante femmes qui avaient beaucoup envie de tester mes idées. Ce groupe témoin était très diversifié et intéressant. À notre première rencontre, l'âge des bébés s'échelonnait entre deux et vingt-sept mois. Il y avait même une mère d'un enfant de cinq ans ayant des problèmes de sommeil. Certaines en étaient à leur premier bébé ; d'autres avaient des enfants plus vieux et l'une avait des jumeaux. Plusieurs mères avaient un emploi, d'autres ne travaillaient qu'à la maison. Il y avait des bébés nourris au sein, d'autres au biberon ; des bébés qui dormaient avec les parents, d'autres dans leur berceau et d'autres encore qui alternaient les deux. Certaines mères étaient mariées, d'autres célibataires. La plupart de mes mères témoins habitaient un peu partout aux États-Unis et au Canada ; quelques-unes venaient d'autres pays. Elles étaient toutes très différentes les unes des autres, tout en se ressemblant sur un point important : au moment de notre rencontre, elles souffraient toutes d'insomnie.

Ces mères ont sagement rempli des fiches de sommeil pendant dix jours et me les ont fait parvenir régulièrement par courrier électronique afin de me tenir informée de leur progrès. Elles posaient des questions (oh ! combien de questions !) et, tout en travaillant avec mon plan de sommeil, elles ont fourni les renseignements et les réactions qui m'ont permis de raffiner mes idées.

La preuve ! Ça marche !

Lorsque nous avons amorcé notre travail ensemble, *aucune* de ces soixante femmes n'avait un bébé qui dormait toute la nuit selon la définition médicale de cette expression, c'est-à-dire un bébé qui dort sans s'éveiller pendant cinq heures ou plus.

Tandis que les mères témoins mettaient en application les idées de *Un sommeil paisible et sans pleurs* :

- Le dixième jour, 42 pour cent des bébés faisaient leur nuit ;
- Le vingtième jour, 53 pour cent des bébés faisaient leur nuit ;
- Le soixantième jour, 92 pour cent des bébés faisaient leur nuit.

Lorsque ces bébés ont atteint l'étape marquante des cinq heures, leur sommeil a continué à s'améliorer et certains sont mêmes parvenus à des durées de neuf à treize heures.

Combien de temps faudra-t-il à votre bébé pour dormir ?

N'oubliez surtout pas qu'il faut du temps pour que s'accomplisse cette transformation. Pas de pleurs, mais pas de précipitation non plus ! J'aimerais que vous puissiez connaître une amélioration en une journée, mais je ne peux vous le garantir. Par contre, je peux vous promettre que vous verrez des améliorations en suivant mes suggestions.

La vérité irréfutable, c'est que nous ne pouvons changer l'habitude confortable d'un bébé qui aime dormir (mais qui s'éveille toute la nuit) en une routine où il s'endormirait et resterait endormi si nous ne tenons pas compte de l'une de ces deux options : les pleurs ou le temps. Personnellement, j'ai choisi le temps, ce qui nécessite de la *patience,* une vertu que vous pourrez inculquer à votre enfant par la même occasion.

Des parents m'ont demandé de l'aide parce que leur enfant de *cinq ans* s'éveillait encore la nuit. Je leur ai dit de garder espoir et de mettre les choses en perspective. Mon nouveau plan de sommeil *ne prend pas* cinq ans avant de produire les effets désirés.

L'expérience des mères témoins

C'est vraiment utile de savoir ce qu'ont vécu d'autres parents. Voici quelques extraits de ce qu'avaient à communiquer certaines mères témoins.

Lisa, mère de deux filles âgées de un an et cinq ans ayant toutes deux des problèmes de sommeil, m'a confié ce qui suit dans sa première lettre :

> Ma fille Jen, maintenant âgée de cinq ans, a dormi avec moi jusqu'à environ un an. À ce moment, nous avons tenté de la coucher dans son propre lit. Depuis ce temps, elle vient dans notre chambre CHAQUE nuit. Oui, toutes les nuits depuis quatre ans ! Quant à notre bébé, Elizabeth... eh bien, à un an, elle s'éveille encore de trois à cinq fois par nuit. Je suis extrêmement angoissée. La nuit, j'entends les minutes qui passent à l'horloge de ma table de chevet et j'attends que l'une ou l'autre m'appelle. À chaque minute, tout semble s'intensifier. Souvent, je craque et je me mets à pleurer. Ce matin, assise devant mon café, les choses ne me

semblent pas AUSSI épouvantables, mais je dois avouer que j'ai encore envie de pleurer. Je n'en peux plus. À L'AIDE.

Cinq semaines plus tard, j'ai reçu ce courriel de Lisa :

Je sais que ce n'est pas encore le temps de vous faire parvenir notre fiche de sommeil, mais il faut que je vous raconte ce qui se passe. Beth s'endort maintenant à 20 h 30 et ne se réveille qu'UNE FOIS ! Et elle se lève à 7 h 30 ! Je n'arrive pas à le croire !

De plus, Jennifer reste dans SA CHAMBRE *TOUTE* la nuit depuis dix jours ! Elle est tellement fière d'elle et moi de même !

ÇA MARCHE ! ÇA MARCHE ! ÇA MARCHE !

Kim, mère monoparentale de Mathieu qui a treize mois, m'a raconté ce qui suit quand nous avons commencé à travailler sur les habitudes de sommeil de son bébé :

Eh bien, les choses ne se passent pas comme je l'avais prévu dans mon plan. J'ai essayé de coucher Mathieu à 19 h 30 ; je l'ai bercé, nourri, mis dans son berceau, lui ai tapoté le dos, l'ai bercé à nouveau, nourri à nouveau, et il a finalement lâché prise à 20 h 45. Honnêtement, je ne sais pas quel était le problème ce soir. J'espère seulement que cela ne continuera pas ainsi. Je veux tellement que le plan fonctionne. Je suis très frustrée.

Après trois semaines, Kim rapportait ceci :

Bonjour ! Je vous ai déjà écrit il y a quelques jours pour vous annoncer que Mathieu avait dormi une nuit entière,

> mais il faut absolument que je vous fasse part de ceci. Cela fait trois — oui, je les compte — nuits que Mathieu dort sans se réveiller. Le croyez-vous ? Voilà que je me sens maintenant comme une mère fonctionnelle. Et il me laisse dormir le matin ! Ce matin, il s'est réveillé vers 6 h 30 pour que je l'allaite puis il s'est rendormi jusqu'à 9 h. J'ai tellement d'énergie aujourd'hui. En plus, la gardienne a enfin réussi à lui faire faire une sieste ! Aujourd'hui, quand je l'ai levé, il dormait encore — il était couché depuis presque deux heures ! Je suis tellement contente que vos idées donnent de bons résultats pour nous. Je ne croyais pas voir un telle amélioration aussi rapidement. Nous avons constaté un IMMENSE progrès et nous n'aurions jamais pu obtenir ce succès sans vos idées. Vous avez certainement fait une grande découverte qui va changer la vie de beaucoup de gens.

La mère d'un bébé de trois mois, Christine, a exprimé ces sentiments la première fois que nous nous sommes parlé :

> Les réveils nocturnes de Ryan sont devenus très stressants pour notre famille. Mon mari n'est plus capable de dormir dans le lit avec nous ; il a opté à contrecœur pour la chambre d'amis. Je crains de ne pouvoir être fonctionnelle à mon retour au travail si je continue à passer des nuits blanches. J'ai essayé de laisser Ryan pleurer, mais je ne supportais pas de voir mon petit bébé habituellement heureux et calme hurler si fort et transpirer, tout seul, l'air effrayé. J'espère de tout cœur que vous pouvez m'aider.

Quarante-cinq jours plus tard, la fiche est très éloquente.

---

19 h 30 Endormi
6 h Allaitement
7 h 30 Debout pour la journée
Nombre de réveils nocturnes : 1 (amélioration de 9)
Plus longue durée de sommeil : 10 ½ heures merveilleuses (amélioration de 6 ½ heures)
Heures totales de sommeil nocturne : 10 ½ heures

Emily, mère d'Alex âgé de douze mois, a inclus l'information qui suit dans le premier message qu'elle m'a adressé :

> Alex dort la bouche appuyée sur mon sein, le corps étendu à l'horizontale sur moi. Parfois, il est couché à mes côtés, mais uniquement jusqu'à ce qu'il s'éveille à nouveau, ce qui quelquefois ne prend que cinq minutes, et alors je le replace sur moi.

Triomphante, trente jours après avoir suivi la solution « sommeil sans pleurs », voici ce que m'a écrit la mère d'Alex :

> Ce sera ma dernière fiche puisque mon petit Alex dort maintenant parfaitement. Il s'endort avant 20 h ; je l'installe alors dans notre lit, puis je prends une douche ou fais du ménage. (Évidemment, le lit est muni de garde-corps en filet et nous surveillons attentivement.) Il arrive qu'Alex se réveille une fois durant la nuit pour être nourri, mais cela ne lui prend que quelques secondes à se rendormir. Peut-être se réveille-t-il plus souvent, mais il n'a pas besoin de mon assistance pour s'endormir à nouveau. Il se réveille vers 7 h 30, joyeux et reposé.

> J'ai peine à croire qu'il s'agit du même bébé. Ses habitudes de sommeil ont carrément changé.

Et voici un compte rendu de Marsha, mère d'un autre bébé dormant contre la poitrine de sa maman :

> Hier soir, Kailee s'est couchée à 20 h 30. Elle s'est réveillée quelques fois entre 20 h et 22 h, mais elle s'est vite calmée toute seule et je ne l'ai pas entendue jusqu'à 8 h ! Je suis certaine que vous me comprenez quand je dis que c'est le vrai paradis. Avant, Kailee devait dormir contre ma poitrine toute la nuit et s'éveillait de huit à dix fois pour être nourrie. Maintenant, elle dort entre 11 et 12 heures et demie d'affilée. Jamais je n'aurais cru qu'un de mes bébés ferait ses nuits. Vous êtes notre héroïne. J'aurais bien aimé que cet ouvrage existe quand j'ai eu ma première fille.

Vous rappelez-vous la mère que j'ai citée plus tôt qui disait : « Je suis vraiment désespérée car le manque de sommeil commence à se faire sentir dans tous les aspects de ma vie » ? Après avoir suivi mon programme pendant deux mois, Leesa a écrit : « Au cours de la semaine dernière, Kyra ne s'est réveillée qu'UNE FOIS pour que je l'allaite, à 3 h 30 ! Hourra ! Je suis pratiquement ivre de sommeil ! »

Les mères témoins nous offrent d'autres témoignages au fil de ce livre dans les sections intitulées « La parole aux mères ». De plus, elles nous présentent des photographies de leurs mignons bébés endormis.

Vous pouvez dormir, vous aussi

Il n'y a aucune raison pour que vous viviez comme une martyre privée de sommeil. Il existe des moyens de faire dormir votre bébé sans que vous ayez à subir des « pleurothons » toute la nuit. L'action est la clé. Donnez donc une chance à la solution « sommeil sans pleurs » et les actions que vous mettrez en application vous renforceront et vous motiveront au cours des prochaines semaines. De plus, attendez-vous à voir une amélioration. Si présentement vous vous réveillez toutes les heures, il est peu probable que vous puissiez subitement dormir dix heures consécutives. Toutefois, vous passerez certainement d'un réveil chaque heure… à un réveil chaque trois heures… chaque quatre heures… puis éventuellement vous parviendrez à l'étape cruciale d'un sommeil nocturne durable et même davantage.

Un peu plus tard, *vous* recommencerez à vous réveiller toutes les heures, souhaitant entendre la voiture arriver sur la voie d'accès, les clés tomber sur la table de cuisine et des pas rebondir sur les marches menant à la chambre de votre adolescent. Le temps passe si vite !

Je vous encourage à être patiente à mesure que vous franchissez les étapes. C'est vraiment très important. Quand votre bébé est grincheux ou se met à pleurer (j'ai bien dit « se met » à pleurer et non se lamente depuis dix minutes), prenez-le dans vos bras, bercez-le, allaitez-le. Faites tout ce que vous dicte votre cœur pour calmer votre cher petit. Chaque jour, vous vous rapprocherez de votre objectif. En gardant cela à l'esprit, vous deviendrez plus affectueuse et plus patiente.

De plus, n'oubliez pas que l'incapacité apparente de votre bébé à se rendormir tout seul n'est pas de sa faute. Votre petit agit ainsi depuis le jour de sa naissance et préférerait que rien ne change. Votre objectif est de l'aider à se sentir aimé et en sécurité tout en l'amenant à trouver des façons de s'endormir sans vous.

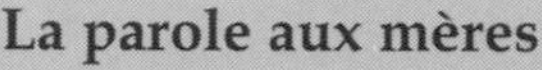

La parole aux mères

« Je sais que cela va être long avant que je voie des changements positifs. Cependant, après sept mois d'insomnie et d'épuisement total, juste de savoir que je vais dormir dans un mois ou un peu plus me semble une délivrance. »

Tammy, mère de Brooklyn âgé de sept mois

En résumé, je ne conseille pas de laisser un bébé pleurer jusqu'à ce qu'il s'endorme, pas plus que je ne conseille de venir le voir toutes les dix minutes pour lui murmurer des mots réconfortants sans même le toucher. Cependant, je sais que vous pouvez – doucement et affectueusement – aider votre bébé à dormir *tranquille* toute la nuit.

Partie I

Dix étapes pour aider votre bébé à dormir toute la nuit

Cette section porte sur les étapes à suivre en vue de créer votre solution « sommeil » personnelle. Si vous le désirez, vous pourrez utiliser cette page comme liste de vérification à mesure que vous franchirez les étapes proposées.

- ☐ Septième étape : La rédaction de fiches de sommeil après dix jours (page 227)
- ☐ Huitième étape : L'analyse de votre succès (page 233) et la révision du plan au besoin
- ☐ Neuvième étape : La mise en application de votre plan de sommeil pendant dix jours supplémentaires (page 269)
- ☐ Dixième étape : La rédaction des fiches, l'analyse de votre succès et la révision de votre plan tous les dix jours au besoin (page 281)

1

Le contrôle de sécurité

Puisque vous êtes privée d'un sommeil de qualité depuis votre grossesse ou l'arrivée de votre bébé dans votre vie, probablement avez-vous actuellement l'impression qu'il n'y a rien de plus important qu'une nuit entière passée à dormir. Cependant, une chose a beaucoup plus d'importance que le sommeil : la sécurité de votre bébé. Il est donc essentiel de voir cet aspect en premier lieu.

Dans leur quête de quelques minutes supplémentaires de repos, les parents bien intentionnés mais manquant de sommeil font parfois des erreurs. J'ai entendu ou lu des histoires où des parents avaient mis leur bébé dans une situation peu sécuritaire, toujours en vue de gagner quelques heures de sommeil. Voici quelques-uns de ces récits. Je n'ai inclus que ceux qui se terminaient bien. Malheureusement, ce n'est pas toujours le cas.

- Les parents d'un nouveau-né savaient qu'ils devaient enlever leur douillette pelucheuse de leur lit quand leur bébé s'y trouvait, mais ils avaient froid. Une nuit, la mère s'est réveillée et a trouvé son bébé complètement enseveli sous la lourde couverture.
- Une mère était tellement heureuse que son bébé s'endorme sur le canapé qu'elle l'a laissé là pendant

qu'elle est allée travailler à son ordinateur. Un bruit fort l'a fait accourir à la salle de séjour, là où son bébé pleurait sur le sol.

- Une mère dont la petite refusait de faire une sieste a avoué que, lorsque sa fille s'est endormie dans son siège d'auto, elle l'a laissée dormir dans le garage pendant qu'elle cuisinait le repas du soir dans la maison. Elle ne voulait pas risquer de la réveiller en la transportant dans son berceau.
- Des parents avaient reçu en cadeau un joli berceau antique muni d'un dosseret décoré. Ils avaient l'intention de se renseigner sur les dispositifs de sécurité du berceau, mais n'en avaient pas encore eu le temps. Une nuit, ils ont été réveillés par les cris de leur bébé. Ils ont vite couru à sa chambre. Le petit était coincé entre le dosseret et le matelas.

Plusieurs erreurs que font les parents relativement à la sécurité de leur bébé découlent de mauvaises décisions. D'autres sont causées par un manque de connaissances. Il vous faut connaître beaucoup de choses pour assurer la sécurité de votre petit. Dans ce chapitre important, vous apprendrez tout ce qui concerne le sommeil de votre bébé en toute sécurité.

La sécurité d'abord

Oui, vous êtes fatiguée, peut-être trop même pour lire la multitude d'informations, d'ouvrages et de guides portant sur la sécurité de votre bébé. Vous avez probablement l'intention de vous renseigner bientôt. Or, vos bonnes intentions ne suffisent pas pour garder votre bébé à l'abri du danger. Il vous faut ces renseignements tout de suite.

Peu importe votre fatigue ou votre envie de dormir, je vous incite fortement à faire de la sécurité de votre bébé une priorité.

J'ai réuni de l'information sur la sécurité à partir d'un large éventail de sources fiables et d'autorités en cette matière : Consumer Product Safety Commission (CPSC), American Academy of Pediatrics (AAP), Sudden Infant Death Syndrome Alliance, National Institute of Child Health and Human Development et Foundation for the Study of Infant Deaths. De là, j'ai créé pour vous des listes de vérification sur la sécurité durant le sommeil. Je vous invite à lire cette courte section et à y réfléchir sérieusement.

Gardez à l'esprit que ces listes portent sur des questions de sécurité pour un bébé dormant *à la maison*. Bien sûr, vous devez vous renseigner sur bien d'autres aspects de la sécurité – à la maison et ailleurs. De plus, puisque les mesures de sécurité sont continuellement mises à jour – et parce que tous les bébés (et leur famille) sont différents –, il n'existe aucune liste exhaustive convenant à chaque enfant. Je vous suggère donc fortement de discuter de votre cas avec votre pédiatre. Faites vos devoirs et pensez d'abord à la sécurité de votre petit.

La première inquiétude : la MSN

Le syndrome de la mort soudaine du nourrisson (MSN) constitue l'une des grandes inquiétudes des parents. La MSN se définit comme la mort subite et inexplicable d'un bébé de moins de un an. La MSN, aussi appelée mort au berceau, est une importante cause de décès chez les bébés de un mois à un an. Le plus souvent, elle se produit entre l'âge de un et quatre mois. La mort est imprévisible ; dans la plupart des cas, le bébé semblait en bonne santé. Le bébé meurt rapidement, généralement durant son sommeil. Après 30 ans de recherche, les scientifiques n'ont pas encore réussi à cerner la ou les causes de la MSN, pas plus qu'un moyen de prévoir ou de prévenir cette dernière. Cependant, ils ont dévoilé certains facteurs qui semblent en diminuer le risque, des facteurs que j'ai inclus dans l'information et les listes qui suivent. (Cette information sur la MSN provient du U.S. Public Health Service, de l'American Academy of Pediatrics, du Sudden Infant Death Syndrome Alliance, de l'Association of SIDS and Infant Mortality Programs et de la campagne publicitaire « Back to Sleep » sur la MSN.)

Ne tournez pas le dos au sommeil

De nombreux bébés dorment mieux et plus longtemps lorsqu'ils sont couchés sur le ventre. Toutefois, bon nombre d'études ont prouvé scientifiquement que ces bébés courent davantage de risques de succomber à la MSN. Il s'agit d'un pourcentage statistique qui ne sous-entend pas que tous les bébés qui dorment sur le vente meurent de la MSN, ni que si vous évitez de coucher votre nourrisson dans cette position vous le protégerez à cent pour cent. Cependant, c'est la plus importante des recommandations que vous devez connaître. Bien que la position ventrale aide certains bébés, il est plus sécuritaire pour tous les nourrissons de dormir sur le dos. Discutez de votre cas avec votre pédiatre.

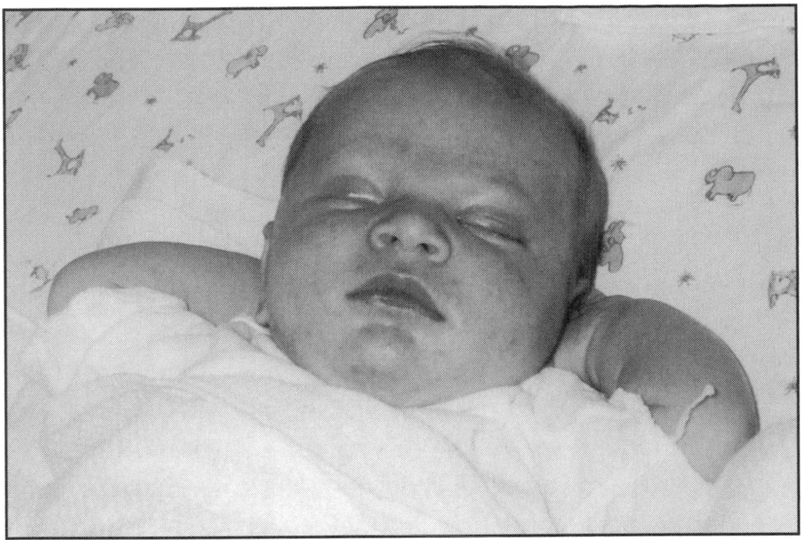

Zoey, trois semaines

Plusieurs théories soutiennent cette recommandation de coucher les bébés sur le dos. L'une d'elles avance que quelques bébés ayant succombé à la MSN dormaient profondément et n'ont pas soulevé la tête pour aspirer de l'oxygène. Une autre déclare que la pression exercée sur la poitrine comprime le diaphragme du bébé et empêche ce dernier de respirer suffisamment d'air. Quelle que soit la cause, et avec tout ce mystère entourant la MSN, le seul geste que vous puissiez poser afin de réduire le risque consiste à coucher votre bébé sur le dos.

Au cours de toutes mes recherches, je n'ai pas réussi à cerner un âge précis où la position ventrale ne comporterait plus de risques. Toutefois, la plupart des chercheurs ont tendance à laisser croire que, dès que votre bébé est capable de maintenir sa tête levée et de se retourner facilement tout seul, vous pouvez le coucher sur le dos et le laisser prendre lui-même une position confortable. Entre-temps, tant que votre médecin confirme qu'il vaut mieux coucher votre bébé sur le dos, tenez-vous-en à cette position. Si votre petit n'aime pas celle-ci, voici quelques suggestions pour l'amener à s'y habituer.

- Laissez votre bébé faire sa sieste dans le siège d'auto, le fauteuil porte-bébé ou la poussette. Votre bébé y sera légèrement courbé plutôt qu'étendu à plat comme sur un matelas ; il sera dans une position beaucoup plus agréable que s'il dormait sur le ventre. Assurez-vous simplement de bien suivre toutes les mesures de sécurité, entre autres celle de rester près du bébé. (Les fabricants de tous les modèles de sièges d'auto, de fauteuils porte-bébé et de poussettes avertissent les parents de ne jamais laisser un bébé tout seul dans ce genre d'équipement.) Voyez à ce que votre tout-petit ne soit pas trop courbé vers l'avant.
- Les nouveau-nés aiment souvent être emmaillotés pour dormir. (Voir la page 118.) En étant emmailloté dans une couverture, le bébé ne peut être réveillé par le réflexe naturel de sursaut.
- Attendez que votre bébé dorme profondément avant de le tourner en position dorsale. Vous reconnaîtrez ce stade du sommeil par la mollesse des membres et une respiration régulière.
- Discutez avec votre médecin pour voir si un compromis serait possible : la position latérale. Demandez-lui si vous pouvez utiliser un coussin ou une couverture de bébé enroulée serré pour maintenir votre petit dans cette position.

- Même si de nombreux produits sont offerts pour maintenir un bébé couché sur le dos, leur sécurité n'a pas été prouvée et, présentement, ils ne sont pas recommandés. Plusieurs moyens pour que le bébé reste emmailloté et couché sur le dos sont disponibles depuis peu. Renseignez-vous auprès de votre médecin ou du personnel hospitalier pour connaître les inventions récentes.
- Enfin, si vous décidez de laisser votre bébé dormir sur le ventre ou si votre médecin a approuvé cette position, voyez à ce que le matelas soit égal, ferme et plat, et à ce que les draps soient lisses et bien fixés. Ne mettez pas d'oreillers, de couvertures ni de jouets dans le lit. Si votre inquiétude subsiste, informez-vous auprès de votre médecin ou du personnel hospitalier pour louer un récepteur perfectionné afin d'être en mesure de percevoir les bruits, les mouvements et la respiration de votre bébé.

Lorsque votre bébé réussit à dormir sur le dos :

- Ne le laissez pas constamment dans une même position chaque nuit et chaque sieste. Tournez-lui la tête d'un côté, puis de l'autre. Placez-le différemment dans le berceau ou changez ce dernier de place dans la pièce ; ainsi, vous encouragez votre bébé à regarder dans toutes les directions. Cette habitude empêchera l'arrière de sa tête de devenir plat (un état appelé plagiocéphalie).
- Le jour, évitez de laisser votre bébé sur le dos dans sa poussette, son siège d'auto ou une balançoire durant de longues périodes.

- Placez souvent votre bébé sur le ventre quand il est éveillé afin de favoriser les mouvements de la tête et du corps ainsi que le développement physique de tous les groupes de muscles.

La parole aux mères

« J'allais constamment retourner Coby sur le dos et parfois il se réveillait, me voyait et voulait que je l'allaite. Je suis donc devenue experte à me dissimuler derrière le tampon de protection pour changer mon bébé de position à travers les barreaux du lit. Ça marchait ! »

Jennifer, mère de Coby âgé de cinq mois

Dormir sur le dos à la garderie

Selon certaines études, 20 pour cent des cas de MSN surviennent en milieu de garde de jour. Ce ne sont pas tous les centres de garde qui ont des consignes à respecter en ce qui concerne les positions de sommeil des bébés et, même s'ils en ont, ce ne sont pas tous les fournisseurs de soins qui suivent les recommandations de l'AAP. Il est important que vous sachiez que les bébés qui n'ont pas l'habitude de dormir sur le ventre courent un risque particulièrement élevé de succomber à la MSN s'ils s'endorment dans cette position. Vérifiez quelles sont les consignes à votre garderie et assurez-vous que votre bébé y dort dans la position conseillée par votre médecin.

Les mesures de sécurité générales pour toute la famille

- Ne laissez personne fumer à proximité de votre bébé. Cette consigne s'applique aussi bien quand il dort que lorsqu'il est éveillé. Les bébés exposés à la fumée sont davantage prédisposés à la MSN ainsi qu'à d'autres problèmes de santé, l'asthme par exemple.
- Si votre enfant passe du temps avec des fournisseurs de soins, une gardienne, un grand-parent ou une autre personne, insistez pour que ces gens suivent les mesures de sécurité dans leur milieu.
- Gardez votre bébé au chaud, sans *exagérer*. Tenez sa chambre à une température confortable pour dormir, généralement entre 18 °C et 22 °C (entre 65 °F et 72 °F). Prenez garde à ce que votre bébé n'ait pas trop chaud. Si votre nouveau-né porte un chapeau lorsqu'il sort de l'hôpital, demandez au médecin s'il doit le garder pour dormir et, si oui, pendant combien de temps. Un chapeau peut contribuer à l'excès de chaleur.
- Ne mettez pas de couvertures ni de douillettes sur ou sous le bébé. Ce dernier pourrait s'y emmêler et s'étouffer. À la place, quand la température le justifie, habillez votre bébé d'un tricot de corps et d'une chaude combinaison de nuit.
- Mettez à votre bébé des vêtements de nuit ininflammables, bien ajustés, ni trop serrés ni trop amples, en coton ou en mélange de coton. Les tissus trop amples ou faits d'un tissu trop léger comportent un risque de brûlure si un incendie éclate ou si le bébé est placé à proximité de la cuisinière ou du foyer.

- Ne laissez pas votre bébé dormir sur une surface souple, par exemple un oreiller, un canapé, un lit d'eau ou de plume, un fauteuil-sac, un matelas garni de coussins ou en mousse, une peau de mouton ou toute autre surface flexible. Les bébés ne doivent dormir que sur un matelas ferme et plat dans des draps lisses qui restent bien en place.
- Ne laissez pas de jouets en peluche ni d'oreillers dans le lit du bébé. Vous pouvez y mettre un petit « joujou » sécuritaire (voir les pages 160 à 163) si votre bébé a plus de quatre mois et s'il est capable de se retourner de même que de lever et bouger la tête facilement.
- Placez les veilleuses, les lampes et tout appareil électrique loin du lit du bébé.
- Installez un détecteur de fumée dans la chambre du bébé et vérifiez le fonctionnement aussi souvent que le suggère le fabricant.
- Ne couchez pas un bébé près d'une fenêtre, d'un store, de cordons ou de draperies.
- Si votre bébé est malade ou fiévreux, appelez immédiatement votre médecin ou l'hôpital.
- Respectez vos rendez-vous chez le médecin pour les bilans de santé de votre bébé.
- Ne secouez ni ne frappez jamais votre bébé. (La National Commission on Sleep Disorders Research a conclu que la violence envers les enfants survenait souvent quand les parents manquaient de sommeil et étaient au bout du rouleau. Si vous sentez que vous pourriez perdre votre calme avec votre bébé, installez-le à un endroit sûr ou mettez-le sous la garde d'une autre personne et allez vous reposer un peu.)

- N'attachez jamais une sucette à votre bébé avec une ficelle, un ruban ou un cordon. Votre petit pourrait s'y enrouler les doigts, la main ou le cou et se blesser.
- Suivez toutes les mesures de sécurité quand votre bébé dort à l'extérieur de votre foyer, que ce soit dans un siège d'auto, une poussette ou un lieu inhabituel. Où que vous soyez, assurez-vous que votre bébé dormira dans un environnement sûr.
- Ne laissez jamais votre bébé sans surveillance dans un siège d'auto, un fauteuil porte-bébé, une poussette ou une balançoire.
- Ne laissez jamais un animal avoir accès à un bébé qui dort.
- Apprenez à procéder à une réanimation cardiorespiratoire (RCR) avec un tout-petit. De plus, assurez-vous que toutes les personnes qui s'occupent de votre bébé connaissent cette technique.
- Assurez-vous que votre bébé vit dans un environnement propre. Lavez souvent sa literie. Lavez-vous les mains après avoir langé votre petit et avant de l'allaiter. Lavez-lui fréquemment les mains et le visage.
- Allaitez votre bébé au sein si cela vous est possible. Le lait maternel diminue le risque de certaines maladies et infections, ce qui en retour fait décroître le danger lié à la MSN et à d'autres problèmes de santé.
- Prêtez attention à votre propre santé et à votre bien-être personnel. Si vous éprouvez de l'angoisse, de la panique, de la confusion, de la tristesse, du regret, de l'irritabilité ou du désespoir, vous souffrez probablement de la dépression du post-partum. Consultez votre médecin et expliquez-lui vos symptômes. Il s'agit

d'une situation courante pour laquelle il existe des traitements.

Les mesures de sécurité générales concernant les berceaux et les lits à barreaux

- Vérifiez que le berceau de votre bébé respecte toutes les mesures de sécurité gouvernementales, de même que les normes de l'industrie et les recommandations les plus récentes venant d'autorités en cette matière. Recherchez les modèles portant un sceau de certification et n'utilisez pas un lit de bébé ou un berceau usagé ou vieux.
- Assurez-vous que le matelas s'ajuste parfaitement au berceau ou au lit. Si vous pouvez passer plus de deux doigts entre le matelas et un côté du lit, l'ajustement n'est pas approprié.
- Assurez-vous que les draps sont bien fixés et que le bébé ne peut les retirer du matelas, créant ainsi un amas de tissu pouvant être dangereux. N'utilisez pas de revêtement de matelas en plastique et ne placez pas de sacs en plastique près du lit.
- Enlevez les boucles, les ficelles et les rubans ornementaux. Si vous utilisez des tampons de protection, vérifiez qu'ils entourent complètement le lit et sont fixés en plusieurs endroits — au moins à chaque coin et au milieu de chaque côté. Attachez fermement les cordons et coupez les longs bouts qui dépassent.
- Enlevez les tampons de protection avant que votre bébé soit capable de se tenir sur ses mains et ses

genoux. S'il réussit à se lever debout, ajustez le matelas au niveau le plus bas. De plus, inspectez l'environnement immédiat autour du lit afin d'enlever tout ce qui pourrait constituer un danger pour votre bébé si ce dernier arrivait à sortir de son lit.

- Soyez sûre que les vis, les boulons, les ressorts et toutes les autres pièces composant le lit sont bien fixés ; vérifiez-les de temps à autre. Remplacez immédiatement toute pièce manquante ou brisée. (Pour obtenir des pièces de rechange, communiquez avec le fabricant.) Assurez-vous que la base du lit ou du berceau est solide et stable et qu'elle ne s'incline ni ne bascule quand votre bébé se déplace. Inspectez les barreaux pour voir s'ils sont bien à leur place, droits et stables ; leur espacement ne devrait pas dépasser 60 mm (2 3/8 po).
- Les montants de coin ne doivent pas s'élever à plus de 1,5 mm (1/16 po) à partir du haut du panneau d'extrémité. Éliminez les berceaux dont les montants de coin sont munis d'ornements ou comportant des panneaux d'extrémité façonnés d'une manière pouvant présenter un danger, par exemple des bordures pointues, des pointes ou des pièces pouvant se relâcher ou s'enlever complètement. Levez toujours le côté de lit et bloquez-le dans cette position. Assurez-vous que votre bébé ne pourra actionner les verrous.
- Ne suspendez aucun objet au-dessus d'un bébé qui dort ou qui est sans surveillance, incluant des mobiles et autres jouets pour les lits d'enfant. L'objet pourrait tomber sur votre bébé, ou encore votre petit pourrait l'atteindre et l'apporter dans son lit.

- Si vous utilisez un lit portatif, assurez-vous que les dispositifs de verrouillage sont bien enclenchés.
- Placez votre bébé à une distance de laquelle vous êtes en mesure de l'entendre de votre lit. Sinon, munissez-vous d'un récepteur fiable et mettez celui-ci sous tension.
- Lisez les directives du fabricant concernant la taille et le poids limites pour tout berceau ou lit d'enfant. S'il n'y a pas de mention à ce sujet, téléphonez ou écrivez au fabricant pour obtenir cette information.
- Tout lit dans lequel dort votre bébé ailleurs que chez vous doit respecter les mesures de sécurité mentionnées précédemment.

Les mesures de sécurité générales pour les bébés dormant avec les parents

La question de savoir s'il est sécuritaire ou non de coucher un bébé dans un lit d'adulte a fait l'objet de nombreux débats. Nos quatre bébés ont été les bienvenus dans notre lit familial. Mon mari, Robert, et moi avons de façon naturelle invité nos enfants à partager notre lit. Nos enfants ont aussi apprécié dormir ensemble dans le lit des uns et des autres. Cependant, il est essentiel de préciser que nous avons suivi à la lettre les mesures de sécurité recommandées concernant le partage d'un lit avec un bébé.

Afin de vous informer au point de vue légal, je dois vous préciser qu'en 1999 la CPSC a émis une recommandation contre le partage d'un lit avec un bébé de moins de deux ans. Toutefois, certains sondages montrent que, comme nous, près de 70 pour cent des parents dorment avec leur bébé toute la nuit ou durant quelques heures. La plupart des parents qui *optent* pour une telle pratique y trouvent de nombreux avantages.

L'avertissement de la CPSC est controversé et a alimenté de chauds débats chez les parents, les médecins et les spécialistes du développement de l'enfant quant à son exactitude et à sa pertinence. Ainsi, bon nombre d'experts croient que cette question exige des recherches plus poussées. Entre-temps, il est primordial pour vous de connaître les divers points de vue et de prendre la bonne décision pour votre famille. Même si vous décidez qu'il n'est pas approprié pour vous de dormir avec votre nouveau-né, peut-être apprécieriez-vous de partager votre lit avec vos enfants plus vieux si cela convient à tous les membres de la famille.

La liste de conseils de sécurité et de références qui suit ne doit pas être considérée comme une permission de dormir avec un bébé, mais plutôt comme de l'information fournie aux parents qui ont fait des recherches sur cette question et qui ont pris une décision éclairée.

N'oubliez pas que, quel que soit l'endroit où dort votre bébé, vous devez respecter les mesures de sécurité appropriées. Si votre petit dort avec vous, la nuit ou durant ses siestes, vous devez vous pliez aux mesures qui suivent :

- Assurez-vous que votre lit est sécuritaire pour le bébé. Le mieux consiste à placer le matelas directement sur le sol ; ainsi, vous éliminez les espaces où pourrait se coincer votre bébé. Votre matelas doit être plat, ferme et lisse. Ne couchez pas votre bébé sur une surface moelleuse tel un lit d'eau, un canapé, un matelas garni de coussins ou toute autre surface flexible.

- Veillez à ce que vos draps soient bien en place et ne s'enlèvent pas facilement.
- Si votre lit est surélevé, utilisez des garde-corps en filet pour empêcher le bébé de faire une chute. Vérifiez qu'il n'y a pas d'espace entre le matelas et les panneaux à la tête et au pied du lit. (Certains garde-corps conçus pour les enfants plus vieux sont très ajourés et ne conviennent pas pour les bébés, qui pourraient y rester coincés.)
- Si votre lit est placé contre un mur ou un autre meuble, assurez-vous qu'il n'y a pas d'espace entre le matelas et le mur ou le meuble car votre bébé pourrait y rester coincé.
- Les bébés doivent être installés entre leur mère et le mur ou le garde-corps. Les pères, les frères et sœurs, les grands-parents et les gardiennes n'ont pas la même conscience pulsionnelle que les mères de l'endroit où se trouve le bébé. J'invite d'ailleurs les mères à prêter attention à leur sensibilité face à leur bébé. Votre petit devrait pouvoir vous réveiller avec un minimum de mouvement ou de bruit. Souvent, un reniflement ou un ronflement suffit à réveiller une mère. Si vous vous apercevez que vous dormez profondément et que vous ne vous réveillez que lorsque votre bébé crie fort, vous devriez songer à ne pas coucher le tout-petit dans votre lit mais plutôt à l'installer dans un berceau ou un lit à barreaux près de votre lit.
- Utilisez un grand matelas pour accommoder les mouvements de chacun.
- Considérez un aménagement où le lit du bébé se trouve directement à côté du lit principal.

- Veillez à ce que la pièce dans laquelle dort votre bébé de même que toutes les pièces auxquelles il a accès soient sécuritaires pour lui. (Imaginez que votre bébé réussisse à se traîner hors de son lit pour explorer la maison pendant que vous dormez. Même s'il ne l'a pas encore fait, soyez certaine qu'il le fera un jour !)
- Ne dormez jamais avec votre bébé si vous avez consommé de l'alcool, des drogues ou des médicaments, si vous avez le sommeil particulièrement profond ou si vous souffrez d'un manque de sommeil et trouvez difficile de vous réveiller.
- Ne dormez pas avec votre bébé si vous êtes d'une taille imposante ; l'excès de poids chez un parent a été cerné comme facteur de risque pour un bébé couché dans le lit parental. Je ne peux toutefois vous préciser un ratio entre le poids d'un parent et celui d'un bébé, mais vous pouvez examiner comment vous et votre bébé êtes placés côte à côte. Si le bébé roule vers vous, s'il y a un grand creux dans le matelas ou si vous craignez d'autres situations dangereuses, faites preuve de prudence et couchez plutôt votre petit dans un berceau ou un lit à barreaux près de votre lit.
- Enlevez les oreillers et les couvertures durant les premiers mois. À mesure que vieillira votre bébé, soyez extrêmement prudente lorsque vous ajouterez ces accessoires dans le lit. Portez tous les deux des vêtements de nuit chauds. (Un truc pour les mères qui donnent le sein : en guise de sous-vêtement, portez un vieux chandail à col roulé ou un tee-shirt coupé à partir du milieu jusqu'à l'encolure.) N'oubliez pas que le corps produit de la chaleur durant la nuit. Veillez à ce que votre bébé n'ait pas trop chaud.

- Ne portez pas de vêtements de nuit munis de cordons ou de longs rubans, ni de bijoux. Si vous avez les cheveux longs, attachez-les.
- Ne mettez pas de parfum ni de lotion qui sent fort. Les sens de votre bébé sont encore très délicats.
- Ne laissez pas d'animaux dormir avec le bébé.
- Ne laissez jamais votre bébé seul dans un lit d'adulte, à moins que celui-ci ne soit parfaitement sécuritaire. Par exemple, vous pouvez installer votre bébé sur un matelas posé au sol dans une pièce sécuritaire lorsque vous êtes à proximité ou que vous avez un récepteur de surveillance.
- Au moment de la rédaction de ce livre, il n'existait aucun dispositif de sécurité ayant été testé favorablement pour protéger un bébé dans un lit d'adulte. Cependant, puisque de nombreux parents souhaitent que leur bébé puisse dormir avec eux en toute sécurité, de nouvelles inventions commencent à faire leur apparition dans les catalogues d'articles pour bébés et dans les magasins.

2

Les faits de base concernant le sommeil

La plupart des ouvrages sur les bébés et le sommeil suggèrent aux parents de lire un livre sur le sommeil humain avant de procéder à quelque changement que ce soit. Lorsque vos paupières menacent de tomber avant la fin du premier chapitre, cet exercice devient plutôt futile. Les connaissances ne sont pas assimilées, il n'y a pas de plan d'établi, le problème n'est pas résolu et un parent de plus se résigne à passer encore quelques années d'insomnie.

Je vais donc maintenant tenter de vous donner uniquement l'information qu'il vous faut. De façon brève et conçise, je ne vous transmettrai que les connaissances de base importantes à propos du sommeil. Ainsi, vous pourrez vous concentrer sur la véritable raison pour laquelle vous lisez ce livre : concevoir et implanter un programme de sommeil approprié pour vous et votre bébé.

Comment dormons-nous ?

Nous nous endormons, dormons toute la nuit, puis nous nous réveillons le matin, n'est-ce pas ? Faux ! Durant la nuit, nous traversons un cycle de sommeil qui nous transporte de haut en bas comme une vague. Au fil de la nuit, nous passons d'un sommeil léger à un sommeil profond, puis aux rêves. Entre ces stades, nous revenons brièvement en surface, sans nous réveiller complètement. Il se peut que nous redonnions du corps à un oreiller, redressions une couverture, changions de côté, mais en général nous retournons tranquillement à l'état de sommeil en ne gardant pratiquement aucun souvenir de ce moment.

Notre sommeil est régi par une horloge physique interne que les scientifiques appellent *horloge biologique* ou *rythme circadien* (« jour complet » en latin). Les chercheurs ont été étonnés de découvrir que cette horloge est programmée pour une journée de vingt-cinq heures. Cela signifie que nous devons continuellement l'ajuster, ce que nous faisons principalement avec notre routine sommeil-veille et notre exposition à la lumière et à la noirceur.

Cette horloge biologique comporte des moments de la journée convenant mieux au sommeil ou à l'état de veille. C'est ce qui explique le décalage horaire ainsi que les problèmes de sommeil qui affligent les personnes qui travaillent par roulement. C'est aussi la raison pour laquelle il est souvent difficile de se lever le lundi matin ; en effet, durant le week-end, nous interrompons notre rythme habituel en nous couchant et en nous levant plus tard. Nous devons donc régler de nouveau notre horloge interne à partir du moment où le cadran sonne le lundi matin.

Le rythme circadien influe sur notre vivacité d'esprit à divers moments du jour. Il y a des périodes naturelles de sommeil et de veille. Le cerveau cherche un état d'équilibre biochimique entre le sommeil et l'état de veille et, quand le balancier penche davantage vers le premier, nous sentons la fatigue. Ce rythme explique pourquoi de nombreuses personnes éprouvent une baisse d'énergie au milieu de l'après-midi et pourquoi certaines cultures ont incorporé une sieste dans leur routine quotidienne. La baisse d'énergie en après-midi fait naturellement partie de notre horloge biologique humaine. Elle est suivie d'un regain de vitalité qui se prolonge jusque dans la soirée. Puis s'amorce l'endormissement. Ces modèles se modifient au fil des étapes de la vie. La structure du sommeil d'un bébé n'est pas identique à celle d'un enfant plus vieux, tout comme celle de ce dernier diffère de celle d'un adulte qui, elle, varie par rapport à celle d'une personne âgée.

Comment les bébés dorment-ils ?

À la naissance, les bébés n'ont pas le rythme circadien d'un adulte. Les cycles de sommeil et de veille d'un nouveau-né sont répartis sur le jour et la nuit pour se définir graduellement en un modèle fixe de siestes et de sommeil nocturne.

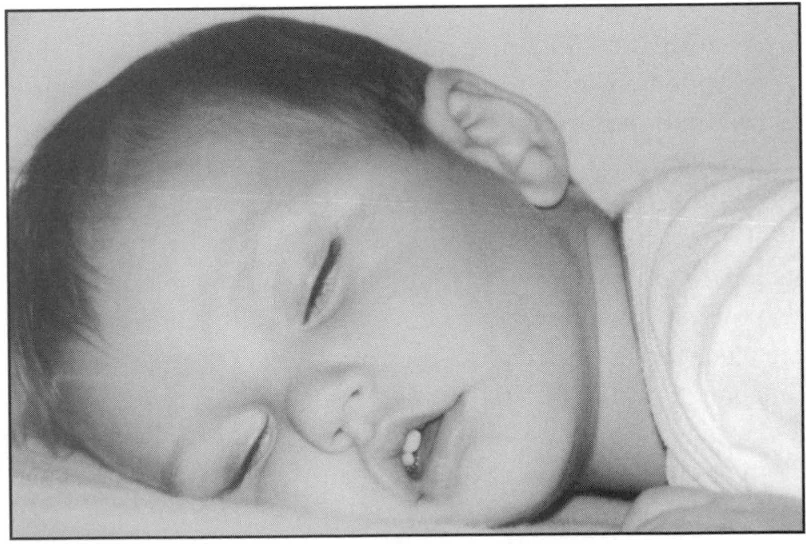

Gavin, dix mois

L'horloge biologique des bébés commence à se définir entre six et neuf semaines et ne fonctionne de manière régulière que vers quatre ou cinq mois. À mesure qu'évolue le cycle biologique, le bébé s'achemine vers une étape où il est surtout éveillé le jour et endormi la nuit. Vers neuf ou dix mois, les périodes de sommeil du bébé se stabilisent ; le nourrisson s'éveille et s'endort à peu près toujours à la même heure chaque jour, et il dort plus longtemps.

Puisque l'horloge biologique est le principal régulateur de la structure du sommeil quotidien, il est facile de déterminer pourquoi un bébé ne dort pas toute la nuit — et pourquoi cette structure contrarie autant les nouveaux parents !

Les bébés comme les adultes ont des cycles de sommeil ; cependant, les leurs sont plus courts et plus nombreux. De plus, les bébés passent davantage de temps que les adultes en sommeil léger et les étapes intermédiaires d'éveils brefs surviennent plus souvent chez eux. Deux raisons expliquent pourquoi les bébés dorment ainsi.

La première concerne le développement. Chez un bébé, la structure du sommeil facilite la croissance du cerveau et le développement physique. Les bébés croissent à un rythme astronomique durant les deux premières années de la vie et leur structure du sommeil reflète leurs besoins biologiques, qui diffèrent énormément de ceux des adultes.

La seconde a rapport à la survie. Les bébés passent la majorité de leur temps en sommeil léger probablement afin de pouvoir s'éveiller facilement en cas de situations difficiles ou menaçantes, par exemple la faim, une couche mouillée, l'inconfort ou la douleur. En fait, le pédiatre réputé William Sears dit ce qui suit dans *The Baby Book* (Little, Brown and Company, 1993) : « Encourager un bébé à dormir trop profondément, trop vite, n'est peut-être pas dans le meilleur intérêt de l'enfant du point de vue du développement et de la survie. »

Toutes les étapes du sommeil sont importantes pour la croissance et le développement de votre bébé. À mesure que votre enfant grandit, son cycle de sommeil évolue. C'est un processus *biologique*.

Le cycle de sommeil du bébé

Il est essentiel de savoir que le bébé suit naturellement et obligatoirement un cycle de sommeil particulier afin de comprendre sa difficulté à s'endormir et à le rester. Le cycle de sommeil nocturne typique d'un bébé peut ressembler à ceci :

Somnolence ; endormissement
Sommeil léger
Sommeil profond pendant environ une heure
Éveil bref
Sommeil profond pendant environ une ou deux heures
Sommeil léger
Éveil bref
Mouvements oculaires rapides ; rêves
Éveil bref
Sommeil léger
Éveil bref
Mouvements oculaires rapides ; rêves
Éveil bref
Vers le matin : une autre période de sommeil profond
Éveil bref
Mouvements oculaires rapides ; rêves

Éveil bref
Sommeil léger
Réveil ; début de la journée

Le coupable plausible de vos problèmes de sommeil ? Les éveils brefs !

Vous savez maintenant que les éveils brefs (réveils nocturnes) font normalement partie du sommeil humain, et ce, à tout âge. Tous les bébés en font l'expérience. Toutefois, un bébé qui a besoin d'attention durant la nuit chaque heure ou deux dérange ses parents chaque fois qu'il s'éveille brièvement. Cette conclusion a été un moment d'illumination dans ma recherche personnelle. Cela semble si évident maintenant que je comprends le cycle de sommeil et sa physiologie.

En général, quand un bébé qui se réveille fréquemment la nuit s'éveille et se met à pleurer, il n'a ni faim ni soif, il n'est pas mouillé et ne se sent pas seul. Il est tout simplement fatigué et désire dormir, peut-être tout autant que ses parents, mais, contrairement à eux, il ne sait pas comment se rendormir !

Imaginez ceci. *Vous* vous endormez dans votre lit tout chaud et confortable avec un oreiller moelleux et une couverture douillette. Au moment où vous vous éveillez pour la première fois durant la nuit, peut-être changez-vous de position, remontez-vous la couverture, puis vous rendormez-vous sans même vous rappeler ce moment.

Qu'arriverait-il si vous vous éveilliez sur le sol de la cuisine, sans oreiller ni couverture ?

Pourriez-vous simplement vous tourner et vous rendormir ? Moi, je ne le pourrais pas. Vous vous éveilleriez probablement en sursaut en vous demandant comment vous êtes arrivé là ; vous seriez un peu inquiet, puis vous retourneriez dans votre lit, vous vous installeriez confortablement et finiriez par vous rendormir – pas très profondément toutefois, parce que vous craindriez de vous retrouver à nouveau sur le sol de la cuisine. Il en est de même pour un bébé que les parents mettent au lit en l'allaitant, en le berçant, en lui donnant un biberon ou autrement. L'enfant s'endort en étant allaité, bercé, en tétant une sucette, et ainsi de suite, et se réveille en se demandant : « Que s'est-il passé ? Où suis-je ? Où sont papa et maman ? Je veux que tout soit comme avant que je m'endorme ! AHHHH ! »

Votre bébé fait une association. Il relie certaines activités au sommeil et croit qu'il en a *besoin* pour s'endormir. Mon bébé, Coleton, a passé la majeure partie de ses premiers mois dans mes bras ou sur mes genoux, sa petite tête se balançant au son du clavier de mon ordinateur. Dès sa naissance, il couchait à côté de moi et je l'allaitais pour l'endormir à chaque sieste et la nuit. Avant même que je m'en aperçoive, il était âgé de 12 mois et avait établi une association profondément ancrée entre l'allaitement et le sommeil.

Cette théorie de l'association est expliquée dans presque tous les livres sur le sommeil des bébés. On la décrit sans proposer de solutions raisonnables. La méthode consistant à laisser pleurer le bébé est recommandée dans l'optique de « briser » cette association. Selon mon opinion – que vous partagez sans doute puisque vous avez choisi ce livre –, c'est un moyen très dur et insensible d'apprendre à un bébé une nouvelle association, surtout quand il a appris à relier le sommeil à un rituel affectueux tel qu'être allaité au sein ou tenu dans les bras d'un parent et bercé en jouissant d'un biberon chaud. (Et quelle est cette nouvelle association ?

« Pleurer tout seul dans mon lit, dans le noir, est la façon de m'endormir. » Ce n'est pas vraiment une option agréable.)

Au chapitre 4, vous trouverez une multitude de solutions de rechange à la méthode « laisser pleurer ». Il s'agit de moyens affectueux et progressifs pour aider votre bébé à créer de nouvelles associations au sommeil. (Pour obtenir les meilleurs résultats possible avec les conseils de ce livre, suivez toutes les étapes dans le bon ordre. Apprendre les faits de base constitue une étape importante que vous ne devriez pas sauter.)

Qu'est-ce qu'un problème de sommeil ?

Au cours de la première année de la vie, les bébés se réveillent souvent durant la nuit. Comme vous le savez maintenant, cela n'est pas un problème, mais plutôt un fait biologique. Le problème réside dans notre perception de la manière dont un bébé devrait dormir, de même que dans notre propre besoin d'une nuit de sommeil ininterrompu. Nous, les parents, avons besoin de longues périodes de sommeil afin d'être à notre meilleur dans nos activités quotidiennes. Il s'agit alors de modifier lentement, avec respect et précaution, le comportement infantile pour que ce dernier coïncide le plus possible avec nos besoins personnels.

De combien d'heures de sommeil les bébés ont-ils besoin ?

Le tableau 2.1 à la page 76 n'est qu'un exemple. Tous les bébés sont différents et certains ont vraiment besoin de moins (ou plus) de sommeil que ce qui y est indiqué. Toutefois, en général, le besoin de sommeil des bébés est assez similaire. Si votre bébé dort *beaucoup moins* que ce qui est inscrit dans le tableau, il souffre possiblement de fatigue chronique, ce qui influera sur la qualité et la durée de ses siestes et de son sommeil nocturne. Votre bébé ne *semble* peut-être pas fatigué parce que les bébés (et les enfants) souffrant d'une grande fatigue n'*agissent* pas toujours en conséquence, du moins pas comme ce à quoi nous nous attendons. Votre petit aura plutôt tendance à se cramponner à vous, à être hyperactif, à se plaindre ou à faire le difficile. Il pourrait même résister au sommeil, ne comprenant pas que c'est exactement ce dont il a besoin.

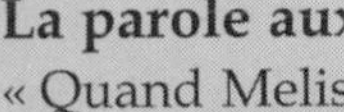

La parole aux mères

« Quand Melissa devient très fatiguée, elle se lamente et s'accroche à moi. Elle combat le sommeil comme si c'était son pire ennemi. Toutefois, si elle ne fait pas de sieste, elle dort moins et se réveille plus souvent la nuit. »

Becky, mère de Melissa âgée de treize mois

Le tableau suivant peut vous être très utile pour analyser les habitudes de sommeil de votre bébé.

Tableau 2.1 Moyenne des heures de sommeil diurne et nocturne des enfants

Âge	Nombre de siestes	Nombre d'heures total (sieste)	Nombre d'heures total (nuit)*	Nombre d'heures total (sieste et nuit)
Nouveau-né**				
1 mois	3	6-7	8 ½-10	15-16
3 mois	3	5-6	10-11	15
6 mois	2	3-4	10-11	14-15
9 mois	2	2 ½ -4	11-12	14
12 mois	1-2	2-3	11 ½-12	13-14
2 ans	1	1-2	11-12	13
3 ans	1	1-1 ½	11	12
4 ans	0	0	11 ½	11 ½
5 ans	0	0	11	11

* Ces chiffres sont des moyennes et ne représentent pas des périodes de sommeil ininterrompu.
** Les nouveau-nés dorment entre 16 et 18 heures par jour, réparties uniformément entre 6 ou 7 périodes brèves de sommeil.

L'allaitement nocturne

Nous avons toutes déjà entendu parler de bébés de trois mois qui dorment de 10 à 12 heures d'affilée chaque nuit, sans se réveiller pour être nourris. La raison pour laquelle ils dorment si profondément demeure un mystère. Cependant, quand nous entendons parler de ces nourrissons, nous tenons pour acquis que *tous* les bébés peuvent et devraient dormir aussi longtemps, et nous nous décourageons lorsque notre petit de 5, 8 ou 12 mois se réveille *encore* deux fois la nuit pour être allaité.

À ma grande surprise, les spécialistes du sommeil — même les partisans les plus acharnés de la méthode « laisser pleurer » – s'entendent sur le fait que jusqu'à 12 mois *certains* enfants sont vraiment affamés après avoir dormi pendant quatre heures. Si votre bébé a faim quand il se réveille, ils recommandent de le nourrir promptement.

La parole aux mères

« Quand Carson se réveille la nuit, j'entends parfois les bruits de son estomac. »

Pia, mère de Carson âgé de huit mois

Les spécialistes s'accordent également pour dire qu'afin de croître et de bien se développer un bébé a besoin de un ou deux allaitements par nuit jusqu'à l'âge de neuf mois. Le docteur Sears affirme que même un enfant de 18 mois peut avoir besoin d'être nourri avant de s'endormir pour apaiser sa faim jusqu'au lendemain matin. Évidemment, il peut être difficile de savoir si votre bébé a faim ou s'il désire uniquement le sein ou un biberon par plaisir. Si vous suivez les étapes de ce livre, votre bébé s'éveillera moins souvent simplement par recherche du plaisir ou de votre compagnie et vous serez en mesure de déterminer plus facilement s'il a faim.

La parole aux mères

« Quand Emily a pu comprendre mes questions, je lui demandais ' As-tu faim ? ' Si elle répondait oui, je l'amenais manger une collation dans la cuisine. Cela n'a pas duré car elle s'est rendu compte qu'elle préférait rester au lit. »

Christine, mère d'Emily âgée de dix-huit mois

À mesure que se développe son système, le bébé sera capable de se passer de nourriture pendant des périodes plus longues la nuit. C'est un processus biologique. Cependant, avant cette étape, les recherches indiquent qu'un bébé ne dort pas plus longtemps la nuit si vous lui donnez de la nourriture solide. Or, certaines mères jurent que ce moyen fait toute la différence avec leur bébé. Si votre médecin est d'accord pour que vous donniez de la nourriture solide à votre bébé, vous pouvez essayer cette méthode. Par contre, n'allez pas trop vite. Les bébés qui commencent à manger des aliments solides trop tôt sont davantage disposés aux allergies alimentaires. Il n'est donc pas conseillé de commencer trop vite.

Il semble logique de nourrir votre bébé s'il a dormi environ quatre heures, se réveille et semble avoir faim. (Ceci s'applique particulièrement si votre bébé a moins de quatre mois.) Peut-être dormira-t-il ensuite pendant une autre période de quatre heures au lieu de se réveiller fréquemment parce qu'il ressent la faim. De plus, certains bébés connaissent des poussées de croissance quand ils mangent plus durant le jour ; ils peuvent alors manger davantage également la nuit.

Qu'est-ce que des attentes réalistes ?

La plupart des bébés s'éveillent la nuit deux ou trois fois jusqu'à l'âge de six mois et une ou deux fois jusqu'à un an. Certains ne se réveillent qu'une fois entre un et deux ans. On dit qu'un bébé fait ses nuits quand il dort pendant cinq heures consécutives, généralement entre minuit et cinq heures. Ce n'est peut-être pas *votre* définition, mais c'est la norme raisonnable à partir de laquelle le sommeil des bébés est mesuré. Cinq heures ! *Pas* les 8, 10 ou 12 heures que vous souhaitez ! Ainsi, voilà que se présente une difficulté si vous couchez votre bébé à 19 heures pour vaquer à vos tâches quotidiennes. Juste au moment où vous êtes prête à vous mettre au lit, votre nourrisson a déjà dormi quatre ou cinq heures et requiert maintenant votre attention.

Or, il y a une bonne nouvelle. Si votre bébé est prêt du point de vue biologique, vous pouvez favoriser son progrès vers cette étape marquante des cinq heures. Une fois qu'il l'aura atteinte, vous pourrez allonger progressivement cette durée. Vous apprendrez comment dans ce livre.

Quelle est la *bonne* façon d'enseigner à un bébé à s'endormir ?

William C. Dement, M.D. et Ph. D., est considéré comme le plus grand expert au monde sur les questions et les problèmes relatifs au sommeil et au manque de sommeil. Il a fondé le premier centre de troubles du sommeil à Stanford University et explique ce qui suit dans *Avoir un bon sommeil* (Odile Jacob, 2000) :

> Aucune expérience scientifique n'a été menée sur la meilleure façon d'entraîner un nouveau-né à dormir. Cependant, je peux émettre quelques hypothèses. Je doute que l'on puisse imposer aux nouveau-nés une structure de sommeil et de veille régulière tout de suite après la naissance et personne ne devrait même tenter de le faire. Leur horloge biologique semble devoir se développer davantage avant d'être en mesure de déterminer l'heure du jour. Toutefois, les signaux qui sont efficaces pour nous devraient aussi s'appliquer à l'horloge biologique des

nourrissons à mesure que cette dernière parvient à maturité.

Une fois que vous saurez combien d'heures doit dormir votre bébé, la stratégie la plus importante pour améliorer son sommeil consistera à établir et à respecter une routine quotidienne. Entre cinq mois et cinq ans, les règles sociales imposées par les parents deviennent les principaux facteurs régissant la structure du sommeil de l'enfant.

Selon le docteur Dement, l'établissement d'une routine et la création d'associations et de signaux positifs pour annoncer l'heure du coucher favorisent le sommeil de votre bébé. *Un sommeil paisible et sans pleurs* vous aidera à élaborer une telle routine en tenant compte de votre bébé et de votre famille.

Maintenant que vous avez acquis des connaissances générales importantes sur le sommeil, vous vous en servirez comme base pour concevoir votre plan de sommeil. La première étape, telle que décrite dans le chapitre suivant, consiste à créer des fiches afin d'obtenir une image claire de la structure du sommeil actuelle de votre bébé. Lorsque vous aurez cerné les problèmes qui empêchent votre petit de dormir, vous serez rendue à l'étape de trouver des solutions pour l'aider à connaître un sommeil heureux et paisible ne nécessitant pas votre attention continuelle toute la nuit. Et surtout, il n'aura pas à pleurer.

3

Les fiches de sommeil

C'est ici que commence notre travail vers un sommeil meilleur. La première étape consiste à obtenir une image précise de la structure du sommeil actuelle de votre bébé. Durant une journée et une nuit, il s'agit de noter ce qui se passe vraiment. Vous trouverez, à la fin de ce chapitre, des formules vierges que vous pouvez utiliser pour ce faire.

Cette étape est très importante et vous ne devriez pas l'omettre dans votre hâte d'en arriver aux solutions. Lorsque vous aurez déterminé de façon exacte comment dort votre bébé présentement, vous serez en mesure de décider quelles sont les meilleures idées qui s'appliquent à votre situation, de même que de suivre votre progrès et de faire des ajustements selon l'information incluse dans vos fiches.

C'est vraiment très simple.

Pour commencer !

Choisissez d'abord une journée pour remplir vos fiches de sommeil. En premier lieu, recueillez de l'information sur les siestes de votre bébé. Vous trouverez utile de savoir exactement combien de temps il faut à votre bébé pour s'endormir, où et comment il s'endort, quand il fait ses siestes et combien d'heures durent ces dernières. Puisque les siestes influent beaucoup sur le sommeil nocturne, ces données vous serviront au moment de déterminer les changements à apporter dans la routine de sommeil de votre bébé. Voici ma fiche concernant la sieste de Coleton :

Fiche de la sieste de Coleton

À 12 mois

Heure à laquelle il s'endort	**Comment il s'endort**	**Où il s'endort**	**Où il dort**	**Durée**
1 h 20	Allaité pendant 40 minutes	Au lit avec moi	Au lit tout seul	48 minutes

Vous trouverez une formule pour créer votre propre fiche de sieste à la page 88.

Le jour où vous remplirez cette fiche, vous compléterez également la fiche de rituel précédant le coucher. Ces renseignements vous aideront à voir si vos activités de la soirée sont efficaces pour disposer votre bébé au sommeil ou si elles nuisent à sa capacité à se préparer pour une bonne nuit de repos. Environ une ou deux heures avant le coucher, utilisez la fiche de rituel précédant le coucher pour inscrire tout ce que vous faites. Vous trouverez cette fiche à la page 89.

À chaque étape, écrivez l'heure, les activités de votre bébé ainsi que l'intensité des trois facteurs suivants :

1. Activité : animée, modérée, calme
2. Bruit : fort, modéré, tranquille
3. Lumière : claire, tamisée, éteinte

Votre fiche vous permettra de jeter un regard neuf sur votre rituel (ou absence de rituel) à l'heure du coucher. Ce qui suit est ma première fiche de rituel précédant le coucher pour Coleton. Peut-être jugerez-vous, comme moi-même, que vos soirées ne sont pas exactement ce que vous appelleriez une préparation calme et tranquille pour votre bébé ! Plus loin, nous travaillerons ensemble pour élaborer une routine calmante avant le coucher. Pour l'instant, concentrez-vous sur ce qui se passe dans votre maison.

Voici ma fiche :

Fiche du rituel précédant le coucher pour Coleton

À 12 mois

Heure	Activités	Intensité de l'activité	Intensité du bruit	Intensité de la lumière
18 h 40	J'arrive de faire des courses ; je sors les sacs de l'auto.	Animée	Fort	Claire
19 h	Je mets mon pyjama ; j'allaite Coleton.	Calme	Tranquille	Tamisée

Heure	Activités	Intensité de l'activité	Intensité du bruit	Intensité de la lumière
19 h 45	Je joue dans la chambre d'Angela ; j'écoute le nouveau CD de ma fille ; je l'aide à classer sa collection de vernis à ongles.	Modérée	Fort	Claire
20 h	Coleton joue avec papa : avion et chatouillement.	Très animée	Très fort	Claire
20 h 30	Je surveille David et Vanessa qui jouent à des jeux vidéo.	Animée	Très très fort	Claire
20 h 45	J'allaite Coleton au lit.	Calme	Tranquille	Éteinte
21 h	Je lis avec David et Vanessa.	Calme	Modéré	Tamisée
21 h 20	Au lit, j'allaite Coleton pour l'endormir.	Calme	Tranquille	Éteinte
21 h 40	Coleton est endormi.			

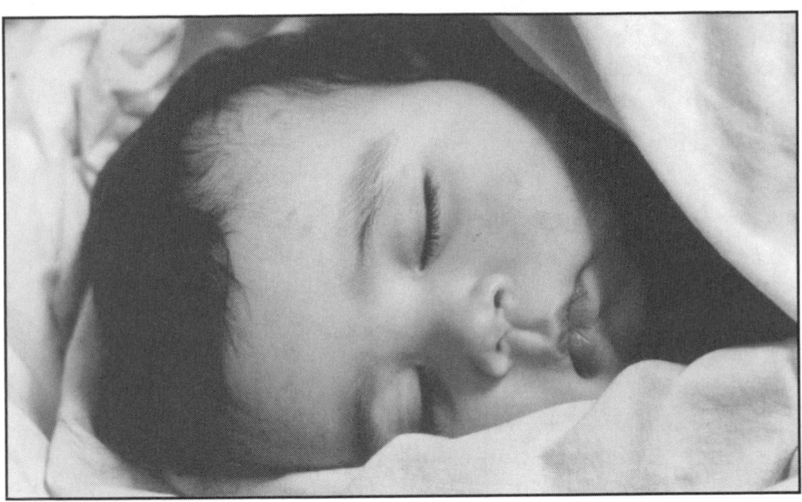

Anjali, neuf mois

Après avoir inscrit les activités que vous avez faites durant l'heure précédant le coucher, notez les réveils du bébé pendant la nuit. Pour vous faciliter la tâche, placez une pile de feuilles et un crayon à côté de votre lit (pas un stylo ; dans la noirceur, le crayon est plus fiable), à un endroit où vous pourrez les atteindre facilement. Assurez-vous de pouvoir vérifier l'heure de là où vous êtes. Chaque fois que votre bébé se réveille, inscrivez l'heure qu'il est. Précisez la façon dont il vous réveille (ronflements, pleurs, mouvements). Notez succinctement ce que vous faites à ce moment précis. Par exemple, vous le langez, vous vous levez tous les deux, vous l'allaitez, lui donnez un biberon ou une sucette. Inscrivez combien de temps il reste éveillé ou à quelle heure il se rendort. Ne vous souciez pas de votre écriture ou des détails.

Le matin, reportez immédiatement vos notes sur la fiche de réveils nocturnes de la page 90 afin d'organiser vos données. Vous pouvez aussi créer une fiche sur une feuille ou dans votre ordinateur. Procédez le plus rapidement possible après votre réveil ; ainsi, tout sera frais dans votre mémoire.

Voici ma première fiche des réveils nocturnes :

Fiche des réveils nocturnes de Coleton

À 12 mois

Heure	Comment il m'a réveillée	Durée et activité	Heure à laquelle il se rendort	Comment il se rendort	Durée du sommeil*
21 h 40	S'est endormi pendant l'allaitement				
23 h	Reniflements et ronflements	10 minutes ; allaitement	23 h 10	Allaitement	1 ½ heure
00 h 46	Pleurniche-ments	5 minutes ; allaitement	00 h 51	Allaitement	1 ½ heure
1 h 55	Reniflements et ronflements	10 minutes ; allaitement	2 h 05	Allaitement	1 heure
3 h 38	Pleurniche-ments (couche mouillée)	25 minutes : changement de couche et allaitement	4 h 03	Allaitement	1 ½ heure
4 h 50	Reniflements et ronflements	10 minutes ; allaitement	5 h	Allaitement	¾ heure
5 h 27	Mouvements	15 minutes ; allaitement	5 h 42	Allaitement	½ heure
6 h 31	Mouvements	15 minutes ; allaitement	6 h 46	Allaitement	¾ heure

Heure	Comment il m'a réveillée	Durée et activité	Heure à laquelle il se rendort	Comment il se rendort	Durée du sommeil*
7 h 02	Mouvements, émet des bruits	20 minutes ; allaitement	7 h 22	Allaitement	¼ heure
7 h 48	Mouvements, émet des bruits	Debout pour la journée			½ heure

* J'ai arrondi les heures au quart d'heure près. Si vous le désirez, notez des durées exactes, par exemple 1 heure 27 minutes. Dans l'ensemble, la différence est minime. Vous pouvez donc choisir la façon que vous préférez.

Au bas de votre fiche de réveils nocturnes, de l'espace a été prévu pour la rédaction d'un résumé des informations. Ce résumé vous permettra de voir en un coup d'œil comment vos efforts se répercutent sur le sommeil de votre bébé à mesure que vous testez les idées présentées dans ce livre. Voici ce à quoi ressemblait mon résumé :

Heure à laquelle il s'endort : 21 h 40
Heure à laquelle il se réveille : 7 h 48
Nombre total de réveils : 8
Durée de sommeil la plus longue : 1 ½ heure
Heures totales de sommeil : 8 ¼ heures

Une fois que vous avez rempli vos trois fiches, répondez aux questions subséquentes sur le sommeil. Si le livre ne vous appartient pas, photocopiez les pages où figurent les fiches ou écrivez tout simplement vos réponses sur des feuilles vierges.

Quand vous aurez terminé ce travail de base, vous pourrez passer au chapitre 4.

Je vous promets que des idées merveilleuses et un sommeil bienfaiteur vous y attendent !

Fiche de la sieste

Nom du bébé : ____________________

Âge : ____________________

Date : ____________________

Heure à laquelle bébé s'endort	Comment bébé s'endort	Où bébé s'endort	Où bébé dort	Durée

1. Reportez-vous au tableau 2.1, à la page 76.
   Combien de siestes votre bébé *devrait*-il faire ? ________
   Combien de siestes votre bébé *fait*-il actuellement ? ___
   Combien d'heures les siestes *devraient*-elles totaliser ? _
   Combien d'heures les siestes de votre bébé *totalisent*-elles ? ________________________________
2. Avez-vous instauré un rituel pour la sieste ? ________
3. Le moment et la durée des siestes sont-ils constants chaque jour ? ________________________

Fiche du rituel précédant le coucher

Nom du bébé : ________________________________
Âge : ____
Date : _______________________________________

Légende :
Activité : animée, modérée, calme
Bruit : fort, modéré, tranquille
Lumière : claire, tamisée, éteinte

Heure	Activité	Intensité de l'activité	Intensité du bruit	Intensité de la lumière

1. Avez-vous instauré un rituel régulier et constant pour l'heure du coucher ? ______________________________
2. L'heure qui précède le coucher est-elle plutôt calme, tranquille ? L'éclairage est-il tamisé ? ______________
3. Votre rituel vous aide-t-il, vous et votre bébé, à vous détendre et à ressentir le sommeil ? ______________
4. Autres observations concernant votre rituel actuel précédant le coucher : ____________________________
____
____

Fiche des réveils nocturnes

Nom du bébé : ______________________________________
Âge : ____
Date : ____

Heure	Comment bébé m'a réveillée	Durée et activité	Heure à laquelle bébé se rendort	Comment bébé se rendort	Durée de sommeil

Heure de l'endormissement : ____________________

Heure du réveil : ____________________

Nombre total de réveils : ____________________

Durée de sommeil la plus longue : ____________________

Heures totales de sommeil : ____________________

Questions sur le sommeil

1. Reportez-vous au tableau 2.1 (page 76).
   Combien d'heures votre bébé *devrait*-il dormir la nuit ? ____________________
   Combien d'heures votre bébé *dort*-il la nuit actuellement ? ____________________
   Combien d'heures les siestes et le sommeil nocturne de votre bébé *devraient*-ils totaliser ? ____________
   Combien d'heures les siestes et le sommeil nocturne de votre bébé *totalisent*-ils présentement ? __________
   Les heures de sommeil de votre bébé s'apparentent-elles à celles qui sont suggérées ? ____________
   Bébé manque de ________ heures de sommeil.
   Bébé dort ________ heures de trop.
2. L'heure du coucher de votre bébé est-elle constante (à ½ heure près) chaque soir ? ____________________
3. Devez-vous « aider » votre bébé à se rendormir chaque fois ou pratiquement chaque fois qu'il se réveille ? ____________________
   Comment procédez-vous ? ____________________
4. Qu'avez-vous appris sur les habitudes de sommeil de votre bébé en rédigeant ces fiches ? ____________
   ____
   ____
   ____

4

L'étude et le choix de solutions

Maintenant que vous avez procédé à un contrôle de sécurité, que vous avez appris les connaissances de base sur le sommeil et rempli vos fiches de départ, vous êtes prête pour la suite. C'est le moment de créer le plan de sommeil personnalisé de votre bébé à partir des idées présentées dans ce chapitre. Je vous conseille fortement d'utiliser toutes les suggestions qui semblent appropriées pour vous et votre bébé. Mettez-les en application suffisamment longtemps pour qu'elles produisent un résultat, c'est-à-dire au moins durant deux ou trois semaines. Une ou deux nuits ne suffisent pas pour évaluer l'efficacité d'une idée. Il *ne s'agit pas* d'une solution miracle, mais bien d'un plan efficace qui vous permettra d'aider votre bébé à mieux dormir. Vous n'avez qu'à choisir vos solutions, à établir votre plan, à vous engager à le suivre et à effectivement le respecter.

Les idées contenues dans cette section se répartissent en deux parties. La première concerne spécialement les nouveau-nés, et la seconde porte sur les bébés de plus de quatre mois. Dans les deux parties, vous trouverez des idées clairement expliquées. Afin de faciliter vos choix, dans la deuxième partie, les idées portent une mention indiquant qu'elles s'adressent à l'un des cinq types de bébés suivants :

- Bébés allaités au sein
- Bébés nourris au biberon
- Bébés dormant dans un berceau
- Bébé dormant avec les parents
- Bébés utilisant une sucette

De nombreuses idées conviennent à tous les bébés.

Lisez toutes les idées et retenez celles qui, selon vous, pourraient améliorer le sommeil de votre bébé. Ensuite, reportez cette information dans le plan de sommeil personnel qui commence à la page 214. Ainsi, toutes vos idées seront regroupées au même endroit, ce qui vous permettra de les consulter plus facilement. Lorsque vos solutions seront prêtes, vous pourrez commencer à suivre votre plan. (Si vous le désirez, vous pouvez déjà mettre en application une ou deux idées. Mieux vaut débuter tôt !)

Première partie : Des solutions pour les nouveau-nés – de la naissance à quatre mois

(Si votre bébé a plus de quatre mois, allez tout de suite à la page 126.)

Félicitations pour la naissance de votre nouvel enfant ! C'est un moment glorieux de votre vie. Que ce soit votre premier ou votre cinquième bébé, ce sera pour vous un temps de récupération, d'ajustement et parfois même de confusion et de frustration ; cependant, le plus merveilleux, c'est que votre cœur sera rempli d'amour.

Les nouveau-nés n'ont pas de problème de sommeil ; c'est plutôt leurs parents qui en ont. Les nourrissons dorment quand ils sont fatigués et se réveillent quand ils sont prêts. Si leur horaire entre en conflit avec le vôtre, ce n'est pas un problème pour eux car ils ne le savent même pas.

La parole aux mères
« Vos idées donnent des résultats moins spectaculaires quand elles sont appliquées dès le début. Cependant, quand il est question du sommeil d'un bébé, être moins spectaculaire est une qualité très appréciée. »

Judith, mère d'Harry âgé de trois mois

Vous avez beaucoup de chance de lire ce livre *maintenant*. Les solutions que vous utiliserez au cours des premiers mois créeront un modèle pour les prochaines années. Durant cette période, vous pouvez faire des gestes concrets pour aider votre bébé à mieux dormir, ce qui peut s'effectuer d'une manière douce et affectueuse d'où sont exclus les pleurs, le stress et les règles rigides. En utilisant quelques idées générales au cours des premiers mois, vous pouvez préparer le terrain pour les années à venir.

Je vous conseille de lire la section portant sur les bébés plus vieux à la suite de celle-ci, car les idées qui s'y trouvent pourraient aussi vous être profitables. Cependant, gardez à l'esprit que les bébés de moins de quatre mois ont des besoins très différents de ceux des enfants plus vieux. Cette section concernant les nouveau-nés vous fera comprendre les structures du sommeil de votre bébé telles qu'elles se forment *présentement*.

Lorsque votre bébé aura quatre mois, vous pourrez commencer à employer les idées destinées aux petits de cet âge. Toutefois, si vous lisez, comprenez et appliquez les conseils suivants avec votre nouveau-né, peut-être n'aurez-vous plus besoin de ce livre quand votre bébé aura quatre mois. N'est-ce pas merveilleux ?

La parole aux mères

« D'après les expériences de mes amies, je m'attendais à passer un an d'insomnie. Je suis tellement heureuse que mon bébé dorme déjà six heures sans interruption ! Mes amies crient au miracle ! »

Yelena, mère de Samantha âgée de sept mois

Lisez, renseignez-vous et méfiez-vous des mauvais conseils

Tout le monde a sa propre opinion sur la façon d'élever un bébé. À l'époque où j'ai eu mon premier enfant, j'ai été vraiment surprise de voir combien de gens se sentaient obligés de me donner des conseils. Quand Angela n'avait que quelques jours, un ami – un homme célibataire qui n'avait pas d'enfants, dois-je préciser – m'a rendu visite pour voir le nouveau-né. Ma fille faisait une sieste et je bavardais avec mon ami. Angela s'est réveillée en poussant un cri et je me suis levée pour aller la chercher. L'homme a dit en riant : « Oh, pas besoin d'*accourir* vers elle. Quand les bébés pleurent, ils ne savent même pas d'où vient le bruit ! »

(Où, me suis-je demandé, avait-il appris une chose aussi insensée ?)

Pour les nouveaux parents qui ignorent les faits exacts, ces conseils mal avisés (même s'ils sont bien intentionnés) peuvent vraiment avoir des effets négatifs sur les habiletés parentales et, par conséquent, sur le développement du bébé. Plus vous possédez de connaissances, moins il est probable que les autres vous amènent à douter de vos habiletés comme parent.

Ma mission, de même que celle des autres éducateurs bien informés et respectés partageant les mêmes étagères de librairie que moi, est de vous présenter les faits comme nous les connaissons afin que vous puissiez *choisir* votre méthode en vous appuyant sur la force proactive de la connaissance et non sur la faiblesse réactive de l'ignorance. Autrement dit, en vous renseignant, vous vous protégez, vous et votre famille, du torrent de « tu devrais » ou de « tu aurais dû » qui ne vous conviennent pas et qui sont, en plus, dépourvus de preuves ou de faits les appuyant.

C'est la stratégie que j'ai adoptée à la suite du commentaire intéressant de mon ami célibataire et sans enfants. Je me suis rendu compte que si je n'avais pas été renseignée sur cette question et que je n'avais pas eu confiance en mes connaissances, l'opinion de cet ami m'aurait rendue confuse et inquiète, et m'aurait fait douter de moi-même. Cet homme a tout de même réussi à me donner un choc qui m'a coupé la parole.

Ainsi, votre meilleure défense est la connaissance. Cette dernière donne vraiment du pouvoir. C'est la lumière qui illumine les corridors sombres (ou le berceau, en l'occurrence) de l'ignorance. Plus vous en saurez, plus il vous sera facile d'élaborer vos propres idées sur l'éducation des enfants. Quand vous aurez démêlé le vrai du faux et que vous aurez établi votre plan en tant que parent, vous serez capable de répondre en toute confiance aux personnes bien intentionnées qui vous offriront des conseils erronés ou contraires à votre philosophie.

Or, vous devez d'abord vous instruire ! Sachez *ce* que vous faites et *pourquoi* vous le faites. Ainsi, les experts du dimanche vous offriront leurs conseils, vous pourrez leur répliquer en souriant « Oh, vraiment ? » et poursuivre dans votre voie en toute confiance.

Il y a dans le commerce un nombre astronomique d'ouvrages sur les bébés. Je vous suggère d'en lire un ou deux, puis de vous bâtir une mini-bibliothèque. Vos livres deviendront probablement très usés, surlignés et écornés puisque vous les consulterez fréquemment durant les premières années de la vie de votre enfant. Choisissez-les judicieusement. Demandez des suggestions à vos amies qui partagent votre vision sur le rôle parental et dénichez des auteurs dont la philosophie se rapproche de votre propre façon de penser. Quand vous lisez, n'oubliez pas qu'aucun auteur n'aura de croyances identiques aux vôtres à 100 pour cent. Vous devez donc apprendre à puiser chez chacun les idées les plus efficaces pour votre famille. Voici quelques-uns de mes livres favoris :

The Baby Book, William Sears, M.D., et Martha Sears, inf. (Little, Brown and Company, 1993)
Attachment Parenting, Katie Allison Granju et Betsy Kennedy (Pocket Book, 1999)
Your Baby and Child: From Birth to Age Five, Penelope Leach (Knopf, 1997)

What to Expect the First Year, Arlene Eisenberg *et al.* (Workman Publishing, 1996)

Dans mon livre, je vais vous donner de l'information sur les bébés et le sommeil. Vous vous demandez peut-être par où commencer. Eh bien, évidemment, par le début !

La biologie du sommeil du nouveau-né

Durant les premiers mois de sa vie, votre bébé dort tout simplement quand il est fatigué. Son cycle de sommeil et de veille est principalement déterminé par son estomac. Il est éveillé quand il a faim et il dort quand il est assouvi. Vous ne pouvez pratiquement pas forcer un nouveau-né à dormir quand il ne le veut pas et, inversement, il est très difficile de le réveiller quand il dort profondément.

Il est essentiel de savoir que les nouveau-nés ont un tout petit estomac. Ils croissent rapidement, consomment des aliments liquides qu'ils digèrent vite. Le lait maternisé se digère rapidement, et le lait maternel encore plus vite. Même s'il serait merveilleux de coucher un poupon à une heure prédéterminée sans entendre le moindre cri jusqu'au matin, même les plus naïves parmi nous savons que ce n'est pas un objectif réaliste pour un nourrisson. Les nouveau-nés doivent être nourris toutes les deux à quatre heures, et parfois même plus souvent. Au cours des premiers mois, votre bébé connaîtra d'énormes poussées de croissance, ce qui aura des répercussions tant sur l'allaitement diurne que nocturne. Il arrive que la fréquence passe de toutes les deux à quatre heures à chaque heure ou deux, sur une base de 24 heures.

La parole aux mères

« Je me souviens de Rachel peu après sa naissance ; durant une ou deux semaines, elle tétait joyeusement presque toute la journée. Si je n'avais pas su que cela se produisait parfois et que c'était nécessaire à la forte croissance que connaissent les bébés, j'aurais peut-être essayé d'instaurer un horaire strict. À la place, j'ai simplement accepté mon rôle à ce moment : un téton sur pattes. »

Vanessa, mère de Rachel âgée de deux ans

Les bébés sont imprévisibles et bon nombre d'entre eux créent leurs propres règles. Certains nouveau-nés dorment quatre ou cinq heures d'affilée et laissent ainsi leur mère se demander si elle doit les réveiller pour les allaiter. La réponse à cette question est un « peut-être » sans équivoque. Si c'est le cas de votre bébé, renseignez-vous auprès de votre médecin pour savoir s'il est convenable pour votre nourrisson de ne pas être allaité pendant d'aussi longues périodes. Tout dépend de la taille, de la santé et probablement d'autres facteurs.

Faire ses nuits

Vous avez certainement lu ou entendu dire que les bébés commençaient à « faire leurs nuits » à peu près entre deux et quatre mois. Toutefois, il vous faut comprendre que, pour un nouveau-né, une durée de cinq heures (comme je l'ai mentionné précédemment) constitue une nuit complète. De nombreux (mais certainement pas tous) bébés de cet âge dorment sans interruption de minuit à cinq heures (pas toutes les nuits, par contre). Cette vision s'éloigne possiblement de votre conception d'une nuit complète.

Faisons une pause un moment pour vous permettre de récupérer du choc, vous qui venez d'apprendre que votre bébé fait ses nuits !

Si votre bébé fait déjà ses nuits, appréciez le privilège de vous en vanter un peu lors de la prochaine rencontre du groupe des nouvelles mamans. Toutefois, si l'idée vous vient de délaisser ce livre maintenant, n'allez pas trop vite. Les bébés nous réservent des surprises et « rien n'est jamais terminé avant que tout soit fini ».

La parole aux mères

« À deux mois, notre petite Emily dormait sept heures de suite chaque nuit. On s'attendait à ce que son sommeil se prolonge de plus en plus, mais l'inverse s'est produit et elle en est venue à se réveiller à peu près toutes les trois ou quatre heures. Heureusement, vos solutions nous ont aidés à remédier à la situation. »

Christine, mère d'Emily âgée de dix-huit mois

De plus, même si la définition scientifique est de cinq heures, la plupart de nous ne considérons pas qu'il s'agit d'une nuit complète de sommeil. Sans parler du fait que bien des bébés qui font leurs nuits commencent parfois à s'éveiller plus souvent et il faut souvent une année ou même deux ans avant que leur structure du sommeil parvienne à maturité et qu'alors ils dorment toute la nuit, chaque nuit. Ce livre contient une multitude d'idées pour vous aider à travailler avec votre bébé en vue d'en arriver à cette structure plus tôt que plus tard.

Où bébé veut-il dormir ?

Où votre bébé se sent-il le plus à l'aise et le plus en sécurité ? *Dans vos bras.* Où est-il le plus tranquille ? *Dans vos bras.* Si vous lui donniez le choix, où croyez-vous que votre nouveau-né voudrait dormir ? *Dans vos bras,* évidemment !

Il n'y a rien — absolument rien — d'aussi touchant et merveilleux que de voir un nouveau-né s'endormir dans vos bras ou contre votre poitrine. Il m'était pratiquement impossible de poser Coleton dans son lit quand il dormait dans mes bras. Peut-être parce qu'à 41 ans je savais que ce quatrième bébé était mon dernier et qu'il grandirait bien trop vite. Ou peut-être pas, puisque j'avais ressenti la même chose avec mon premier bébé, Angela,14 ans auparavant. À bien y penser, c'est aussi ce qui m'était arrivé avec Vanessa et David. Ainsi, pouvait-il s'agir de quelque chose d'autre ? C'est peut-être mon instinct de « mère lionne » qui s'exprime quand j'ai un bébé. Se pourrait-il que les mères soient programmées biologiquement de façon à désirer prendre leur bébé dans leurs bras ? Peut-être éprouvais-je ce désir parce que mes lectures et ma curiosité m'y avaient ouverte et m'avaient incitée à refuser le rythme infernal que la vie nous impose de nos jours.

Peu importe la raison, je peux vous assurer que je suis devenue experte à taper au clavier d'une seule main. J'ai tout fait avec un bébé dans mes bras, par exemple diriger l'équipe de softball de ma fille (avec mon bébé dans un porte-bébé aux couleurs de l'équipe), présider une rencontre de l'association de parents et même aller à la toilette. (Oh, vous pensiez être la seule à réussir ce truc !)

Danger ! Alerte ! Attention ! Un bébé qui dort toujours dans vos bras voudra — vous l'avez deviné — continuer à le faire. Votre bébé est intelligent ! Le bébé qui pleure pour retrouver le confort des bras de sa mère ou de son père et le parent qui répond à son désir agissent selon l'instinct naturel qui a assuré la survie des nouveau-nés depuis le début des temps.

Ce lien très naturel et dévorant fonctionnerait à la perfection dans un monde parfait où les mères ne feraient rien d'autre que s'occuper de leur bébé durant la première ou les deux premières années de sa vie ; un monde où une autre personne gèrerait la maisonnée, préparerait les repas, fournirait des moyens de payer les factures, pendant que maman et bébé passeraient la journée à profiter de leur compagnie réciproque et à s'adonner aux activités bénéfiques favorisant la création d'un lien affectif entre eux, des activités prévues par la nature. Hélas, ce monde n'existe plus (a-t-il déjà existé ?). Les exigences de la vie contemporaine ne nous permettent pas un tel privilège. Nous, les mères, avons beaucoup à accomplir, et devons parvenir à un équilibre entre l'instinct et l'aspect pratique.

Une suggestion avant-gardiste

Ainsi, aussi difficile que ce soit, j'espère que vous apprendrez de mon erreur. Quand votre bébé dort, *couchez-le dans son lit*. Toutefois, ne vous privez pas complètement de ce plaisir précieux de le voir dormir. Gardez-le dans vos bras de temps en temps. Cependant, à moins que vous ne croyiez être capable de passer des heures chaque jour avec un bébé de deux ans sur vos genoux, il vaut mieux habituer votre poupon à coucher dans son lit.

Si votre nourrisson couche dans votre lit, vous *devez* le laisser quelquefois seul quand il dort. Les bébés ont besoin de beaucoup plus de sommeil que les adultes. J'ai travaillé avec des femmes dont le bébé était si habitué à la présence de sa maman au lit qu'elles devaient se coucher à 19 heures et rester *là* parce que leur petit avait une sorte de radar l'avertissant quand elles se levaient. Les mères doivent aussi faire des siestes durant le jour, que leur bébé le veuille ou non ! Sachez apprécier les moments où vous êtes couchée avec votre bébé. Cependant, apprenez à votre nourrisson à dormir tout seul.

Un bon conseil, quelque peu modifié

Après avoir écrit la partie qui précède, j'ai fait une pause pour aller chercher mon adolescente à l'école, qui finissait plus tôt ce jour-là. Nous avons passé l'après-midi ensemble. Nous nous sommes fait donner une manucure, puis nous sommes allées au restaurant. Lorsque nous nous sommes installé à notre table, discutant et rigolant comme des amies, je me suis rendu compte à quel point ma fille me manquerait lorsqu'elle quitterait le nid familial pour aller faire des études ou sa vie d'adulte. À notre retour à la maison, Angela et moi nous sommes assises avec le petit Coleton qui nous a diverties avec ses grimaces et ses bruits. À son stade de développement, il savait quand il était drôle et il exagérait donc volontairement ce qui faisait rire les autres.

Je pense maintenant que tous les *instants* de la vie de nos enfants sont extrêmement précieux et irremplaçables. Chaque étape passe si vite ! J'aurais aimé pouvoir embouteiller chacun de ces moments pour les revivre et les chérir.

De ce point de vue, mon conseil de coucher votre bébé seul ne tient pas vraiment la route. Toutefois, je vais être tout à fait honnête avec vous et avec moi-même. Si j'avais un cinquième enfant, je suis certaine qu'il se retrouverait exactement au même endroit que les autres, c'est-à-dire à dormir dans mes bras, sa petite tête se balançant au son du clavier de mon ordinateur.

Permettez-moi donc de modifier mon conseil quelque peu. Il faut que vous compreniez que ces belles habitudes si paisibles et si profitables pour la création du lien entre votre bébé et vous sont très difficiles à briser. Choisissez-les donc avec précaution.

La parole aux mères

« Vous savez, quand Zach s'endormait pendant que je l'allaitais, voici ce que je faisais : je suivais le profil de son nez avec mon doigt, je respirais l'odeur de ses cheveux, je jouais avec ses doigts. J'aurais voulu le « manger tout cru » quand il était bébé car c'était mon quatrième enfant et je savais que tout va si vite. »

Vanessa, mère de Zachary âgé de deux ans

Si vous le pouvez, et quand cela est possible, posez votre bébé dans son lit. Ainsi, votre nourrisson apprendra qu'il est capable de dormir seul aussi bien que dans vos bras. Quand vous le gardez dans vos bras, serrez-le de tout votre cœur et appréciez chaque glouglou, chaque émoi et chaque soupir. Croyez-moi quand je dis : « Un jour, cela vous manquera. » C'est *vrai*. Même les nuits de noirceur et d'épuisement prendront une certaine teinte rosée dans vos souvenirs et elles vous reviendront à la mémoire quand votre « bébé » montera à bord de sa première voiture, obtiendra son diplôme, se mariera et aura *lui-même* ou *elle-même* un bébé.

Bébé s'endort pendant l'allaitement

Il est très naturel pour un nouveau-né de s'endormir en tétant, soit un sein, un biberon ou une sucette. En fait, certains nourrissons le font de façon si naturelle et si souvent que les mères s'inquiètent et se demandent s'ils sont suffisamment nourris.

Lorsqu'un bébé s'endort *toujours* de cette manière, il associe la tétée et le sommeil, et finit par ne plus pouvoir s'endormir autrement. Un énorme pourcentage de parents dont les enfants plus vieux ont de la difficulté à s'endormir et à rester endormis combattent cette puissante association naturelle.

Par conséquent, si vous voulez que votre bébé soit capable de s'endormir sans votre aide, il est essentiel que de temps à autre vous le laissiez téter jusqu'à ce qu'il *commence* à avoir sommeil. Le plus souvent possible, enlevez le sein, le biberon ou la sucette, et laissez votre bébé s'endormir sans rien dans la bouche. Il se peut que le nourrisson résiste, se lamente et cherche à reprendre la tétine. Il convient parfaitement de lui redonner le sein, le biberon ou la sucette, puis de recommencer quelques minutes plus tard. Répétez. Répétez. Répétez. Si vous procédez ainsi assez souvent, votre bébé finira par apprendre à s'endormir sans téter.

Je vous invite à relire le paragraphe précédent. L'idée la plus importante que je puisse vous transmettre pour l'instant s'y trouve, et ainsi vous n'aurez pas à relire ce livre dans 18 mois.

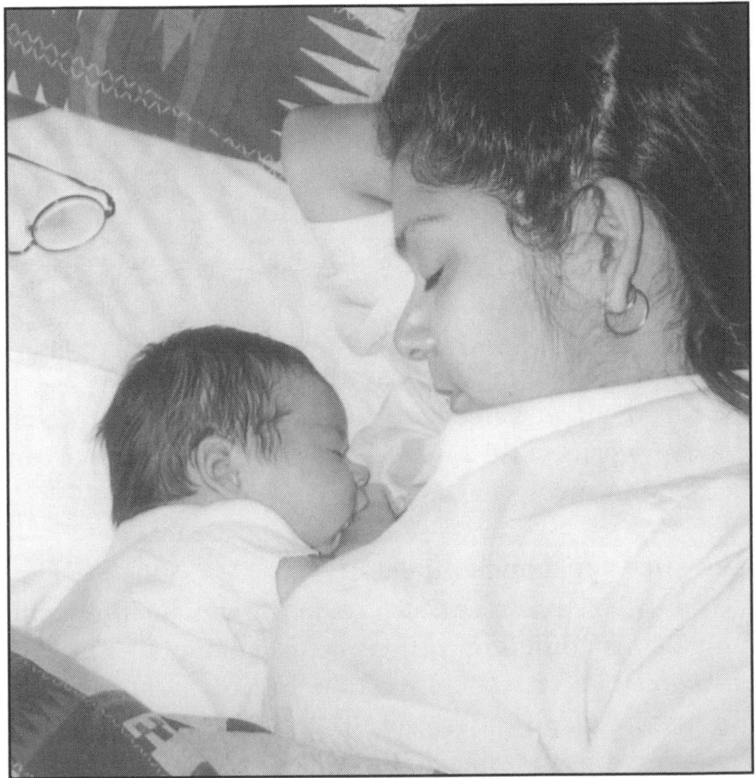

Anjali à deux mois et Tina

La prochaine étape du plan consiste à tenter de coucher votre bébé dans son lit quand il *commence à s'endormir* et non quand il est *endormi*. Un nouveau-né fatigué, trop jeune pour avoir des habitudes ancrées, acceptera souvent d'être déposé, pendant qu'il est encore éveillé, dans son berceau ou son lit à barreaux, où il s'endormira par lui-même. Au début, cette façon de faire ne fonctionne pas toujours. Quand votre bébé refuse et qu'il fait le difficile, vous pouvez le bercer, le caresser, le prendre dans vos bras et lui redonner le sein, son biberon ou sa sucette, puis refaire votre tentative quelques minutes plus tard ou à sa prochaine sieste.

La parole aux mères

« Je crois que l'une des idées les plus utiles a été de mettre Harry au lit quand il était fatigué mais encore éveillé. J'étais surprise de voir que bien souvent il acceptait. »

Judith, mère d'Harry âgé de trois mois

Ainsi, au cours des premiers mois, vous pouvez graduellement et affectueusement amener votre bébé à s'endormir sans votre aide. De plus, cela se fait sans larmes (ni les vôtres ni les siennes).

Bébé suce son pouce ou ses doigts

Si votre bébé s'endort en suçant ses doigts, la situation est complètement différente que dans le cas d'un biberon, d'une sucette ou de votre sein. Si votre bébé trouve un bien-être à sucer ses doigts, il est en train d'apprendre à maîtriser ses propres mains et ne dépendra pas constamment de quelqu'un d'autre pour l'aider. Les écoles de pensée actuelles ne s'entendent pas sur la question de laisser ou non un bébé prendre cette habitude, mais la plupart des experts s'accordent pour dire qu'il n'y a pas de mal à laisser un jeune bébé sucer ses doigts. Comme vous l'avez deviné, le problème, c'est que bien des enfants ne délaissent jamais cette habitude et qu'alors les parents doivent intervenir.

Se réveiller pour les allaitements nocturnes

De nombreux pédiatres recommandent aux parents de ne jamais laisser un nouveau-né dormir plus de trois ou quatre heures sans être allaité. En fait, la plupart des bébés se réveillent bien plus souvent. (N'oubliez pas qu'il y a aussi quelques bébés exceptionnels qui dorment davantage.) Cependant, soyez sûre que votre bébé *s'éveillera* durant la nuit. (Voir le chapitre 2.) L'important pour vous, c'est de savoir quand vous devez le lever pour l'allaiter et quand vous devez le laisser se rendormir tout seul.

Il vous est donc nécessaire de vous concentrer vraiment sur votre instinct et votre intuition. Apprenez à interpréter les signes que vous envoie votre bébé.

Je vais vous donner ici un conseil essentiel, un conseil que je suis étonnée de n'avoir jamais vu dans un livre de puériculture. En dormant, les bébés émettent de nombreux bruits. Ces derniers peuvent être des grognements, des plaintes ou de véritables pleurs, mais ils ne signalent pas toujours que le bébé est réveillé. Ce sont ce que j'appelle les bruits du sommeil, des bruits qui se produisent quand votre bébé est presque ou complètement endormi et qui ne signifient pas : « Maman, j'ai besoin de toi. » Je me rappelle l'époque où Angela, mon premier bébé, était un nourrisson et dormait dans un berceau près de mon lit. Ses cris me réveillaient souvent et elle s'endormait dans mes bras avant même que je me rende au fauteuil berçant. Elle faisait des bruits en dormant. Désirant répondre au moindre cri de mon bébé, je lui ai en fait appris à se réveiller plus souvent !

Vous devez écouter et regarder votre bébé attentivement. Apprenez à différencier les bruits du sommeil de ceux de l'état de veille signifiant « j'ai faim ». Si votre bébé est vraiment réveillé et qu'il a faim, vous voudrez évidemment le nourrir le plus rapidement possible. Si vous réagissez immédiatement quand il est affamé, il se rendormira probablement très vite. Cependant, si vous laissez les cris s'amplifier, il se réveillera complètement et ce sera plus difficile et plus long pour lui de se rendormir, sans compter que vous serez aussi tout à fait réveillée.

> Écoutez attentivement quand votre bébé émet des bruits nocturnes :
> si ce sont des bruits du sommeil, laissez-le dormir ;
> si vraiment il est en train de se réveiller, occupez-vous de lui rapidement.

Pour les mères qui nourrissent bébé au sein ou qui dorment avec lui

Tandis que je faisais mes recherches pour ce livre, il m'est apparu évident que de nombreuses nouvelles mères dormaient avec leur bébé durant une partie ou la totalité de la nuit. (Si vous faites partie de ce groupe, veuillez vous reporter à la section sur les mesures de sécurité générales pour les bébés dormant avec les parents, commençant à la page 62.) Si vous nourrissez votre bébé au sein et que vous dormez avec lui, vos cycles de sommeil finiront probablement par se synchroniser. Alors, vous vous réveillerez tous les deux en même temps. Quand cela se produit, c'est le signe merveilleux que vous et votre bébé êtes parvenus à une harmonie parfaite du sommeil. Il devient alors plus aisé de vous éveiller la nuit puisque, lorsque votre bébé se réveille, vous n'êtes pas tirée d'un profond sommeil. Dans un état de mi-sommeil, il vous est facile d'amener votre bébé à votre sein. Ensuite, quand le nourrisson se rendort tout naturellement, vous vous rendormez aussi.

Voici ce que dit le docteur James J. McKenna, directeur du Mother Baby Behavioral Sleep Center (Centre du sommeil behavioral pour la mère et le bébé) à la University of Notre Dame, dans un article publié sur le site Web The Natural Child Project :

> Mes collègues et moi avons observé des paires constituées d'une mère et d'un nouveau-né qui ont dormi soit ensemble ou séparément pendant trois nuits consécutives. À l'aide d'un polygraphe, nous avons capté le rythme cardiaque de la mère et du bébé, ainsi que leurs ondes cérébrales, leur respiration et la température de leur corps, et nous avons observé les allaitements. Une vidéo à infrarouge enregistrait simultanément leur comportement.
>
> Nous avons découvert que les bébés dormant avec leur mère lui faisaient face pratiquement toute la nuit et que les deux étaient très sensibles aux mouvements de l'autre. Ces bébés s'éveillaient plus souvent et passaient davantage de temps à l'état de mi-sommeil que lorsqu'ils dormaient seuls. Dans le lit de leur mère, les nourrissons sont nourris presque deux fois plus souvent et trois fois plus longtemps à chaque allaitement. Ils pleurent rarement. Les mères qui ont l'habitude de dormir avec leur nouveau-né ont autant d'heures de sommeil que celles qui dorment seules.

Durant la nuit, dans les moments d'éveils brefs, peut-être votre bébé respirera-t-il bruyamment ou gigotera-t-il et l'attirerez-vous vers vous automatiquement ; ensuite, tous les deux, peut-être sombrerez-vous à nouveau dans le sommeil. Voilà une expérience paisible extraordinaire qui peut aussi se révéler la meilleure solution d'une mère qui désire tant dormir.

Toutefois, ce merveilleux scénario dissimule un problème. Votre bébé s'attendra à être allaité chaque fois qu'il s'éveillera brièvement. Et si vous avez retenu la matière du chapitre 2 qui portait sur les connaissances de base sur le sommeil (vous l'avez lu, n'est-ce pas ?), vous savez que votre bébé se réveille brièvement à peu près toutes les heures durant la nuit entière. Même si cet arrangement vous convient pour les premiers mois, il serait très étonnant que vous le trouviez encore acceptable dans 10 ou 12 mois.

Les bruits du sommeil

L'important est de faire en sorte que, s'il dort avec vous, votre bébé se sente à l'aise à vos côtés sans devoir vous demander de le nourrir toutes les heures, la nuit entière. Il y a un concept important dont il faut tenir compte pour parvenir à cet équilibre. Ce concept est décrit dans la section intitulée « Se réveiller pour les allaitements nocturnes », aux pages 108 à 110. Comme je l'ai mentionné dans cette section, les bébés émettent une multitude de bruits en dormant. Tous ces bruits ne signifient pas : « Je suis réveillé et je veux téter. » Le meilleur atout d'une mère qui partage le lit avec son bébé consiste à apprendre à faire semblant de dormir tout en écoutant les bruits du bébé, puis à attendre. Peut-être votre poupon se rendormira-t-il sans que vous interveniez. S'il a besoin d'être allaité, vous le saurez bien assez vite.

Aider son bébé à distinguer le jour et la nuit

Un nouveau-né dort environ de 16 à 18 heures par jour, réparties uniformément sur six ou sept périodes de sommeil bref. Il vous est possible d'aider votre bébé à reconnaître le jour et la nuit. Ainsi, ses périodes de sommeil nocturne seront rallongées.

Commencez en lui faisant faire ses siestes le jour dans une pièce éclairée où il peut entendre les bruits du quotidien. Vous pouvez même placer son lit à barreaux ou son berceau dans la pièce principale de votre maison. Par contre, la nuit, couchez votre bébé dans une pièce sombre et tranquille. Pas de conversation, de berceuse ni de lumière en pleine nuit ! Si votre maison est bruyante après que vous avez couché votre nourrisson, utilisez un bruit blanc pour couvrir les sons de la famille. Il peut s'agir d'une musique douce qui joue en sourdine, du bourdonnement d'un appareil de chauffage ou d'un ventilateur (pensez sécurité !) ou de tout autre bruit constant. Vous pouvez même vous procurer un petit radio-réveil comportant une fonction de bruit blanc (semblable à une pluie printanière ou à une cascade) ou des enregistrements reproduisant les sons de la nature ou même de l'utérus.

Pour enseigner à votre bébé à distinguer les siestes diurnes du sommeil nocturne, donnez-lui un bain et faites-lui revêtir un pyjama le soir.

La nuit, allaitez-le dans une atmosphère calme. Il n'est pas nécessaire de lui parler ni de lui chanter des berceuses en pleine nuit. Réservez ces activités pour le jour.

Faciliter les boires de nuit au biberon

Si vous nourrissez votre bébé au biberon, assurez-vous que tout ce dont vous aurez besoin durant la nuit se trouve à portée de votre main et prêt à l'utilisation. Le but est de maintenir votre poupon dans un état de mi-sommeil pour qu'il se rendorme aussitôt l'allaitement terminé. Si vous devez courir à la cuisine pour préparer une bouteille pendant que votre bébé se lamente ou pleure, vous ne réussirez qu'à vous éveiller complètement tous les deux. Ainsi, ce qui aurait pu n'être qu'un bref réveil nocturne se transformera en une longue période sans sommeil.

Faciliter le changement de couche la nuit

Si votre bébé se réveille à peu près aux heures ou deux la nuit, vous n'avez pas besoin de changer sa couche chaque fois. Quand Angela était nouveau-née et, moi, « nouvelle mère », je prenais soin de la langer environ aux deux heures quand elle se réveillait. Bien souvent je remplaçais une couche propre. Je me suis finalement rendu compte que je me préoccupais plus qu'elle de sa couche.

Je vous suggère de faire porter à votre bébé une couche de nuit de bonne qualité. Quand il se réveille, vérifiez rapidement la couche et ne la changez qu'au besoin. Procédez aussi rapidement et silencieusement que vous en êtes capable dans la noirceur. Utilisez une veilleuse et évitez tout éclairage vif qui pourrait évoquer le jour. Placez vos accessoires en ordre près du lit du bébé et prenez un linge tiède pour essuyer le petit derrière de votre nourrisson. (Il existe plusieurs types d'appareils pour tenir au chaud les serviettes servant à essuyer les bébés. Procurez-vous-en un et placez-le sur la table à langer.)

Les indices nocturnes

Créez des indices particuliers signalant l'heure d'aller au lit le soir. Une routine constante et précise qui s'amorce au moins 30 minutes avant l'heure du dodo chaque soir est très utile pour amener le bébé à organiser sa structure du sommeil diurne et nocturne. (Vous en apprendrez davantage sur les rituels du dodo aux pages 139 à 143.)

Ne laissez pas votre bébé faire de trop longues siestes

Essayez de ne pas laisser votre bébé dormir trop longtemps quand il fait une sieste. Si votre poupon dort beaucoup durant le jour – incluant par exemple une période de sommeil de trois à cinq heures consécutives – et qu'il se réveille souvent la nuit, peut-être mêle-t-il le jour et la nuit. (Bien sûr, il y a des bébés qui font de longues siestes et qui dorment bien la nuit mais, si c'était le cas de votre petit, vous ne liriez pas ce livre, n'est-ce pas ?)

Il est souvent ardu de suivre cette règle. Quand vous manquez de sommeil et que vous êtes en retard dans vos tâches et vos responsabilités, il est tentant de profiter des siestes de bébé pour rattraper le temps perdu. Cela peut être utile à court terme, mais nuire au sommeil nocturne. Si c'est le cas, il vous sera plus difficile de fonctionner durant le jour. De plus, cela retarde le moment où votre bébé sera capable d'organiser son sommeil en petites siestes diurnes et en longues périodes d'endormissement nocturne.

Voilà donc l'occasion de ne pas respecter la règle selon laquelle il ne faut jamais réveiller un bébé qui dort. Si la sieste dure depuis plus de deux ou trois heures, réveillez doucement votre bébé et encouragez-le à rester éveillé et à jouer.

Certains nouveau-nés, comme mon deuxième enfant, Vanessa, aiment tellement dormir qu'un tremblement de terre ne les tirerait pas du sommeil ! Dans un portrait de famille, Vanessa, âgée de quatre semaines, dort dans les bras de son papa puisque rien ne pouvait la réveiller pour la prise de la photo. Voici quelques trucs pour réveiller un bébé dormeur quand il est temps de le nourrir :

- Essayez de réveiller le bébé à un stade plus léger du sommeil. Surveillez les mouvements de ses bras, de ses jambes et de son visage. Si le bébé a les membres tout mous, il sera particulièrement difficile à réveiller.
- Langez le bébé ou essuyez-lui le visage avec une débarbouillette mouillée.
- Enlevez ses couvertures et laissez-le simplement en couche et en tee-shirt (dans une pièce dont la température est confortable).
- Faites-lui faire son rot en position assise.
- Caressez-le en lui frottant le dos.
- Enlevez ses chaussettes et massez-lui les pieds ou faites-lui bouger les orteils. Jouez à « Ce petit cochon ».
- Faites bouger les bras et les jambes du bébé en un mouvement tout en douceur.
- Installez le bébé dans un fauteuil porte-bébé au centre des activités familiales.
- Tenez le bébé en position debout et chantez-lui une chanson.

Vous pourrez aussi certainement raccourcir les siestes trop longues en couchant le bébé dans une pièce où entre la lumière du jour et où il entendra quelques bruits, et en réservant la noirceur et la tranquillité pour le sommeil nocturne.

Votre nouveau-né dort beaucoup durant le jour, mais les choses vont bientôt changer. Apprendre à effectuer les activités quotidiennes peut s'avérer compliqué avec un bébé. Cependant, il est important que vous commenciez à concevoir votre nourrisson comme une petite personne qui vous tient compagnie toute la journée. N'ayez pas l'impression de devoir reporter toutes vos tâches au moment où votre bébé dormira. Vaquez à votre routine lorsque votre petit est éveillé. Après tout, les bébés aiment apprendre en regardant, et c'est vous qui êtes son enseignante la plus importante. Votre bébé appréciera faire partie de votre quotidien et, vous aussi, vous apprécierez sa compagnie.

Surveillez les signes de fatigue

Votre bébé pourra bénéficier d'un meilleur sommeil si vous êtes attentive aux signes de fatigue qu'il présente. Mettez-le au lit aussitôt qu'il a l'air fatigué. Un bébé ne peut aller se coucher tout seul, de même qu'il ne peut comprendre ses propres signes de fatigue. Un bébé qui est encouragé à demeurer éveillé quand son corps souhaite dormir est donc malheureux. Avec le temps, cette habitude provoque un manque de sommeil, ce qui complique davantage le développement de la maturité de votre bébé sur le plan du sommeil.

La parole aux mères

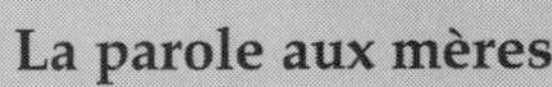

« J'ai découvert que je mettais Carrson au lit selon l'heure qu'il était et non en me fiant aux signes de fatigue. Dès que j'ai modifié cette habitude, Carrson s'endormait plus facilement et dormait plus longtemps. »

Pia, mère de Carrson âgé de huit mois

La plupart des nouveau-nés sont incapables de rester éveillés plus de deux heures environ. Lorsqu'un bébé est très fatigué, il devient surexcité et il a de la misère à s'endormir et à rester endormi. Surveillez le moment magique où votre nourrisson devient juste assez fatigué. Voici certains signes qu'il peut présenter. Peut-être n'en percevrez-vous que quelques-uns, mais à la longue vous viendrez à mieux connaître votre petit :

- Il devient moins vigoureux.
- Il se calme.
- Il perd son intérêt envers les gens et les jouets (il regarde au loin).
- Il a un air figé.
- Il fait des difficultés.
- Il se frotte les yeux.
- Il bâille.

Apprenez à détecter les signes de fatigue chez votre poupon et agissez en conséquence.

Entourez votre bébé de confort

Les bébés diffèrent les uns des autres comme nous, les adultes, et avec le temps vous parviendrez à bien connaître le vôtre. Voici quelques idées pour donner du confort à votre bébé. Essayez-les et vous saurez bientôt lesquelles plaisent davantage à votre tout-petit :

L'emmaillotement

Les bébés viennent d'un environnement (l'utérus) où ils étaient complètement enveloppés. Certains nourrissons apprécient que leurs parents recréent cette sensation semblable à l'utérus en les emmaillotant de manière sécuritaire dans une couverture à l'heure du dodo. Votre pédiatre ou un parent expérimenté pourra vous donner des directives étape par étape pour emmailloter votre bébé, ou encore vous pourrez trouver ces renseignements en consultant un livre de puériculture. Si votre bébé aime être emmailloté, peut-être devriez-vous recourir à cette méthode uniquement le soir afin de l'amener à dormir plus longtemps. N'oubliez pas de demander à votre médecin si *votre* bébé est en sécurité quand il est enveloppé dans une couverture. Quand les bébés commencent à remuer leurs membres, il *n'est pas* sécuritaire de les faire dormir ainsi car ils pourraient défaire l'emmaillotement et s'emmêler dans la couverture. Voici une autre précaution à prendre : n'emmaillotez pas votre bébé s'il fait chaud dans la pièce ; il pourrait souffrir d'un excès de chaleur, un des risques de la MSN.

Un berceau à sa mesure

Bien des bébés se sentent perdus dans un grand berceau. Votre bébé préfère peut-être un berceau (ou un lit) plus petit. De nombreux bébés s'installent dans un coin du berceau et se coincent la tête dans la fente, de façon à se retrouver stabilisés comme dans le ventre maternel. Assurez-vous de bloquer le berceau en position stable pendant que votre bébé dort. Ainsi, le berceau ne versera pas si jamais l'enfant se glisse dans un coin.

Créez un nid

Après avoir passé neuf mois repliés en boule, certains nouveau-nés n'aiment pas être couchés à plat sur le dos sur un matelas ferme. Toutefois, cette position est la meilleure protection contre la MSN. Une bonne façon de faire dormir les bébés plus longtemps est de les coucher dans un siège d'auto, un porte-bébé ou une poussette où ils sont en position quelque peu inclinée. Cela peut aider les bébés qui ne dorment bien que lorsqu'ils sont dans les bras de maman ou papa, ou encore qu'ils sont confortablement installés dans une balançoire. Voilà une méthode en douceur pour apprendre à votre bébé à dormir ailleurs que dans vos bras. Si vous utilisez cette suggestion, les règles de sécurité exigent que votre bébé soit visible. De plus, si le tout-petit dort dans un siège d'auto ou dans un porte-bébé, assurez-vous que son corps ne glisse pas vers le bas et que sa tête reste assez droite car il pourrait éprouver des problèmes de respiration. Aidez-le à maintenir sa tête élevée en utilisant un coussinet spécialement conçu pour fournir plus de soutien dans les sièges d'auto.

Cette idée comporte un inconvénient. Votre bébé risque de s'habituer à dormir en position verticale et d'avoir de la difficulté plus tard à dormir en position horizontale. Alternez donc le siège d'auto avec les couchers sur une surface plate.

Des sons doux

Il existe de nos jours des enregistrements qui reproduisent les battements du cœur, ce qu'entendait votre bébé dans l'utérus. Ce bruit peut être réconfortant pour un nouveau-né. Comme je l'ai déjà mentionné, une musique douce ou des bruits blancs peuvent aussi être efficaces.

Des odeurs agréables

L'odorat d'un bébé est plus fin que celui d'un adulte. Les recherches ont prouvé qu'un bébé peut reconnaître sa mère par l'odeur que dégage cette dernière. Si vous avez un petit animal rembourré sécuritaire ou une couverture de bébé, gardez cet article sur vous pendant quelques heures, puis placez-le dans le lit de votre bébé pendant qu'il dort. Respectez toutes les mesures de sécurité.

Un lit chaud

Si vous placez un bébé endormi dans des draps froids, vous risquez de le réveiller brusquement. Pendant que vous allaitez votre nourrisson, réchauffez sa place dans le lit à l'aide d'une bouillotte ou d'un coussin chauffant réglé à basse température. Enlevez cet accessoire du lit avant d'y coucher votre bébé et passez votre bras sur l'espace chauffé afin de vous assurer qu'il n'est pas trop chaud. Vous pouvez également mettre des draps en flanelle au lieu de draps en coton, qui sont plus frais.

Voyez aussi à votre confort

Je n'ai pas encore entendu une mère dire qu'elle aime se lever toute la nuit pour voir aux besoins de son bébé. Même si nous adorons nos chers poupons, nous trouvons difficile de nous faire réveiller constamment, nuit après nuit. Puisqu'il est certain que votre bébé vous réveillera, il vaut mieux vous organiser pour maximiser votre confort.

Acceptez d'être éveillée la nuit avec votre nouveau-né

La première étape consiste à apprendre dès maintenant à ne pas vous en faire à propos des réveils nocturnes. Le stress et la frustration ne changent rien à la situation. Cela s'apparente un peu à la quatrième étape de l'accouchement : une période très très courte de votre vie comportant une énorme fatigue que vous oublierez peu à peu. La situation s'améliorera de jour en jour et, avant même que vous vous en rendiez compte, votre tout-petit ne sera plus si petit. Il parlera, marchera et attrapera tout ce qui se trouve sous ses yeux et, la nuit, il dormira paisiblement. Or, vous êtes présentement à l'étape du nouveau-né qui vous empêche de dormir. Que pouvez-vous donc faire pour favoriser au maximum votre confort ? Voici quelques idées pour que vos activités nocturnes ne vous perturbent pas trop :

- La nuit, allaitez dans un endroit agréable et confortable. Si vous nourrissez votre bébé assise sur une chaise, je vous suggère d'apporter le fauteuil le plus confortable dans la chambre de bébé. Si vous utilisez un fauteuil berçant, mettez un coussin moelleux sur le siège et le dossier. Munissez-vous d'un repose-pieds rembourré et installez une table près de vous pour y poser un verre d'eau, un livre, une lumière de nuit et tout autre article rendant ces périodes de veille nocturne plus invitantes.
- Si vous allaitez votre nourrisson au biberon, préparez à l'avance tout ce dont vous aurez besoin. (Il existe de merveilleux porte-biberons. Visitez le site onestepahead.com pour y découvrir le chauffe-biberon Dusk to Dawn. On m'a affirmé que cet accessoire était très pratique.)
- Procurez-vous un oreiller spécialement conçu pour l'allaitement ou faites quelques essais avec vos oreillers et vos coussins de canapé pour découvrir la position qui vous soutient le mieux, vous et votre bébé, pendant que vous allaitez.
- Si vous donnez le sein à votre bébé au lit, veillez à être très confortable. De nombreuses mères qui allaitent au lit se plaignent de douleurs au dos. C'est généralement

parce qu'elles courbent le dos pour tendre le sein au bébé. Prenez plutôt une position détendue et reposante et laissez votre *bébé* s'agripper à vous. Les bébés sont extrêmement souples et peuvent se loger dans n'importe quel petit espace. Même un gros bébé de 18 mois est capable de s'installer confortablement dans l'espace qui reste lorsque vous vous étendez sur le flanc et relevez les genoux (je parle par expérience).

- Si vous dormez avec votre bébé, assurez-vous que le lit est suffisamment grand pour que chacun soit à l'aise. Si vous êtes coincée, achetez un plus grand ou un second matelas.
- Au cours des premiers mois, organisez le plus possible votre horaire selon les besoins de votre bébé. Évitez de planifier des activités en soirée qui interféreraient avec votre rituel du soir ou qui vous obligeraient à rester longtemps à l'extérieur de la maison. Le monde *peut* attendre quelques mois.
- Détendez-vous et ralentissez le rythme. Cette époque de votre vie sera très courte. Reportez à plus tard les activités moins importantes en faveur de la plus essentielle : vous occuper de votre nouveau-né. Vous pouvez vraiment vous le permettre.

Nourrissez votre bébé avant de le coucher

Tentez d'effectuer un allaitement complet avant de coucher votre bébé. Si ce dernier somnole après avoir tété un sein ou bu la moitié d'un biberon, changez-le de côté, abaissez la couverture, chatouillez-lui les orteils et encouragez-le à terminer son boire. Autrement, il pourrait se réveiller très vite pour « finir son repas ».

Favorisez des séances d'allaitement reposantes

Vous entendrez fréquemment le conseil suivant : « Dormez en même temps que le bébé durant le jour. » C'est une bonne idée mais, en tant que mère occupée, c'est bien la dernière chose que je puisse faire ! Et je parie que vos journées sont aussi remplies que les miennes. Les longues siestes salutaires sont donc hors de question. Cependant, le jour, vous pouvez vous *reposer* tout en allaitant votre bébé. Votre petit aura besoin d'être nourri souvent durant les premiers mois. C'est votre *devoir* de vous détendre et de le nourrir. Ne vous préoccupez pas de tout ce que vous *devriez* être en train de faire. Vous *faites* exactement ce que vous *devriez faire* durant les premiers mois de la vie de votre bébé.

Suivez les étapes suivantes chaque fois que vous vous assoyez pour allaiter votre nourrisson :

- Détendez-vous.
- Respirez lentement.
- Relâchez vos épaules et détendez-les. (Les femmes ont tendance à relever les épaules quand elles allaitent, surtout les premiers mois. Quand vos épaules sont haussées près de vos oreilles, une tension musculaire se crée dans vos bras, vos épaules et votre cou.)
- Effectuez des rotations de la tête pour éliminer le stress.
- Prenez conscience du plaisir de passer quelques minutes avec votre bébé. Profitez de cette occasion pour contempler votre précieux poupon. Commencez à créer des souvenirs.
- Lisez, si vous aimez la lecture. (Ou lisez une histoire à votre bébé.)

- Regardez une émission ou un film à la télévision, ou écoutez de la musique, si cela vous aide à vous relaxer.

Simplifiez-vous la vie

Au cours des premiers mois de votre nouveau-né, simplifiez-vous la vie le plus possible. Soyez moins perfectionniste pour le ménage. Acceptez avec gratitude l'aide qui vous est offerte. (Répétez après moi : « Oui, merci, ce serait gentil. ») Votre priorité actuellement est de vous occuper de votre nouveau-né. Martha Stewart vous comprendra.

Fixez-vous des objectifs réalistes

Votre nouveau-né ne dormira pas une nuit complète. Il n'y a pas de réponse miraculeuse ni de raccourci pour atteindre la maturité du sommeil. Si vous restez concentrée sur votre désir d'une nuit complète de sommeil, vous n'arriverez qu'à regretter ce que vous ne pouvez obtenir maintenant. Le meilleur conseil que je puisse vous donner est de vous rappeler que ces premiers mois avec votre tout-petit passeront très vite. Plus tard, vous vous souviendrez avec émotion de ces moments où vous teniez votre bébé dans vos bras.

> Je suis consultante en lactation et je travaille présentement avec la mère d'un nouveau-né. Aujourd'hui, je suis allée lui rendre visite. Elle était très heureuse car elle avait « dormi toute la nuit ». Je me suis inquiétée parce que son bébé n'a que cinq jours et qu'il est bien trop jeune pour dormir toute une nuit sans être nourri. Je lui ai demandé des détails et voici ce que j'ai appris. Ce bébé dort avec sa

mère et la nuit dernière, chaque fois qu'il a bougé, elle lui a donné le sein. Le bébé tétait quelques instants, puis se rendormait rapidement. Voilà ce que cette mère voulait dire par « dormir toute la nuit ». N'est-ce pas une excellente façon de voir les choses pour une nouvelle maman ?

Deuxième partie : des solutions pour les bébés plus vieux — de quatre mois à deux ans

La prochaine section présente un ensemble d'idées conçues spécialement pour les bébés qui ont dépassé le stade de nouveau-né et qui ont entre quatre mois et deux ans, ou peut-être même un peu plus. Si votre bébé est plus près de quatre mois que de deux ans, vous voudrez peut-être lire aussi la section sur les nouveau-nés, à partir de la page 94.

Préparez-vous

Cette idée peut s'appliquer à tous.
Lors de mes recherches et à partir de mon expérience personnelle, je me suis rendu compte que nos propres émotions nous retenaient souvent de procéder à des changements dans les habitudes de sommeil de notre bébé. Vous vous interdisez peut-être vous-même de modifier un horaire (les heures de sommeil de votre bébé) qui entre en conflit avec votre mode de vie. Après tout, vous ne liriez certainement pas ce livre si vous ne trouviez pas que l'horaire de sommeil de votre bébé interfère avec votre propre routine. Voyons donc ce qui vient déranger votre vie.

Examinez vos besoins et vos objectifs personnels

Avant de poursuivre votre lecture, vous devez vous poser quelques questions et prendre une décision. Au plus profond de votre cœur, votre bébé qui s'éveille et vos façons d'y réagir *vous* dérangent-ils vraiment ? Le problème réside-t-il plutôt dans la perception des gens de votre entourage ? En fait, les habitudes de sommeil de votre bébé ne posent problème que si *vous* sentez que c'est effectivement le cas. La société actuelle nous amène à croire que les « bébés normaux » font leurs nuits à peu près à partir de deux mois. Mes recherches indiquent qu'il s'agit plus d'une exception que d'une règle. J'ai découvert que jusqu'à l'âge de trois ans environ un grand pourcentage d'enfants se réveillent la nuit et requièrent l'attention de leurs parents. Les nombreuses familles dans le même bateau que vous pourraient remplir une flotte de paquebots de croisière. Ne croyez donc pas que vous devez vous forcer, vous ou votre bébé, à correspondre à des normes quelconques en ce qui a trait au sommeil.

La parole aux mères

« À la dernière rencontre de parents à la garderie, un père a soulevé le fait que sa fille de deux ans ne faisait pas encore ses nuits. Cela a déclenché une longue discussion et j'ai appris que, sur 24 tout-petits, seulement 6 restaient endormis toute la nuit. Puisque ma fille se réveille souvent la nuit, j'ai été rassurée de constater que c'était un comportement normal chez un enfant en bas âge. »

Robin, mère d'Alicia âgée de treize mois

Vous devez cerner votre problème. Réside-t-il dans la routine de votre bébé, dans votre propre organisation, ou simplement dans l'esprit des autres ? Si vous pouvez dire honnêtement que vous souhaitez changer les habitudes de sommeil de votre bébé parce qu'elles vous dérangent vraiment, de même que votre famille, lisex la suite. Cependant, si vous vous sentez obligée de modifier la structure du sommeil de votre bébé parce que tante Martha, grand-maman Lison, une amie ou même votre pédiatre a dit qu'il le faut, le moment est venu pour vous de vous arrêter pour réfléchir.

Chaque bébé est unique. Chaque mère est unique. Chaque famille est unique. Vous êtes la seule à pouvoir trouver les solutions à votre problème.

Quand vous serez bien sûre de vos sentiments par rapport aux habitudes de sommeil de votre bébé, vous cernerez plus facilement vos propres attentes. Les connaissances que vous acquerrez dans ce livre vous aideront à le faire.

C'est un moment approprié pour analyser la situation. Comparez la structure de sommeil de votre bébé à l'information contenue dans le chapitre 2, où sont indiqués en moyenne les besoins de sommeil d'un bébé. Ce chapitre porte également sur la fréquence des réveils nocturnes d'un bébé *typique*. Servez-vous de cette information pour déterminer vos objectifs concernant le sommeil de votre poupon.

Si votre petit se réveille toutes les heures ou deux (comme mon Coleton), vous n'avez pas besoin de réfléchir longuement avant de répondre à la question « Cela me dérange-t-il ? » C'est évident. Toutefois, si votre bébé s'éveille seulement une ou deux fois la nuit, il est important de vous demander en quoi exactement cette structure de sommeil vous nuit et de vous fixer un but réaliste. Si vous espérez que votre petit dorme 12 heures consécutives – de 19 h à 7 h –, votre but n'est pas raisonnable. Après tout, il est tout à fait normal de s'éveiller une ou deux fois durant la nuit au cours des deux premières années de la vie, même si de nombreux auteurs de livres et d'articles affirment le contraire. J'ai trouvé étrange qu'on parle de « trouble », même si 50 pour cent des bébés de moins de deux ans s'éveillent la nuit. Devant un tel pourcentage, je parlerais plutôt de « norme ». Cependant, ce n'est pas parce que c'est normal que vous devriez accepter la situation. Plusieurs moyens existent pour encourager votre bébé à dormir plus longtemps.

Soyez donc réaliste lorsque vous fixez votre objectif et faites preuve d'honnêteté quand vous évaluez les conséquences de la situation actuelle sur votre vie. Certaines personnes s'accommodent facilement de deux réveils nocturnes, tandis que d'autres ont de la difficulté à se lever une seule fois durant la nuit. Il s'agit de déterminer si l'horaire de sommeil de votre bébé constitue un problème pour vous ou seulement pour les gens de votre entourage, qui d'ailleurs ne sont pas renseignés comme vous l'êtes maintenant sur les structures normales du sommeil.

Si la structure du sommeil de votre bébé vous pose problème, ce livre vous offre des solutions. Même si vous décidez qu'il n'est pas si terrible après tout de vous lever une ou deux fois par nuit, vous pouvez recourir aux méthodes proposées pour en venir graduellement à ne plus devoir le faire.

Commencez aujourd'hui en réfléchissant aux questions suivantes :

- Suis-je satisfaite de la situation actuelle ou suis-je en train de devenir irritable, colérique ou frustrée ?
- Le rituel qui précède le coucher de mon bébé est-il en train d'influer négativement sur mon mariage, mon emploi ou mes relations avec mes enfants plus vieux ?
- Mon bébé est-il heureux ? en bonne santé ? A-t-il l'air reposé ?
- Suis-je heureuse ? en bonne santé ? Ai-je l'air reposée ?
- D'après les faits mentionnés dans ce livre (chapitre 2), qu'est-ce qu'une attente raisonnable pour un bébé de l'âge du mien ?
- Quelle situation considérerais-je comme acceptable pour la sieste et le sommeil de nuit ?
- Quelle situation considérerais-je comme « le bonheur parfait » pour la sieste et le sommeil de nuit ?

Une fois que vous aurez répondu à ces questions, non seulement vous comprendrez mieux ce qui concerne le sommeil de votre bébé, mais aussi vous percevrez plus clairement à quel point vous êtes motivée pour amorcer un changement.

Votre motivation constitue un élément clé du succès de ce plan.

Ces moments nocturnes que nous hésitons à délaisser

Après avoir longuement et honnêtement sondé votre cœur, vous aurez possiblement des surprises. Vous vous apercevrez peut-être que vous *appréciez* ces réveils nocturnes tranquilles où vous êtes seule avec votre bébé. Je me souviens d'une fois où Coleton tétait en pleine nuit à la lueur de la lune. Mon mari, mes trois autres enfants et grand-maman dormaient. Une parfaite tranquillité régnait dans la maison.

En caressant doucement les cheveux duveteux et la peau tendre de mon bébé, j'étais émerveillée de contempler ce petit être près de moi. Puis une pensée m'est venue : « J'aime cet instant ! J'aime ces moments de silence que mon petit et moi partageons la nuit. J'aime que ce précieux poupon ait besoin de moi. » C'est ainsi que j'ai réalisé que je devais *vouloir* apporter un changement dans nos habitudes de réveils nocturnes avant de pouvoir constater une évolution.

Peut-être devez-vous examiner vos propres sentiments. Si toutefois vous découvrez que vous avez vraiment besoin de changement, vous devrez vous accorder la permission d'abandonner cette étape de la vie de votre petit et de passer à une autre phase de votre relation. Vous aurez encore beaucoup de temps pour serrer votre bébé contre vous, le dorloter et l'aimer. Cependant, si vous voulez que ce plan fonctionne, vous devez vraiment être prête à vivre plutôt ces moments le jour, en dehors des heures de sommeil.

La parole aux mères

« Eh bien, si je suis honnête avec moi-même, je dois dire que — de façon très claire — je fais partie de cette catégorie. J'ai toujours aimé me lever la nuit pour allaiter mes petits. Serrer contre moi un petit paquet tout chaud pour le nourrir dans la pénombre quand toute la maisonnée est au repos est l'un des aspects les plus merveilleux dans la vie d'une mère. Nous, les mères, ne sommes pas payées par chèques, mais avec des étreintes, des caresses et des baisers. Ces moments nocturnes passés avec notre bébé sont l'équivalent d'un paiement d'heures supplémentaires ou d'une prime de vacances. Il n'est donc pas surprenant que j'aie hésité à les délaisser. »

Donna, mère de Zachary âgé de neuf mois

Vous vous inquiétez de la sécurité de votre bébé

Nous, les parents, nous inquiétons de nos bébés, et c'est normal. Chaque fois qu'ils s'éveillent la nuit et que nous voyons à leurs besoins, nous sommes en même temps rassurés de constater qu'ils vont bien — toutes les heures ou deux, toute la nuit. Nous nous habituons à ces vérifications qui nous rassurent continuellement sur la sécurité du bébé.

Dès que vous déciderez d'aider votre bébé à allonger ses périodes de sommeil, vous adopterez probablement une attitude surprotectrice de « maman ourson ». Après trois, quatre ou cinq heures, peut-être vous inquiéterez-vous. Respire-t-il ? A-t-il chaud ou froid ? Est-il mouillé ? Est-il emmêlé dans ses draps ? S'est-il tourné sur le ventre ?

La parole aux mères

« La première fois que mon bébé a dormi pendant cinq heures de suite, je me suis réveillée avec des sueurs froides. Je suis presque tombée du lit et j'ai couru dans le passage. J'étais certaine qu'un malheur était arrivé et j'en ai presque pleuré quand j'ai vu que Laila dormait paisiblement. »

Azza, mère de Laila âgée de sept mois

Certaines inquiétudes sont tout à fait normales et font partie intégrante de vos instincts de protection naturels. Ainsi, afin de permettre à votre bébé de dormir plus longtemps, vous devrez trouver des moyens de vous assurer qu'il est en sécurité — toute la nuit.

Pour ce faire, relisez le premier chapitre et appliquez toutes les mesures de sécurité. Vous pouvez laisser votre porte de chambre ouverte ou utiliser un récepteur mis sous tension afin d'entendre votre bébé quand il a besoin de vous durant la nuit.

Les parents qui dorment avec leur bébé ont également des craintes. Même si vous êtes couchée à côté de votre bébé, vous vous apercevrez que vous êtes habituée à le surveiller souvent durant la nuit. Lorsqu'il dormira plus longtemps, ce ne sera pas *votre* cas puisque vous assurerez le service de sécurité.

Lorsque vous êtes certaine que votre bébé est hors de danger pendant que vous dormez, vous avez franchi le premier pas de votre objectif consistant à l'amener à faire ses nuits.

La croyance que la situation changera d'elle-même

Peut-être espérez-vous qu'une bonne fois votre bébé commencera à dormir toute la nuit comme par magie. Peut-être croisez-vous les doigts en vous disant qu'il s'agit d'une étape qui « passera » sans que vous n'ayez à changer quoi que ce soit. Il est très rare qu'un bébé s'éveillant la nuit décide soudainement par lui-même de dormir jusqu'au matin. Bien sûr, cela peut se produire… quand le bébé est rendu à deux, trois ou quatre ans ! Voyez présentement si vous avez la patience d'attendre aussi longtemps ou si vous préférez accélérer le processus.

Trop fatiguée pour faire l'effort de changer

Le changement exige des efforts qui, à leur tour, demandent de l'énergie. Quand vous êtes fatiguée, il vous semble peut-être moins compliqué de conserver les choses comme elles sont plutôt que d'essayer une nouvelle méthode. Autrement dit, quand bébé se réveille pour la cinquième fois et que vous souhaitez désespérément dormir, il est très tentant de recourir au moyen le plus facile de le rendormir (le bercer, l'allaiter ou lui redonner sa sucette) que d'introduire un nouveau moyen.

Seule une mère vraiment en manque de sommeil peut comprendre ce que je viens de dire. Les autres vous donneront peut-être calmement le conseil suivant : « Eh bien, si rien ne fonctionne pour vous, changez votre méthode. » Toutefois, à chaque réveil nocturne vous vous retrouvez dans cet état comateux où vous ne désirez qu'une chose : retourner au lit. Les plans et les idées paraissent trop exigeants.

Si vous voulez amener votre bébé à faire ses nuits, vous devrez vous *obliger* à suivre votre plan, même en pleine nuit, même si c'est la dixième fois que votre bébé vous appelle. La meilleure défense consiste à vous dire : « Dans un mois ou deux, mon bébé dormira toute la nuit. Je peux bien tenir durant quelques semaines. » Et vous le pouvez, surtout si vous songez à l'autre option : endurer les réveils nocturnes encore un an ou deux !

Ainsi, si après avoir lu cette section vous êtes certaine que vous et votre bébé êtes prêts, le temps est venu de vous engager à provoquer un changement. Maintenant. *Ce soir.* C'est le moment opportun.

Préparez votre bébé

 ***Cette idée peut s'appliquer à tous.***

Avant de tenter d'apporter quelque changement que ce soit dans les habitudes de sommeil de votre bébé, assurez-vous que ce dernier est bien, en bonne santé et suffisamment nourri. Un bébé qui a faim, qui a froid, qui souffre d'une infection aux oreilles, d'allergies et de tout autre problème de santé peut s'éveiller la nuit à cause de la douleur ou de l'inconfort. Éliminez ces possibilités avant d'entreprendre votre plan d'amélioration du sommeil. (Pour obtenir de l'information sur les causes médicales qui empêchent votre bébé de dormir la nuit, consultez le chapitre 8.)

Nourrissez bien votre bébé le jour

Assurez-vous que votre bébé est suffisamment nourri le jour, surtout si vous le nourrissez exclusivement au lait maternel ou maternisé. Certains bébés développent l'habitude de téter le sein ou de boire des biberons toute la nuit, absorbant alors un pourcentage trop élevé de calories qui devraient normalement être prises le jour. Pour dormir plus longtemps la nuit, ces bébés doivent être nourris davantage le jour et moins la nuit.

Si votre petit consomme de la nourriture solide, prenez soin de choisir *le plus* d'aliments sains *possible*. Peut-être votre bébé aime-t-il le fromage et ne mange-t-il que cela mais, selon les règles de la bonne alimentation, son menu

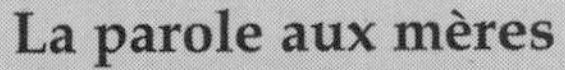

La parole aux mères

« Mon bébé de 14 mois se réveillait en pleurant et il lui fallait une éternité avant de se rendormir. À un moment donné, j'étais tellement frustrée et si bien réveillée que je l'ai amené dans la salle de séjour, où j'ai allumé la télévision. Il a émis un grand cri et, à la lueur de l'écran, j'ai pu voir à l'intérieur de sa bouche. Il y avait trois bosses d'un blanc mauve sur ses gencives à l'endroit des molaires. Le pauvre petit avait trop mal pour dormir. Je lui ai fait mâcher une serviette humide froide pendant quelques minutes. Il s'est alors calmé et rendormi. »

Jessie, mère de Blaine âgé de quatorze mois

devrait être plus diversifié. Une bonne nutrition est importante non seulement pour la santé, mais aussi pour le sommeil.

Surveillez ce que consomme votre bébé au cours des heures précédant le coucher. Mange-t-il des aliments qui favorisent un bon sommeil ? Certains aliments se digèrent plus facilement et dérangent moins les cycles de sommeil que d'autres. Pensez aux aliments « confort » – les glucides complexes énergétiques de même que les protéines nourrissantes. Le choix est illimité : les céréales de grains entiers (peu sucrées), le gruau, le riz brun, le yogourt, le fromage, les restants de viande. Les fruits et les pois congelés (pour les enfants plus vieux qui ne s'étoufferont pas) satisfont les rages de sucre.

À l'opposé, d'autres aliments ont tendance à « emballer » le corps quelque peu. Surveillez la caféine dissimulée et les autres excitants. Même si la science affirme actuellement que le sucre ne provoque pas de comportement hyperactif chez les enfants, je crois qu'il a un certain effet sur la capacité et la volonté de se calmer et de s'endormir. Tard dans la journée, les biscuits sucrés et le gâteau au chocolat ne sont tout simplement pas de bons choix alimentaires.

S'il arrive à votre enfant de « tricher », comme le font la majorité, ne vous en faites pas. N'oubliez pas que les pédiatres considèrent le régime alimentaire des enfants sur une base hebdomadaire et non journalière. Autrement dit, lorsque vous évaluez la valeur du régime alimentaire de votre bébé, considérez les proportions des principaux groupes alimentaires consommés pendant une semaine complète.

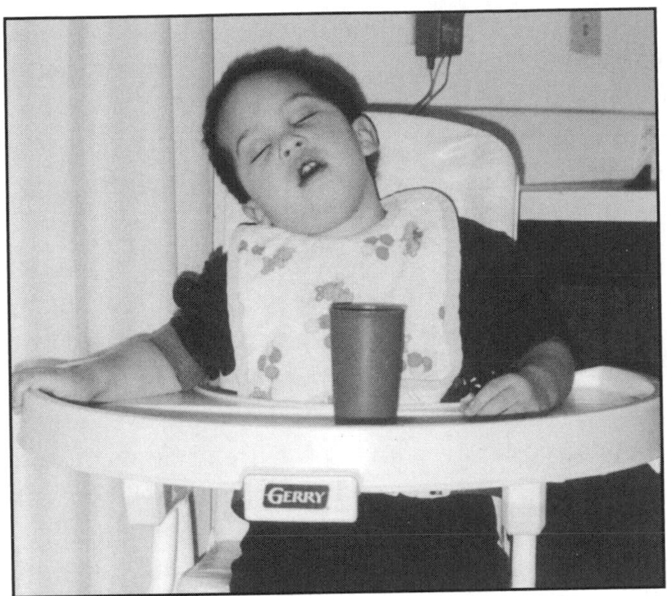

Jarell, douze mois

Allaitez votre bébé plus souvent le jour

Si votre bébé est habitué à être allaité fréquemment la nuit, il absorbe durant ces longues séances d'allaitement tranquilles une bonne portion de son alimentation. Peut-être devrez-vous le nourrir plus souvent le jour pendant un bout de temps afin de compenser les allaitements nocturnes que vous aurez éliminés.

Votre bébé continue peut-être de se réveiller la nuit par recherche de confort et d'un lien émotionnel tout aussi bien que pour le lait, surtout si vous êtes occupée par vos tâches ou vos autres enfants durant le jour. Si vous êtes sensible à cette situation, vous pouvez caresser et allaiter votre tout-petit plus souvent le jour afin de l'aider à s'habituer à des séances d'allaitement moins fréquentes la nuit.

Surveillez le type d'aliments que *vous* consommez car ils peuvent avoir un effet sur votre lait maternel. Prêtez attention à la réaction de votre bébé quand vous buvez du café, du thé ou du cola ou encore quand vous mangez des produits laitiers, des arachides ou des aliments qui donnent des gaz tels le brocoli, les fèves et le chou-fleur.

Comme dans le cas d'Austen, votre petit fouineur affairé sera peut-être trop actif pour se calmer le jour au moment d'être nourri ou allaité. Essayez de donner à votre bébé énergique des aliments qu'il peut consommer en tout temps, par exemple de la nourriture qui se mange avec les doigts et qu'il peut apporter avec lui. Une autre option s'offre à vous : lui donner des bouchées pendant qu'il joue. Le but est de lui procurer toutes ses calories quotidiennes durant le jour plutôt que la nuit.

La parole aux mères

« Austen mange à peine durant le jour et tète toute la nuit. Je lui offre de la nourriture souvent le jour, mais la plupart du temps elle est trop occupée ou trop distraite pour manger. Elle apprécie beaucoup le moment que nous passons ensemble avant qu'elle aille au lit. Il semble toujours lui falloir plus d'une heure avant de s'endormir et les séances d'allaitement au milieu de la nuit sont très longues. »

Annette, mère d'Austen âgée de douze mois

Voyez au confort nocturne de votre bébé

Assurez-vous que le lit de votre bébé est très confortable (pas *trop* mou, comme nous l'avons vu au chapitre 1). Habillez votre petit selon la température de la pièce, en veillant à ce qu'il n'ait ni trop chaud ni trop froid. S'il fait froid la nuit dans votre maison, achetez une épaisse dormeuse molletonnée, ou couverture-pyjama, que vous lui mettrez par-dessus un tee-shirt (genre de combinaison qui s'attache à la fourche). S'il fait chaud, rafraîchissez la pièce en ouvrant une fenêtre ou en démarrant le ventilateur. Dans les deux cas, suivez toutes les mesures de sécurité qui s'appliquent.

Instaurez un rituel à l'heure du coucher

 ***Cette idée peut s'appliquer à tous.***

Un rituel du soir signale à votre bébé qu'il est temps d'aller au lit. Il déclenche chez lui une réaction conditionnée : « Oh, c'est l'heure du dodo ! Je devrais me sentir fatigué. »

Il est essentiel de créer un rituel avant l'heure du coucher afin de préparer un bébé au sommeil. Parmi les activités suivantes, choisissez celles que vous préférez et qui aident à calmer et à tranquilliser votre enfant, et incluez-les à votre rituel.

- Un bain chaud et apaisant
- Un massage
- La lecture d'histoires
- Des chansons
- De la musique douce
- Une promenade
- Le fauteuil berçant
- L'allaitement au sein
- L'allaitement au biberon

Le rituel avant l'heure du coucher doit se passer dans la tranquillité, avoir lieu dans une pièce à l'éclairage tamisé et se terminer dans une chambre à coucher sombre et calme, où vous éviterez de parler et recourrez à votre méthode habituelle pour endormir votre bébé. Écrivez votre rituel en donnant le plus de détails possible.

Voici un exemple :

1. 19 h – Bain
2. Massage avec de la lotion pour bébés
3. Mise du pyjama
4. Lecture de trois histoires
5. Lumière éteinte
6. Berceuse chantée
7. Allaitement au sein ou au biberon
8. Caresses dans le dos
9. Sommeil

Servez-vous du modèle de la page 216 pour écrire votre rituel personnel à l'heure du coucher.

La parole aux mères

« Nous avons respecté notre rituel chaque soir et je m'aperçois que Brooklyn s'attend maintenant à aller au lit après le bain. On dirait même qu'elle a hâte. »

Tammy, mère de Brooklyn âgée de sept mois

Suivez votre rituel à la lettre chaque soir. (Une fois que vous et votre bébé serez à l'aise avec la routine du soir et que le sommeil de votre petit sera stabilisé, vous n'aurez plus besoin de votre liste. Cette dernière ne sert qu'à aider à établir le rituel.) Durant cette période d'ajustement, évitez de sortir à l'heure du coucher de votre bébé. Si vous devez absolument vous absenter et que vous rentrez après l'heure habituelle du rituel, effectuez quand même toute la routine en raccourcissant les étapes. Par exemple, ne lisez qu'une histoire au lieu de trois.

Le rituel aide à régulariser l'horloge biologique du bébé

En plus du rituel comme tel, vous pouvez coucher votre bébé toujours à la même heure le soir et pour ses siestes. Vous obtiendrez alors du succès plus rapidement puisque cette façon de faire aidera à régulariser l'horloge biologique de votre bébé.

Cette idée comporte un autre avantage. Un rituel précis constitue un élément d'organisation dans votre vie, ce qui réduit le stress et les tensions.

Un rituel flexible est préférable

Quand je parle de « rituel », je ne veux certainement pas dire une routine rigide, coulée dans le béton. N'oubliez pas que je suis mère, moi aussi, et que je sais que la souplesse est très importante quand il s'agit de… houp, je vous reviens dans un instant. Coleton vient de se réveiller de sa sieste et je dois aller l'allaiter, le changer de couche, jouer à cache-cache avec lui. Je suis de retour et, comme je le disais… Qu'est-ce que je disais ? Oh oui.

La parole aux mères
« Pour moi, cette idée de rituel à l'heure du coucher est essentielle. Depuis que vous en avez parlé, j'ai remarqué que les soirs où je sautais des étapes j'avais plus de difficulté à endormir mon bébé. »
Diane, mère de Jamar âgé de sept mois

La souplesse est très importante avec un bébé. Tentez de suivre votre rituel du coucher aussi souvent que possible, mais restez attentive à votre bébé. Si ce dernier devient grincheux et bâille, ce n'est pas le temps de lui donner un bain ni de lui lire une histoire ! Sautez des étapes et couchez-le aussitôt ! Il est possible que certains soirs vous deviez laisser tomber le rituel. Si grand-mère fête son 100e anniversaire, ne croyez pas devoir quitter la fête à 18 heures pile pour exécuter votre rituel du soir. Il y aura des moments où vous devrez suivre le courant pour ne revenir à vos habitudes que le lendemain soir.

Le rituel à l'heure du coucher est important durant toute l'enfance

Ne considérez pas votre rituel du soir comme un fardeau sans importance et inutile. Un rituel affectueux avant le coucher demeure *toujours* important pour les enfants. Jusqu'à l'âge de 10 ans environ, les enfants aiment passer des moments spéciaux avec leur mère ou leur père avant de se mettre au lit. Lire des histoires à votre enfant, lui parler, lui frotter le dos ou juste passer un moment tranquille avec lui constituent des moments cruciaux avant qu'il s'endorme. En fait, j'ai découvert que la plupart des parents qui n'ont pas instauré ce genre de rituel passent habituellement l'heure précédant le coucher à se disputer avec leurs enfants pour qu'ils se couchent. Voilà une activité désagréable et inutile.

À un certain stade, l'enfant n'a plus besoin du rituel et la plupart des parents déplorent l'abandon de cette coutume. Pour la plus vieille de mes filles, Angela, la routine du soir s'est modifiée avec les années. En premier, nous passions cette heure à lire au lit, toutes deux enlacées. Maintenant, je vais jeter un coup d'œil dans sa chambre. Elle dépose le téléphone, me donne un baiser, m'étreint et *me* souhaite une bonne nuit. Je me mets ensuite au lit tandis qu'elle termine son appel-conférence durant lequel elle fait ses devoirs. La vie change, de même que les rituels du soir.

Déterminez une heure de coucher raisonnable

 ***Cette idée peut s'appliquer à tous.***

De nombreuses personnes couchent leur bébé beaucoup trop tard, souvent en pensant que, si ce dernier est très fatigué, il dormira mieux. Cela donne souvent le résultat contraire puisque le bébé devient trop fatigué et gravement privé de sommeil. Dans *Avoir un bon sommeil* (Dell, 2000), le docteur William C. Dement (l'expert du sommeil dont j'ai parlé précédemment) affirme ceci : « Les conséquences de retarder l'heure du coucher même d'une demi-heure peuvent être subtiles et pernicieuses [très néfastes] » quand il s'agit de bébés et d'enfants.

L'horloge biologique des bébés est préréglée pour un coucher tôt. Quand les parents respectent cette heure, le bébé s'endort plus facilement et dort plus paisiblement. La plupart des bébés sont prêts à se mettre au lit pour la nuit aussi tôt qu'à 18 h 30 ou 19 h. Il vous sera utile de déterminer une heure de coucher et de la respecter en amorçant votre rituel du soir une heure plus tôt, si possible.

J'entends souvent dire que les bébés et les jeunes enfants connaissent une période d'agitation à la fin de la journée, une période pendant laquelle ils deviennent malcommodes, pleurnichards ou incontrôlables. Je pense maintenant qu'il s'agit d'un indicateur de fatigue excessive chez un enfant qui désire dormir.

Couche-tôt égale-t-il lève-tôt ?

Pour les bébés, se coucher tôt ne signifie pas nécessairement se lever tôt. La plupart des bébés dorment mieux et plus *longtemps* quand les parents les mettent tôt au lit. De nombreux parents craignent de coucher leur bébé trop tôt, croyant qu'ils vont se faire réveiller à 5 h. Parfois, ils entrent tard à la maison et *veulent* garder leur bébé éveillé pour jouer avec lui. Malheureusement, ce comportement se retournera contre eux. Le bébé deviendra excessivement fatigué, en détresse, trop excité pour se calmer et, le plus souvent, le coucher tard sera suivi d'un réveil tôt le matin.

La parole aux mères

« Un soir, nous étions en visite chez des amis et, dans l'excitation, nous avons manqué la ' conjoncture favorable ' pour mettre Alicia au lit. La petite est donc passée au stade suivant, la surexcitation. Elle courait partout dans la maison telle une voiture de course sans chauffeur. Quand j'ai finalement réussi à la convaincre de s'étendre sur mes genoux pour que je l'allaite, j'avais l'impression de nourrir un bébé singe. Cela a pris une éternité avant qu'Alicia se calme et s'endorme. »

Robin, mère d'Alicia âgée de treize mois

Mon petit Coleton se couchait ordinairement vers 21 h ou 21 h 30, à la même heure que mes autres enfants, parce que c'était pratique pour moi. À cette heure, le soir, il lui fallait beaucoup de temps pour se calmer, mais je n'ai jamais fait le lien entre cette difficulté et l'heure de coucher tardive. Quand j'ai commencé à mettre Coleton au lit entre 19 h et 20 h, il s'endormait beaucoup plus rapidement et dormait plus profondément. En guise de boni, j'ai récupéré des temps pour moi durant la soirée, moi qui n'en avais pas eu depuis longtemps. Cette expérience est courante chez mes mères témoins. Bon nombre d'entre elles ont été surprises de voir qu'en couchant leur bébé plus tôt elles l'aidaient vraiment à s'endormir plus facilement et plus rapidement, ce qui favorise souvent un meilleur sommeil et un réveil plus tardif.

Qu'en est-il des parents qui travaillent ?

Si vous travaillez à l'extérieur et que votre soirée avec votre tout-petit commence vers 18 h 30 ou 19 h, peut-être vous est-il pénible de choisir entre garder votre bébé éveillé pour jouer un peu avec lui et le mettre au lit. Puisque vous lisez ce livre, je sais que vous aimeriez que votre nourrisson dorme mieux. Voici donc une idée clé que vous devriez vous donner la peine d'essayer.

Certains parents qui travaillent à l'extérieur se rendent compte que, lorsque leur bébé se couche plus tôt et qu'il dort mieux, il s'éveille de bonne humeur et disposé à jouer. Et puisque vous, les parents, avez profité d'une bonne nuit de sommeil, vous pouvez vous lever plus tôt et réserver un peu de temps le matin pour vous amuser avec votre petit, plutôt que de le faire tard le soir. Vous et votre bébé apprécierez ces moments spéciaux du matin. Quand votre bébé dormira toute la nuit de manière régulière, vous pourrez le coucher plus tard et juger si cette différence a des conséquences sur son sommeil.

L'heure de coucher idéale pour votre bébé

Il est probable que vous deviez faire quelques essais avant de trouver l'heure de coucher idéale pour votre bébé. Si vous avez l'habitude de mettre votre petit au lit trop tard le soir, vous pourrez procéder à un ajustement de l'une ou l'autre des façons suivantes :

- Devancez l'heure du coucher de 15 ou 30 minutes tous les deux ou trois soirs. Voyez si votre bébé s'endort aisément et remarquez l'heure à laquelle il se réveille de même que son humeur. Vous pourrez ainsi juger de l'efficacité du changement jusqu'à ce que vous trouviez l'heure qui convient le mieux à votre petit.
- À partir d'environ 18 h 30, surveillez attentivement votre bébé. Dès qu'il manifeste des signes de fatigue, mettez-le au lit même si auparavant il se couchait à 23 h. (Voir la page 153 pour une liste de ces signes.) Assurez-vous que la maison est calme et que sa chambre est sombre afin de reproduire l'environnement auquel il est habitué la nuit. Si cette heure de coucher devance de beaucoup son heure habituelle, votre bébé pourrait avoir l'impression qu'il va faire une sieste et donc se réveiller après un petit somme. Si c'est le cas, réagissez rapidement afin qu'il ne s'éveille pas complètement. Suivez votre méthode habituelle pour l'aider à se rendormir immédiatement. Par exemple, bercez-le ou allaitez-le. La chambre doit être tranquille et dans la noirceur, comme en pleine nuit. Une ou deux semaines d'ajustement pourraient être nécessaires avant d'en arriver à une nouvelle heure de coucher.

La parole aux mères

« J'attendais jusqu'à 22 h pour mettre Brooklyn au lit puisque c'est l'heure où moi-même je me couche. Cette façon de faire me semblait plus facile. Cependant, votre suggestion m'a paru si sensée qu'hier soir j'ai couché ma petite à 20 h. J'apprécie de pouvoir passer le reste de la soirée avec mon mari. Nous n'avions pas profité d'autant de moments ensemble depuis des mois ! De plus, notre bébé dort mieux durant la nuit. Je suis contente que tous nos besoins aient pu être satisfaits aussi facilement. »

Tammy, mère de Brooklyn âgée de sept mois

Respectez une routine de jour flexible mais prévisible

Cette idée peut s'appliquer à tous.

Au cours de la première année de vie, l'horloge biologique d'un bébé parvient lentement à maturité. Selon le docteur Dement, « à mesure que passent les semaines, le bébé dort pendant de plus longues périodes et reste éveillé plus longtemps. C'est la consolidation des périodes de sommeil. Puis, vers la 40e semaine, le bébé passe chaque jour à peu près le même nombre d'heures à l'état de veille et de sommeil. Son horloge biologique s'accorde à la journée de 24 heures ».

Oui, vous avez bien lu. La *40e semaine* ! Dix mois ! Autrement dit, il est impossible de forcer un bébé à répondre au désir de ses parents de bénéficier d'une journée agréable, d'une longue sieste ou d'une nuit de sommeil ininterrompue. Il nous faut rendre l'univers du bébé le plus possible propice au sommeil. Il faut éliminer tous les obstacles qui nuisent à une nuit de sommeil paisible et attendre patiemment que la nature fasse son œuvre. Oui, le sommeil de certains bébés se consolide avant la 40e semaine. (Vous avez de la chance si c'est le cas de votre tout-petit.) Par contre, pour d'autres, cela arrive plus tard. (D'accord, je vais le dire, et pour d'autres encore, beaucoup plus tard.)

Malgré les contraintes que vous impose le temps de consolidation naturelle du sommeil de votre bébé, vous pouvez accélérer le processus en vous assurant que lorsque votre bébé se réveille le matin il est exposé à une lumière vive (de préférence la lumière naturelle du jour) et que l'heure qui précède son coucher se passe dans la tranquillité sous éclairage tamisé. De plus, en le levant tous les matins à peu près à la même heure, vous aidez à régulariser son horloge biologique. Eh oui, cela signifie que *vous* devez vous lever à la même heure chaque matin, mais dites-vous que votre horloge biologique sera du même coup régularisée.

Une routine le jour, une routine la nuit

En conservant un horaire régulier pour les repas, les siestes et les activités, vous favorisez la stabilisation de l'horloge interne de votre bébé. Voici un exemple. Si vous faites la grasse matinée le week-end, cela dérange certainement l'horaire habituel de votre bébé qui, lui, ne sait pas quel jour nous sommes pas plus qu'il ne s'en soucie. Tout changement dans sa structure de sommeil normale empêche son horloge biologique de fonctionner comme il se doit. (En fait, cela est aussi vrai pour les adultes. L'un des meilleurs moyens de traiter l'insomnie chez ces derniers consiste à fixer une heure de réveil et à la respecter sept jours sur sept. Vous trouverez plus d'information à ce sujet au chapitre 11.)

Comme je l'ai déjà mentionné, je ne veux pas vous imposer un programme serré, d'heure en heure. Cela ne ferait que vous stresser inutilement, vous et votre tout-petit. Il vaut mieux que vous établissiez une routine générale de jour que vous adapterez quotidiennement selon les signes de votre bébé, votre humeur, le temps qu'il fait et toute situation qui se présente. Il s'agit d'éviter les horaires désordonnés : lundi matin, réveil à 7 h ; mardi matin, réveil à 9 h ; mercredi, repas du midi à 11 h ; jeudi, repas du midi pas avant 13 h ; lundi, sieste à 11 h ; mardi, sieste à 13 h. Quand votre horaire (ou devrais-je plutôt dire absence d'horaire) s'apparente à l'exemple précédent, l'horloge biologique de votre bébé ne fonctionne pas convenablement. Il est préférable de suivre un modèle prévisible qui laisse place à la souplesse.

La parole aux mères

« Je ne suis pas une adepte des ' routines ' mais, avec mes jumeaux, j'ai dû me discipliner pour instaurer un horaire assez stable. J'essaie de ne pas trop me soucier de l'heure qu'il est ; par contre, je suis attentive aux signes de mes bébés. Par exemple, je tente de leur faire faire une sieste vers 9 h 30. Ce matin, Rebecca était de toute évidence fatiguée à cette heure. Par contre, Thomas était en pleine forme ; il riait, s'amusait et passait un agréable moment. Il n'était pas du tout fatigué. J'ai donc mis Rebecca au lit et gardé Thomas éveillé encore 30 minutes. Si j'avais essayé de coucher mon garçon même s'il n'était pas fatigué, j'aurais finalement réussi à l'endormir, mais avec beaucoup d'effort. En attendant 30 minutes, jusqu'à ce qu'il montre des signes de fatigue, j'ai pu le coucher sans peine. Autrement dit, mes journées ne sont pas structurées de manière fixe. L'horaire varie en fonction de mes bébés. »

Alice, mère des jumeaux Rebecca et Thomas âgés de six mois

Une routine de jour pour un bébé de deux ans peut ressembler à ce qui suit. (Il s'agit d'un exemple et la vôtre peut différer.)

7 h – Se lever
S'habiller
Prendre le petit-déjeuner
Jouer
11 h 30 – 12 h – Déjeuner
12 h – 12 h 30 – Sieste
Après la sieste, goûter de l'après-midi
Jouer
17 h – Dîner
18 h 30 – 19 h – Bain et début du rituel du coucher
20 h – Coucher

Quand vous respectez chaque jour les mêmes heures pour les repas, les siestes et le jeu, vous vous apercevez que votre bébé accepte mieux de manger, de faire sa sieste et de dormir lorsque vient le temps de ces activités, puisque son horloge interne est harmonisée à l'horaire prévisible que vous avez établi. Évidemment, si votre bébé est strictement nourri au lait maternel ou maternisé, vous pouvez l'allaiter sur demande (ou, comme je préfère dire, « en vous fiant aux signes qu'il émet ») quand il a effectivement faim. Toutefois, vous pouvez aussi créer une routine prévisible qui se déroule autour d'autres activités de la journée.

Des siestes à des heures régulières

 ***Cette idée peut s'appliquer à tous.***

D'après les recherches sur le sommeil et l'expérience des mères, la durée et la qualité des siestes influent sur le sommeil nocturne. (Inversement, le sommeil nocturne influe sur les siestes.) Les siestes de moins d'une heure ne comptent pas vraiment. Ces roupillons peuvent satisfaire le besoin de dormir mais, puisque le cycle de sommeil n'est pas complet, ils pourraient à la longue rendre votre bébé encore plus grincheux. Quelques bébés semblent contredire cette règle et s'accommoder parfaitement d'une sieste de 45 minutes. Cependant, ne tenez pas pour acquis que ce sera le cas de votre bébé à moins que ses siestes et son sommeil nocturne ne soient stables et qu'il ait l'air reposé.

La parole aux mères

« Maintenant que je comprends mieux l'importance des siestes, je m'assure qu'Anjali fasse un bon somme chaque jour. Ainsi, elle dort vraiment mieux la nuit. C'est étonnant à quel point les siestes jouent un rôle essentiel. »

Tina, mère d'Anjali âgée de douze mois

Les besoins des bébés varient en ce qui concerne la durée et le nombre des siestes. Le tableau 4.1 constitue un guide général pour la plupart des bébés.

Tableau 4.1 Nombre de siestes et durée moyenne pour les bébés

Âge	Nombre de siestes	Durée totale des siestes (en heures)
4 mois	3	4–6
6 mois	2	3–4
9 mois	2	2 ½–4
12 mois	1–2	2–3
2 ans	1	1–2
3 ans	1	1–2 ½
4 ans	0	0
5 ans	0	0

Quand votre bébé doit-il faire une sieste ?

Le choix du moment des siestes est important. Une sieste trop tard dans la journée aura des conséquences négatives sur le sommeil nocturne. Certains temps de la journée se prêtent mieux à la sieste puisqu'ils conviennent à l'horloge biologique de votre bébé, une horloge qui est en train de se développer. Ces périodes optimales équilibrent le temps de sommeil et d'éveil de manière à influer le plus positivement possible sur le sommeil nocturne. Je vous répète que tous les bébés sont différents mais, de façon générale, voici les moments les plus appropriés pour les siestes :

- Si le bébé fait trois siestes : au milieu de la matinée, en début d'après-midi et de soirée.
- Si le bébé fait deux siestes : au milieu de la matinée et en début d'après-midi.
- Si le bébé fait une seule sieste : en début d'après-midi.

Si vous voulez que votre bébé ait envie de faire sa sieste, mettez en application les directives générales déjà décrites et surveillez les signes de fatigue. Vous devez coucher votre tout-petit dès que vous percevez ces signes. Si vous attendez trop, votre bébé deviendra *excessivement* fatigué, surexcité, et sera incapable de s'endormir. Lorsque vous vous serez familiarisée avec les besoins de votre enfant en ce qui concerne les siestes, vous pourrez établir un rituel les précédant et amorcer un processus tranquillisant. Si l'idée des siestes est nouvelle pour vous, soyez particulièrement attentive aux signes de fatigue de votre bébé et n'insistez pas trop sur le rituel tant qu'un modèle prévisible n'a pas été établi. Autrement dit, n'entreprenez pas de long rituel si votre bébé est visiblement prêt à dormir.

Votre bébé peut manifester un seul ou plusieurs signes de fatigue parmi les suivants :

- Il devient moins vigoureux.
- Il se calme.
- Il perd son intérêt envers les gens et les jouets.
- Il a un air figé.
- Il devient grognon.
- Il se frotte les yeux.
- Il bâille.
- Il se couche sur le sol ou sur une chaise.
- Il caresse une « doudou » ou demande sa sucette, son biberon ou encore le sein.

Le choix du moment de la sieste est très important ! Vous avez probablement déjà vécu le scénario qui suit. Votre bébé semble fatigué et vous pensez que c'est l'heure de la sieste. Vous lui lavez donc le visage et les mains, changez sa couche, répondez au téléphone, faites sortir le chien, puis vous vous dirigez vers le lit du bébé... où vous vous apercevez que le poupon ne s'endort plus et qu'il veut jouer ! Que s'est-il passé ? Votre bébé a quitté son état de fatigue et a pris un « second souffle » qui lui permettra de rester éveillé une heure ou deux de plus avant de redevenir fatigué. Cela se produit souvent tard dans la journée. Soudain, votre bébé est (finalement !) prêt à faire sa sieste à l'heure du dîner et vous voilà embarrassée. Lui faites-vous faire une sieste aussi tard et retardez-vous l'heure du coucher pour la nuit, ou le gardez-vous éveillé et vous débrouillez-vous avec un bébé fatigué et grognon ? Plutôt que de devoir subir cette épreuve, réagissez plus vite aux signes de fatigue de votre bébé et faites-lui faire une sieste à l'instant même.

Quand vous aurez prêté attention aux signes de votre bébé pendant une ou deux semaines, vous devriez être en mesure de créer un horaire de siestes qui s'accorde aux périodes quotidiennes d'éveil et de fatigue de votre petit. Ainsi, cet horaire sera facile à respecter.

Le rituel précédant la sieste

Une fois que vous avez instauré un horaire pour les siestes, créez un rituel simple mais précis, un rituel qui diffère de celui qui précède le coucher pour la nuit. La routine peut comporter certaines similitudes évoquant le sommeil, par exemple la présence d'une « doudou » ou l'écoute d'une musique reposante. Suivez le même rituel chaque jour sauf, comme je l'ai mentionné auparavant, si votre bébé est de toute évidence prêt à s'endormir. Dans ce cas, abrégez ou même éliminez le rituel ce jour-là.

Si votre tout-petit n'aime pas les siestes, votre rituel peut inclure des mouvements relaxants (bercement dans vos bras ou dans une balançoire, promenade dans un porte-bébé ou une poussette) ou de la musique douce (berceuses).

Le rituel précédant la sieste n'a pas besoin d'être long et complexe pour être efficace. Si la sieste a lieu vers la même heure chaque jour, plusieurs indices – par exemple, le moment du repas – indiqueront à votre petit qu'elle approche.

La parole aux mères
« Notre rituel précédant la sieste se passe comme suit : je lis deux histoires à Nathaniel, je l'allaite, puis je le berce tandis que joue une musique douce. C'est court, mais ça marche. »
Amber, mère de Nathaniel âgé de neuf mois

Attention : si vous essayez de résoudre un problème de réveils nocturnes fréquents, faites tout ce qu'il *faut* et tout ce qui *fonctionne* pour que votre bébé fasse une sieste le jour. Un bébé reposé réagit mieux aux solutions ayant trait au sommeil nocturne.

Pour allonger la durée de la sieste

Certains bébés montrent des signes de fatigue, puis s'endorment plutôt facilement. Cependant, environ 20 minutes plus tard, voilà qu'ils se réveillent. La plupart des parents se résignent à ces courtes siestes.

Nathaniel, neuf mois

Voici ce qui semble se produire. Tandis que s'accomplit son cycle de sommeil, votre bébé s'éveille complètement lorsqu'il arrive au premier réveil bref. (Vous rappelez-vous ce que vous avez appris au deuxième chapitre ?) La solution consiste alors à l'amener à se rendormir aussitôt. Voici comment faire.

Couchez votre bébé pour sa sieste. Réglez un minuteur ou gardez un oeil sur l'horloge. Environ 5 ou 10 minutes *avant* le moment où votre petit se réveille d'habitude, installez-vous près de la porte de la chambre et écoutez attentivement. (Profitez-en pour lire un livre, tricoter ou faire une activité agréable et tranquille. Ou soyez plus pratique et pliez la lessive ou encore payez vos comptes.) Dès que votre petit émet un son, allez vite le retrouver. Il sera dans un état de mi-sommeil, sur le point de s'éveiller. Recourez à n'importe quelle méthode qui l'aide à se rendormir :

l'allaiter, le bercer, lui offrir un biberon ou une sucette. Si vous êtes intervenue assez vite, il se rendormira. Après une ou deux semaines de ce genre d'intervention, les courtes siestes deviendront de plus longs roupillons sans que votre assistance soit requise.

Apprenez à votre bébé à s'endormir sans vous

 ***Cette idée peut s'appliquer à tous.***

Comme je l'ai précisé au chapitre 2, tout le monde se réveille la nuit. Si votre bébé *vous* réveille fréquemment durant la nuit, le problème réside surtout dans le fait qu'il n'est pas capable de se rendormir tout seul. Il existe des moyens pour que votre bébé se sente à l'aise et en sécurité quand il s'éveille et, par conséquent, qu'il se rendorme sans votre aide.

« J'aime mon lit ! »

Cette première idée amène votre bébé à percevoir son lit comme un lieu confortable et sécuritaire.

Durant le jour, passez des moments affectueux et tranquilles là où vous voulez que votre bébé dorme la nuit. Lisez, parlez, chantez, jouez. Prévoyez deux ou trois interludes de ce genre durant le jour à l'endroit où dort votre bébé. Si ce dernier réagit positivement, tentez de l'amener à contempler un mobile ou à s'amuser avec un jouet tandis que vous disparaissez progressivement de sa vue et allez vous asseoir sur une chaise près de lui pour le surveiller.

De cette façon, votre bébé viendra à considérer son lit comme un paradis accueillant, confortable et sécuritaire qui lui deviendra familier. Il s'y sentira bien quand il s'éveillera la nuit, et se rendormira alors plus facilement. (Cette idée est particulièrement importante si dans le passé vous avez essayé de laisser votre bébé pleurer jusqu'à ce qu'il se rendorme d'épuisement. Elle élimine peu à peu les souvenirs négatifs et les remplace par un sentiment de paix.)

La parole aux mères

« Comme vous l'avez suggéré, nous avons joué avec Dylan dans son lit à barreaux afin qu'il s'y habitue. Il a un joli mobile qu'il affectionne et avec lequel nous le laissons ' jouer ' deux ou trois fois par jour. Cela l'a vraiment aidé à s'habituer à son lit. Je crois que c'est l'une des raisons pour lesquelles il a commencé à se rendormir tout seul la nuit. »

Alison, mère de Dylan âgé de cinq mois

Diverses façons de s'endormir

Actuellement, il se peut que votre bébé n'ait qu'un seul moyen de s'endormir, par exemple en se faisant bercer ou en tétant le sein ou encore un biberon. Cette activité est un puissant signal qu'il associe au sommeil. Elle est tellement puissante qu'il croit probablement que c'est pour lui la *seule* façon de s'endormir.

La parole aux mères

« Emma s'est toujours endormie en étant nourrie au sein. De temps en temps, ma sœur vient la garder quand mon mari et moi sortons. À tout coup, quand nous rentrons à la maison, Emma est complètement réveillée, peu importe l'heure qu'il est. Ma sœur dit avoir tout essayé, mais notre petite ' peste ' attend mon retour. J'allaite la petite deux minutes et elle s'endort. »

Lorelie, mère d'Emma âgée de six mois

Si votre bébé dépend d'un signal particulier pour s'endormir, vous pouvez contribuer à modifier cette association et à lui faire prendre conscience qu'il peut s'endormir autrement.

Si vous voulez essayer cette suggestion, l'idée de créer et de respecter un rituel précédant la sieste et le sommeil nocturne, une idée que je vous ai présentée plus tôt dans ce chapitre, sera utile. Toutefois, l'étape finale devra avoir lieu à différents endroits.

En général, il est plus facile d'entreprendre cette méthode avec les siestes plutôt qu'avec le sommeil nocturne. Votre bébé s'endort-il dans la voiture ou dans sa balançoire ? Pour l'endormir, le bercez-vous ou le promenez-vous dans sa poussette ? Trouvez et utilisez des façons différentes pour l'amener à s'endormir à l'heure de la sieste. Si possible, recourez à plusieurs méthodes. Faites en sorte que votre bébé apprécie diverses façons de sombrer dans le sommeil. Un

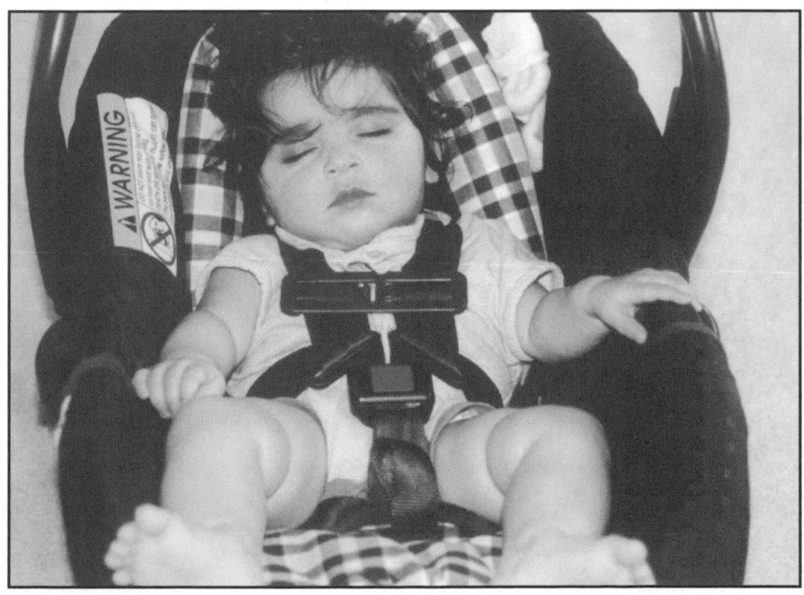

Areesa, huit mois

jour, promenez-le en voiture. Le lendemain, installez-le dans sa balançoire. Le surlendemain, bercez-le. Après une ou deux semaines de ce régime, vous pourrez commencer à utiliser vos « signaux de rechange » pour provoquer l'état de sommeil chez votre bébé avant de l'amener doucement dans son lit.

À ce moment, restez auprès de lui et caressez-le ou touchez-le d'une manière qui l'apaise. Si vous avez instauré un rituel pour la sieste et avez surveillé les signes de fatigue de votre bébé, ce dernier devrait être capable de s'endormir tout seul. Si ce n'est pas le cas, revenez à la méthode qui fonctionne le mieux. Après tout, votre objectif est que votre tout-petit fasse une sieste.

Vous pouvez commencer à raccourcir graduellement le rituel jusqu'à ce que vous ayez trouvé la durée idéale pour vous deux. Une fois que votre horaire de siestes sera mis en place et que votre sommeil nocturne se sera stabilisé quelque peu, ne conservez que la plus pratique des méthodes de rechange.

Amenez votre bébé à s'attacher à un objet

 ***Cette idée peut s'appliquer à tous.***

Certains bébés s'attachent eux-mêmes à une couverture ou à un jouet qui devient leur « doudou » ou leur « joujou ». Il s'agit d'un objet transitionnel qui les réconforte en l'absence de leur mère. Peut-être réussirez-vous à habituer votre petit à un objet qu'il pourra affectueusement serrer dans ses bras pour s'endormir sans vous.

L'objet favori ne vous remplace pas. Votre enfant peut s'en servir pour se sentir en sécurité quand vous n'êtes pas avec lui. Fait intéressant, seul un de mes enfants a découvert par lui-même son objet favori : Vanessa, mon bébé qui dormait le mieux. De manière tout à fait appropriée, elle s'est attachée à une taie d'oreiller rouge qu'elle appelait « 'reiller ». Ai-je dit *appelait* ? À 12 ans, Vanessa réserve encore une place d'honneur à « 'reiller » dans sa chambre, mais maintenant ce n'est plus tout à fait une « doudou » mais un souvenir d'enfance. Angela et David avaient des jouets favoris, mais qui ne se qualifiaient pas vraiment de « joujou » ni de « doudou ». Quant à Coleton, c'est moi qui l'ai encouragé à adopter une « doudou ». Sa relation avec cet objet n'était pas aussi intense que dans le cas de Vanessa, mais l'objet s'est transformé en indice du coucher et est devenu un élément capital du plan de sommeil que j'avais élaboré.

Certains enfants adoptent un objet quand ils sont bébés et continuent de l'employer tout au long de leur enfance. D'autres changent de « doudou » ou de « joujou » de temps à autre, d'autres trouvent du réconfort dans tout jouet doux et pelucheux, et d'autres encore demeurent indifférents à l'idée d'un objet favori. Déterminez dans quelle catégorie se classe votre enfant en prêtant attention à ses actions.

Choisissez un objet sécuritaire

Optez pour un jouet doux auquel votre bébé est déjà attaché ou pour un animal en peluche. L'objet doit cependant respecter les critères suivants :

Emily, vingt-quatre mois

- Pas d'yeux ou de nez faits avec des boutons, ni de petites pièces qui pourraient se détacher
- Pas de vêtements, de chapeaux, ni d'autres bouts de tissu qui s'enlèvent
- Objets fermes, pas flexibles
- Objets petits et faciles à transporter et à manipuler pour un bébé

Le « joujou » idéal est un animal en peluche créé spécialement pour les bébés. Par exemple, j'ai acheté une petite poupée en flanelle nommée « Snoedel » (snoedel.com) pour Coleton. (Veuillez noter que je n'ai aucun lien avec cette entreprise autre que celui de cliente satisfaite.) Une fois que mon bébé a été habitué de l'avoir dans son lit, il nous signifiait qu'il était fatigué en demandant sa poupée (ou nous lui faisions *ressentir* sa fatigue en la lui mettant dans les bras).

Quand vous aurez soigneusement choisi la « doudou » ou le « joujou », placez cet objet entre vous deux chaque fois que vous allaitez votre bébé, lui donnez son biberon ou le bercez. À d'autres moments de la journée, peut-être voudrez-vous le porter à l'intérieur de votre blouse pendant quelques heures afin de lui conférer cette agréable odeur de maman (ou papa) que les bébés reconnaissent facilement. Au début, il est essentiel de n'utiliser cet objet favori qu'au moment du coucher afin qu'il en devienne un signal.

Vous pouvez introduire une « doudou » ou un « joujou » à n'importe quel âge. Si votre bébé est tout jeune, choisissez vous-même l'objet et évaluez la réaction de votre poupon. À mesure que votre enfant grandit, il prendra part au choix de l'objet qui l'attire et le calme. Nous voyons souvent des enfants qui se promènent avec une couverture usée, un ourson dénudé de sa peluche ou un morceau de la vieille robe de nuit de leur maman. Quand votre bébé commencera à trottiner, vous découvrirez peut-être que sa « doudou » ou son « joujou » servira à de multiples usages. Ainsi, s'il vous est possible d'intervenir, amenez votre enfant à choisir un objet que toute la famille sera capable d'apprécier au cours des années à venir.

Lorsque votre bébé s'attache à un objet, procurez-vous-en au moins deux exemplaires afin de prévenir les crises que pourrait causer une perte ou encore choisissez un article facilement remplaçable.

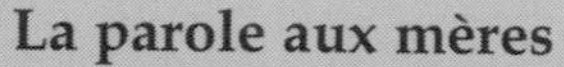

La parole aux mères

« J'ai finalement trouvé un ' joujou ' que j'apprécie et que Carrson aime aussi. Quand j'allaite, je place l'objet entre nous deux et mon bébé s'amuse avec lui et lui parle. C'est en train de devenir un ' ami '. »

Pia, mère de Carrson âgé de huit mois

Différenciez le sommeil nocturne des siestes de jour

 ***Cette idée peut s'appliquer à tous.***

Quand votre bébé se réveille, il ne sait pas si c'est la nuit ou s'il vient de faire une sieste. Vous devez donc faire la différence pour lui. Vous aiderez votre poupon à entretenir un état d'ensommeillement toute la nuit grâce à la tranquillité et à la noirceur. Voici quelques moyens de rendre unique le sommeil nocturne :

- Quand votre bébé s'éveille la nuit, ne lui parlez pas. Faites « chhhhh » ou murmurez « dodo », mais n'en dites pas plus.
- N'allumez aucune lumière. Même une ampoule de 25 watts peut faire en sorte que l'horloge biologique de votre petit lui signale qu'il est temps de se réveiller. (Utilisez une veilleuse à faible intensité, si vous en avez besoin.)
- Faites des gestes lents et silencieux.
- Faites porter à votre bébé des couches de nuit absorbantes et appliquez beaucoup d'onguent. Ne changez la couche que lorsqu'elle est sale ou très

mouillée ou si votre petit demande à être changé. Chaque fois que vous le langerez, votre bébé se réveillera, ce qui renforcera l'habitude des réveils nocturnes. (Voyez la situation de cette façon : quand votre bébé fera ses nuits, vous ne vous lèverez plus pour le langer, n'est-ce pas ? De plus, à mesure qu'il se réveillera moins souvent pour être allaité, il se mouillera moins souvent.) Quand vous changez la couche de votre petit, ayez à portée de la main tout ce dont vous avez besoin de manière à pouvoir procéder rapidement. Assurez-vous d'avoir une serviette tiède afin de pouvoir essuyer le petit derrière de votre bébé. Si vous vous servez d'une serviette froide, vous réveillerez à tout coup votre nourrisson.

- Si les fenêtres laissent entrer la lumière des réverbères ou du petit matin, couvrez-les avec quelque chose de foncé ou d'opaque, tels des stores, des rideaux épais ou même un carton placé là temporairement. (Pour les siestes de jour, cette précaution n'est pas nécessaire.)
- Enlevez de l'environnement où le bébé dort les jouets portant à l'activité. Un animal en peluche ou un objet favori devrait être le seul jouet se trouvant dans le lit de votre bébé. Quand ce dernier s'éveille la nuit, vous ne voulez certainement pas qu'il pense à jouer. Tout comme les objets favoris et les rituels, la présence de jouets est un signal, mais elle n'est pas appropriée à cette heure.

La parole aux mères

« J'ai toujours eu cette approche simplement parce que je suis trop fatiguée pour changer une couche tout en parlant ou en jouant avec mon bébé la nuit. Cela fonctionne vraiment bien. Avec mes quatre enfants au cours des cinq dernières années, je n'ai que rarement été réveillée durant de longues périodes la nuit. Plusieurs de mes amies vivent ce problème quotidiennement. Quant à moi, même avec des jumeaux qui se réveillent la nuit, je suis beaucoup mieux reposée qu'elles parce que mes bébés se rendorment rapidement. »

Alice, mère de Rebecca et Thomas âgés de six mois

Créez des mots clés comme signaux du sommeil

 ***Cette idée peut s'appliquer à tous.***

En prononçant certains mots d'une manière particulière, vous pouvez habituer votre bébé à reconnaître qu'il est temps d'aller au lit. Décidez maintenant quels seront les mots qui deviendront pour lui une association au sommeil. Le son typique « chhhhh » est souvent efficace car il s'apparente au bruit qu'entendait votre bébé dans l'utérus. Vos mots clés peuvent être formulés à voix basse. Voici quelques exemples : « Chhhhh, chhhhh, c'est l'heure du dodo », « Bonne nuit, chhhhh, chhhhh, bonne nuit », « Ça suffit. Au lit maintenant ». (Ce dernier exemple est évidemment une blague, mais je me souviens d'avoir dit exactement ces paroles à Coleton, un soir.) Vous pouvez aussi chantonner doucement une berceuse.

Lorsque vous avez déterminé vos mots clés, accoutumez votre bébé à les entendre chaque fois qu'il est calme, paisible et somnolent. Quand ces mots lui sont devenus familiers, prononcez-les pour le tranquilliser à l'heure du coucher ou pour l'aider à se rendormir en pleine nuit.

Comment introduire vos mots clés

Durant les premières semaines, ne prononcez vos mots clés que lorsque votre bébé est en train de sombrer dans le sommeil. Le but, c'est qu'il en vienne à associer ces mots à son état de fatigue. *Ne* les dites *pas* quand il pleure ou qu'il est malheureux, car il les associerait à ces états. N'est-il pas amusant que j'aie appris ce truc de ma dresseuse de chiens. Vous avez bien lu, dresseuse de chiens ! Cette dame m'a confié que la plupart des gens disent « non ! » quand leur chien jappe et que l'animal apprend alors que ce mot est un ordre de japper ! Elle suggère de formuler ce mot quand le chien est tranquille afin qu'il fasse le lien entre cet ordre et le calme. J'ai entendu parler d'une méthode similaire par le spécialiste de la motivation Tony Robbins lors d'une conférence sur l'association verbale. Le spécialiste suggère de répéter des mots tels que « relaxe » quand nous nous sentons détendus, et ce, de manière à pouvoir reproduire cet état de tranquillité dans des situations stressantes. Ainsi, en premier lieu, utilisez vos mots clés quand votre bébé est tranquille et presque endormi. Plus tard, quand l'association sera établie, vous pourrez vous en servir pour l'aider à se calmer et à s'endormir.

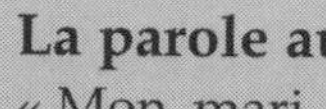

La parole aux mères

« Mon mari, Royce, est maintenant très habitué à l'usage de nos mots clés ' Chhhhh, chhhhh, c'est l'heure du dodo ' quand il tente de rendormir Kyra. Quand il entend la petite pleurer la nuit par le récepteur, il lui dit souvent ces mots comme si elle pouvait les capter à travers les murs ! Le matin quand je lui demande pourquoi il fait cela, il me répond sincèrement qu'il ne se rappelle pas avoir agi de la sorte. »

Leesa, mère de Kyra âgée de neuf mois

Utilisez de la musique ou des sons comme signaux du sommeil

 ***Cette idée peut s'appliquer à tous.***

En guise de complément à la méthode des mots clés ou pour la remplacer, vous pouvez faire jouer un enregistrement de musique douce à l'heure où le bébé fait ses siestes ou quand il doit se coucher le soir. De récentes recherches ont démontré que la musique douce à l'heure du coucher amène de nombreux bébés à se détendre et à s'endormir plus facilement. Choisissez soigneusement vos enregistrements car certains styles musicaux (le jazz et certaines pièces classiques, par exemple) sont trop complexes et plutôt stimulants. Optez pour des mélodies simples, prévisibles et répétitives, comme les berceuses. Les enregistrements conçus spécialement pour favoriser le sommeil des bébés constituent d'excellents choix. N'oubliez pas que, vous aussi, vous devez trouver plaisant d'entendre cette musique soir après soir. (Un lecteur de bandes muni d'une fonction de répétition automatique vous sera utile pour faire jouer la musique aussi longtemps que nécessaire.)

Il existe aussi de nombreux enregistrements très plaisants de sons de la nature. Ces enregistrements peuvent se révéler efficaces, tout comme les appareils générant des sons (les horloges, par exemple) et les bruits blancs. Les sons de la nature (gouttes de pluie, ruisseau ou eau qui s'écoule) s'apparentent souvent au battement du cœur et aux fluides circulant dans le placenta, c'est-à-dire aux bruits qu'entendait votre bébé dans votre utérus. (Rappelez-vous les bruits que vous captiez avec le stéthoscope Doppler quand vous écoutiez battre le cœur de votre bébé.) Le tic-tac d'une horloge ou le clapotement d'un aquarium sont également des bruits blancs efficaces.

La parole aux mères

« Aujourd'hui, je me suis procuré un petit aquarium. L'appareil émet un son qui semble aider Chloe à se relaxer et à s'endormir. Par contre, je n'ai pas acheté de poissons. Qui a le temps de s'occuper de poissons dans un état de somnolence quasi permanent ? »

Tanya, mère de Chloe âgée de treize mois

Parmi les cassettes et des disques compacts en vente sur le marché, certains sont faits spécialement pour les bébés, alors que d'autres sont conçus pour les adultes qui souhaitent se détendre. La première fois que vous écoutez ce genre de musique, demandez-vous ceci : « Ces mélodies m'aident-elles vraiment à me relaxer ? Si je les écoutais au lit, m'inciteraient-elles à dormir ? »

Si vous mettez votre enfant au lit à un moment où il y a beaucoup de bruit, d'activité et de gens dans la maison, actionnez la fonction de répétition automatique pour que l'enregistrement couvre les sons qui risquent de réveiller le bébé, tels que la vaisselle, les discussions, les rires, la télévision ou les jappements du chien. Cette façon de faire peut également aider votre bébé endormi à faire la transition entre une maison bruyante le jour, à laquelle son subconscient est maintenant habitué, et un lieu de tranquillité absolue durant la nuit. Lorsque votre bébé se sera familiarisé avec vos mots clés, votre musique ou vos sons calmants, vous pourrez y recourir pour l'aider à se rendormir quand il s'éveillera en pleine nuit. Apaisez-le tout simplement en prononçant vos mots clés ou en faisant jouer la musique choisie (à volume très bas) pendant qu'il se rendort. S'il se réveille et pleure, reprenez le processus.

Si votre bébé s'habitue aux sons annonçant le coucher, apportez l'enregistrement avec vous quand vous prévoyez être à l'extérieur de la maison au moment des siestes ou à l'heure du coucher pour la nuit. Il reconnaîtra ces sons, ce qui l'aidera à s'endormir dans un lieu qui ne lui est pas familier.

Votre bébé aura de moins en moins besoin de cette méthode pour s'endormir et rester endormi. Vous pouvez d'ailleurs l'amener à la délaisser progressivement en diminuant le volume chaque soir, jusqu'à ce qu'il n'en ait plus du tout besoin.

Changez les associations de votre bébé au sommeil

 ***Cette idée peut s'appliquer aux bébés fréquemment allaités la nuit, au sein ou au biberon, de même qu'aux bébés utilisant une sucette.***

Votre bébé a maintenant associé l'acte de téter (votre mamelon, un biberon ou une sucette) au sommeil. J'ai entendu bon nombre d'experts du sommeil dire qu'il s'agissait d'une « association négative au sommeil ». Je ne suis pas d'accord avec eux et mon bébé ne le serait pas non plus. L'acte de téter est probablement l'association au sommeil la plus positive, naturelle et agréable qu'un bébé puisse avoir.

Les bébés fréquemment allaités au sein

Le problème dans l'association de l'allaitement maternel au sommeil n'est pas l'association comme telle mais votre vie remplie. Si vous n'avez rien d'autre à faire que de vous occuper de votre bébé, l'allaitement fréquent représente une façon très plaisante de passer vos journées jusqu'à ce que ce besoin disparaisse naturellement. Toutefois, dans notre monde, peu de parents peuvent se payer le luxe de tout mettre de côté jusqu'à ce que leur bébé vieillisse. En gardant cette réalité à l'esprit, je vais vous donner quelques idées afin que vous puissiez graduellement et *affectueusement* aider votre bébé à s'endormir sans cette aide si puissante et si merveilleuse.

Les bébés fréquemment allaités au biberon

Votre bébé devrait apprendre à se passer d'un biberon pour s'endormir, et ce, pour diverses raisons. Premièrement, quand il s'endort ainsi, le lait maternisé ou le jus pourrait s'accumuler dans sa bouche et causer des caries. (Cela peut également se produire chez un bébé qui s'endort toujours en étant allaité au sein, mais le risque est moindre.)

Deuxièmement, votre bébé n'a peut-être pas faim quand vous lui donnez un biberon pour l'endormir ; il peut seulement désirer la sensation de succion. Par conséquent, il boit excessivement.

Enfin, mentionnons qu'il n'est pas du tout amusant de préparer et de servir des biberons toute la nuit quand vous préféreriez dormir !

Devriez-vous utiliser une sucette ?

Le jury délibère toujours afin de déterminer si l'usage d'une sucette est recommandable ou non. Toutefois, environ 50 pour cent des parents donnent une sucette à leur bébé puisqu'il s'agit d'un moyen très efficace de le maintenir dans un état calme et détendu. En général, l'usage d'une sucette entre l'âge de trois mois et deux ans est considéré comme une pratique acceptable. Avant trois mois, la sucette pourrait nuire à l'adaptation à l'allaitement et, après deux ans, elle pourrait causer des problèmes dentaires ou retarder l'acquisition du langage. De nombreux parents apprécient cette pratique de laisser dormir leur bébé, de trois mois à deux ans, avec une sucette. Si c'est votre cas et que votre bébé se rendort paisiblement avec une sucette, vous déciderez peut-être d'utiliser cette méthode pour l'aider à se calmer par lui-même.

La parole aux mères

« Coby dort avec six sucettes, mais cela ne me dérange pas car il fait ses nuits. Un peu plus tard, nous les lui enlèverons, mais pour l'instant j'aime bien dormir des nuits complètes. »

Jennifer, mère de Coby âgé de six mois

Certains parents m'ont confié qu'ils plaçaient plusieurs sucettes dans le lit de leur bébé et qu'en pleine nuit ils n'avaient qu'à aider le nourrisson à en trouver une. Le bébé se rendormait facilement sans qu'ils n'aient à intervenir davantage. (Achetez des sucettes sécuritaires et solides, fabriquées en une seule pièce et ne les attachez jamais d'aucune façon à votre bébé ni au lit.) Si vous choisissez cette option, n'oubliez pas qu'à un moment donné, même si certains enfants le font par eux-mêmes, il vous faudra probablement apprendre à votre bébé à renoncer à sa sucette.

Si vous décidez qu'il vaut mieux habituer votre bébé à se passer de la sucette (ou si vous voulez vous y essayer), poursuivez votre lecture.

Comment amoindrir l'association entre la succion et le sommeil

Quand votre bébé s'éveille en cherchant son biberon, sa sucette ou votre sein, vous lui donnez certainement ce qu'il veut afin qu'il se rendorme. Toutefois, il est peu probable que cette forte association au sommeil change sans votre assistance. (Voir le chapitre 2.)

Afin de modifier l'association de votre bébé en ce qui concerne la succion et le sommeil, vous devrez compliquer les réveils nocturnes durant une semaine et même un mois. À la longue, la sucette, le biberon ou votre sein ne seront plus la seule association au sommeil de votre nourrisson. Autrement dit, soyez prête à interrompre votre sommeil nocturne pour quelque temps en vue de parvenir à des changements valables et durables.

Le programme Pantley de sevrage en douceur

Quand votre bébé se réveille, redonnez-lui sa sucette ou son biberon ou allaitez-le. Par contre, plutôt que de retourner dans votre lit ou de le laisser se rendormir à votre sein, faites-le téter quelques minutes. Après ce temps, la succion aura diminué et votre petit sera détendu et somnolent. Ensuite, brisez le lien avec votre doigt et retirez doucement la tétine ou le mamelon.

Au début, votre bébé aura sûrement une réaction de surprise et cherchera à reprendre le mamelon. Essayez de maintenir doucement sa bouche fermée en plaçant votre doigt sous son menton, ou appliquez une légère pression sur son menton juste sous sa lèvre, tout en le berçant ou en effectuant un mouvement de va-et-vient. (Prononcez vos mots clés.) Si votre nourrisson s'agite et cherche à reprendre le sein, la sucette ou le biberon, ou s'il pleurniche, n'hésitez pas à le satisfaire, mais reprenez le processus aussi souvent que nécessaire jusqu'à ce qu'il se rendorme.

Combien de temps doit-il s'écouler entre les retraits ? Chaque bébé est différent mais, généralement, les mères attendent entre 10 et 60 secondes. Surveillez la succion de votre bébé. S'il tète avidement ou avale régulièrement pendant que vous le nourrissez, attendez qu'il ralentisse son rythme. En prêtant attention à cet aspect, vous préviendrez également le réflexe d'éjection de lait. Tentez d'interrompre l'allaitement à ce moment, mais vous devrez arrêter l'écoulement de lait avec votre main ou attendre une minute pour qu'il cesse de lui-même. Habituellement, après une effervescence initiale, le rythme de votre bébé ralentira et deviendra plus calme ; voilà un moment propice pour tenter un retrait.

La parole aux mères
« Nous en sommes venus à appeler ce processus le ' SP ' (sevrage Pantley). Au début, Joshua prévoyait le coup et tétait plus fort — aïe ! Cependant, puisque vous nous encouragez à persister, c'est ce que j'ai fait. Joshua devine encore ce qui s'en vient, mais maintenant il lâche prise et se retourne sur le côté pour se rendormir. Je suis vraiment étonnée. »
Shannon, mère de Joshua âgé de dix-neuf mois

Le processus peut nécessiter cinq tentatives (et même davantage), mais votre bébé finira par réussir à s'endormir sans sa sucette ou votre mamelon dans sa bouche. Quand il l'aura fait plusieurs fois durant quelques jours, vous remarquerez que les retraits s'effectueront beaucoup plus aisément et que les réveils seront moins fréquents.

Le programme Pantley de sevrage en douceur ressemble à la description qui suit. (Cet exemple décrit un bébé allaité au sein, mais le programme s'applique aussi bien aux bébés utilisant un biberon ou une sucette.)

Bébé est réveillé et tète avidement.
Bébé ferme les yeux et son rythme de succion ralentit.
Vous enlevez doucement votre mamelon.
Bébé cherche à retrouver le mamelon (dirige sa bouche ouverte vers vous).
Vous tentez de tenir son menton, mais il refuse !
Vous allaitez à nouveau.
Vous comptez : mille, deux mille… dix mille[1]
Vous enlevez doucement votre mamelon.

---

1. *Ce comptage est plus utile pour vous que pour votre bébé. Il vous donne un moyen de mesurer le temps et de rester calme lors de vos tentatives successives. Faites preuve de souplesse lorsque vous essayez de déterminer l'intervalle le plus efficace pour vous et votre bébé.*

Bébé cherche à retrouver le mamelon.
Vous tentez d'interrompre la séance d'allaitement, mais pas de chance !
Vous l'allaitez à nouveau.
Vous comptez : mille, deux mille… dix mille.
Vous enlevez doucement votre mamelon.
Bébé cherche à retrouver le mamelon.
Vous allaitez à nouveau.
Vous comptez : mille, deux mille… dix mille.
Vous enlevez doucement votre mamelon.
Bébé bouge un peu et vous maintenez délicatement sa bouche fermée.
Bébé ne résiste pas ; il est presque vaincu.
Vous mettez bébé au lit.
Il s'endort.

Reprenez ce processus chaque nuit jusqu'à ce que votre bébé apprenne qu'il peut s'endormir sans téter votre sein, un biberon ou une sucette. Vous pouvez aussi utiliser cette méthode lors des siestes, si votre bébé en fait.

Si votre bébé n'aime pas faire la sieste, ne vous compliquez pas la vie en recourant à la méthode du retrait le jour. N'oubliez pas que les bonnes siestes sont synonymes d'un bon sommeil nocturne et que l'inverse est aussi vrai. C'est un processus circulaire. Quand vous aurez entraîné votre bébé à mieux dormir la nuit, vous pourrez vous attarder aux siestes. Cependant, une fois que vous aurez résolu le problème de l'association nocturne, celui des siestes se résorbera peut-être de lui-même.

La première fois que le bébé s'endort pour la nuit constitue le moment le plus propice pour recourir au programme Pantley de sevrage en douceur. La façon dont votre bébé s'endort aura souvent des répercussions sur ses réveils au cours de la nuit. Je pense que cela s'explique par la composante affective de l'association au sommeil dont j'ai parlé plus tôt, quand j'ai abordé les faits généraux relatifs au sommeil. Il semble que les bébés s'attendent à demeurer toute la nuit dans l'état où ils se sont endormis.

Puisque nous voulons éviter les pleurs, ce n'est pas une solution qui fonctionne en une journée. Toutefois, en 10 jours ou moins, en tentant doucement de briser cette forte association au sommeil, vous constaterez que les réveils nocturnes de votre bébé auront grandement diminué.

Changez votre routine

Les parents suivent souvent la routine qu'ils ont adoptée à la naissance de leur enfant. L'étape finale avant le sommeil est souvent l'allaitement, au sein ou au biberon. Certains bébés, comme mon Coleton, conservent ce modèle et font leurs nuits. D'autres ont cependant besoin d'une modification de la dernière étape de la routine afin de réussir à dormir toute la nuit sans l'assistance de leur père ou de leur mère. Si votre bébé entre dans cette catégorie, vous devez examiner objectivement les étapes que vous suivez avant de le mettre au lit en vue d'y apporter les modifications nécessaires.

Vous pouvez masser votre tout-petit, le cajoler ou lui dire vos mots clés (pages 166 à 167) pour l'aider à se rendormir. Éventuellement, vos paroles apaisantes et vos caresses affectueuses prendront le dessus sur l'allaitement au sein ou au biberon et votre bébé finira par dormir plus longtemps sans même que vous ayez à appliquer ces méthodes. Voici ce qu'a raconté une mère témoin :

La parole aux mères

« J'ai changé ma façon de mettre Carlene au lit et ça marche ! Au lieu de lui donner le sein jusqu'à ce qu'elle tombe endormie, je l'allaite jusqu'à ce qu'elle soit détendue et je la laisse faire ce qu'elle veut dans la pièce tamisée où je reste avec elle. Quand elle se frotte les yeux et semble avoir sommeil, je la mets au lit. Avant, je sortais de la chambre en espérant qu'elle s'endorme toute seule, mais elle ne faisait que s'agiter jusqu'à ce que je revienne. À présent, je reste près de son lit et je l'encourage à dormir. Je répète mes mots clés : ' Chhhhh, ferme les yeux et fais dodo, ma petite endormie '. Je lui dis qu'il est bien de dormir et je lui caresse la tête ou le ventre. Elle ferme les yeux aussitôt. Elle les ouvre à quelques reprises, mais elle finit par les garder fermés. Puisque je ne l'allaite pas et que je ne la berce pas, elle a appris à s'endormir sans ces moyens. Alors, quand elle se réveille à moitié lors des transitions du cycle de sommeil, elle est capable de se rendormir sans moi. C'est ce que j'appelle une grosse amélioration. »

Rene, mère de Carlene âgée de sept mois

Amenez votre bébé nourri au sein et dormant avec vous à se rendormir par lui-même

Cette idée peut s'appliquer aux bébés allaités au sein et dormant dans le lit des parents.

D'abord, je dois vous avouer qu'un bébé qui est nourri au sein et qui dort avec sa mère se réveillera plus souvent qu'un autre qui dort dans son propre lit dans sa chambre.

Cependant, peut-être pensez-vous que dormir avec votre bébé a pour vous plus d'importance que de vous faire déranger par quelques réveils durant la nuit. Comme vous, j'ai choisi de nourrir chacun de mes quatre bébés au sein et de dormir avec eux pour de nombreuses raisons. (Si vous ne l'avez pas encore fait, je vous suggère de lire *Attachment Parenting* de Katie Granju et Betsy Kennedy, Pocket Book, 1999. Cet excellent livre vous aidera à comprendre et à apprécier les choix que vous faites relativement au lieu et aux habitudes de sommeil de votre bébé.)

Il est essentiel de vous rappeler que les réveils nocturnes de votre bébé passeront. Tous mes enfants ont fini par faire leurs nuits et votre bébé y arrivera, lui aussi. Cependant, il existe des moyens d'accélérer le processus, même si vous gardez votre poupon dans votre lit avec vous.

Il est primordial pour vous de prendre connaissance de la liste de mesures de sécurité, une liste que j'ai fournie au premier chapitre. La plupart des ouvrages que j'ai lus sur les dangers associés au fait de dormir avec un bébé indiquent que les problèmes se produisent surtout quand l'environnement de sommeil n'est pas sécuritaire. Renseignez-vous sur ce sujet afin de prendre des décisions sages et éclairées. Surtout, suivez religieusement toutes les mesures de sécurité.

Un problème émerge quand il est question d'allaitement et de partage du lit. Chacun des partenaires développe une telle harmonie avec l'autre que le moindre mouvement ou bruit les réveillera tous les deux. Maman et papa finissent par s'éveiller en dehors des réveils naturels du bébé, créant ainsi un cycle veille-sommeil qui dure toute la nuit.

Le truc consiste à habituer votre bébé à dormir à côté de vous sans avoir besoin de vous (généralement, que vous

La parole aux mères

« Je ne suis pas prête à ne plus dormir avec Atticus. J'aime sentir mon bébé près de moi la nuit et me serrer contre lui. J'ai dormi avec ma fille Gracie quand elle était bébé et elle s'est facilement habituée à son lit au moment où toutes les deux nous avons été prêtes à ce changement. L'heure du coucher a toujours été pour elle un moment agréable et je crois que, quand Atticus devra aller dormir dans son lit, il en sera de même. Cependant, j'apprécierais que mon petit garçon se réveille moins souvent pour se faire allaiter. »

Pam, mère d'Atticus âgé de onze mois et de Gracie âgée de cinq ans

l'allaitiez) pour se rendormir. Vous pouvez y arriver en raccourcissant vos routines d'aide nocturne. Je sais que c'est possible car aujourd'hui mon fils Coleton âgé de 18 mois – que j'allaite toujours et qui dort encore avec moi – fait des nuits de 10 heures sans le moindre petit cri. C'est le même bébé qui, il y a quelques mois, s'éveillait à peu près toutes les heures pour téter. Je suis donc la preuve vivante que vous n'avez pas à renoncer à un rituel nocturne que vous aimez afin de pouvoir dormir. Évidemment, tous les bébés ne réagiront pas comme Coleton. Cependant, parmi mes nombreuses mères témoins qui allaitent leur bébé au sein et qui dorment avec lui, plusieurs ont découvert que leur sommeil pouvait s'améliorer sans qu'elles aient à transférer leur petit dans son propre lit. Certains bébés entêtés doivent être déplacés dans une autre chambre avant d'en arriver à renoncer au luxe de l'allaitement nocturne. Toutefois, essayez toutes mes idées pendant quelques semaines avant de conclure de cette façon. (Si vous décidez qu'il est temps que votre bébé couche dans son propre lit, vous trouverez dans la section commençant à la page 187 des idées pour que cette transition se fasse en douceur et dans le calme.)

Quand votre bébé s'éveille, vous suivez probablement une certaine routine en vue de le rendormir. Pour Coleton et moi, il s'agissait de l'allaitement au sein. J'avais l'habitude de nourrir mon poupon jusqu'à ce qu'il s'endorme complètement ; mon mamelon tombait littéralement de sa bouche. Chaque heure, je suivais un plan très précis. Coleton se réveillait, je le tournais de mon côté, je posais un baiser sur sa tête, il tétait. C'était un merveilleux rituel calmant. Parfois, mon bébé se réveillait et se crispait, attendant que je le tourne et que je l'embrasse. Malgré tout le charme de ce rituel, après 12 mois de cette cérémonie horaire, j'avais besoin d'un changement.

Cessez d'allaiter un bébé qui dort

Comme ce fut le cas pour la rédaction du présent ouvrage, apprendre à briser l'association entre la succion et le sommeil a été un processus graduel qui a exigé une profonde réflexion personnelle. J'ai constaté que je répondais à Coleton si rapidement et si intuitivement que je lui donnais le sein avant même qu'il n'émette un véritable bruit. Il ne faisait que s'agiter, gargouiller ou renifler et je lui offrais le sein. J'ai commencé à prendre conscience qu'il se serait bien souvent rendormi sans moi.

Comme vous le savez, je suis une adepte du principe « ne jamais laisser pleurer un bébé » et pour moi cette règle est très sérieuse. Toutefois, je ne savais pas que les bébés émettaient des bruits pendant qu'ils *dormaient*. Les bruits ainsi émis ne signifient *pas* que les nourrissons ont besoin d'être allaités. Les bébés se lamentent, râlent, reniflent, geignent et pleurent parfois dans leur *sommeil*. Ils peuvent aller jusqu'à téter en *dormant*.

À la première étape pour aider votre bébé à dormir plus longtemps, vous devez apprendre à discerner les bruits du sommeil des bruits de veille. Quand votre bébé fait un bruit, arrêtez-vous et écoutez. Attendez. Jetez un coup d'œil. En prêtant attention aux bruits qu'émet votre bébé et en le surveillant, vous serez en mesure de faire la différence entre ses ronflements et les sons qui signifient « Je suis éveillé et j'ai besoin de toi tout de suite. »

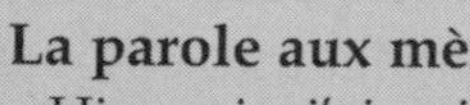

La parole aux mères

« Hier soir, j'ai suivi votre conseil. J'ai retiré mon mamelon de sa bouche et mis un doigt sous son menton. Je me disais : ' Cela ne fonctionnera jamais, Ben va être furieux ' Cependant, j'ai réussi : il s'est rendormi ! L'autre truc est également utile : je retire le mamelon, je me retourne ; il croit alors que je dors et s'endort lui aussi. »

Carol, mère de Ben âgé de neuf mois

Quand j'ai pris connaissance de cette information révélatrice, je me suis mise à faire semblant de dormir quand Coleton faisait un bruit nocturne. J'écoutais, aux aguets — sans bouger un seul muscle —, jusqu'à temps qu'il émette de véritables bruits de bébé éveillé. Cela n'arrivait parfois pas car il se rendormait aussitôt.

Raccourcissez la durée des allaitements nocturnes

Peut-être vous et votre bébé procédez-vous comme moi et Coleton anciennement : vous donnez le sein à votre bébé, puis vous vous rendormez tous les deux. C'est très facile à faire car l'acte d'allaiter libère des hormones qui rendent les mères somnolentes, tout comme le fait le lait pour le bébé. Le problème, c'est que votre bébé tombe profondément endormi à votre sein et se met à croire que la *seule* façon pour lui de dormir consiste à avoir un mamelon dans la bouche. Par conséquent, chaque fois qu'il s'éveille brièvement, il cherche à reproduire le modèle auquel il est habitué pour trouver le sommeil. En raccourcissant la durée des allaitements nocturnes, vous aiderez votre bébé à se rendormir sans vous.

Lorsque vous êtes certaine que votre bébé est éveillé et veut être allaité, donnez-lui le sein pendant un court laps de temps. Restez éveillée ! Dès qu'il ralentit le rythme et tète moins avidement et plus calmement, enlevez doucement votre mamelon, tout en lui donnant de petites tapes ou en le caressant dans le dos. (Voir le programme Pantley de sevrage en douceur décrit aux pages 173 à 177.)

Vous pouvez aussi placer la main de votre bébé sur votre sein quand vous enlevez votre mamelon. Le nourrisson acceptera ce toucher en guise de remplacement puisqu'il aura l'impression de rester lié à vous et qu'il saura que le lait n'est pas loin s'il en a besoin.

Vous avez aussi le choix de rendre le retrait un peu moins agréable et un peu moins pratique pour votre nourrisson. Plutôt que de vous étendre face à votre bébé et de le blottir dans vos bras, tournez-vous légèrement sur le dos de manière qu'il doive faire un petit effort pour garder le mamelon dans sa bouche. Souvent, il décidera que c'est trop exigeant et il abandonnera puis se rendormira.

Si votre bébé se plaint au cours du processus de retrait ou s'il vous avertit d'une manière ou d'une autre qu'il est tout à fait réveillé (en rampant sur votre poitrine, par exemple), allaitez-le. Puis, suivez à nouveau le processus en vue de raccourcir la durée de l'allaitement en retirant votre mamelon avant que le petit s'endorme profondément.

Cela peut prendre parfois jusqu'à trois à cinq tentatives avant que votre bébé sombre à nouveau dans le sommeil. Après que j'ai employé cette méthode pendant une semaine, Coleton a commencé à enlever *lui-même* le mamelon de sa bouche et à me tourner le dos pour se rendormir ! C'était formidable. Peut-être seule une mère qui allaite son bébé et qui dort avec lui peut comprendre à quel point le dos d'un enfant est mignon à ce moment-là. En fait, Coleton (âgé de 18 mois lors de la rédaction de ce livre) agit *encore* ainsi. Il tète jusqu'à ce qu'il soit bien, puis il me tourne le dos et s'endort. Maintenant qu'il dort à peu près 10 heures d'affilée, je le laisse au lit avec son frère, David, dans notre pièce de repos (photo de la page 21) et je peux aller rejoindre mon mari dans notre lit pour dormir sans mon bébé ou accorder un peu de temps à mon couple.

Éloignez le lait

Voici une autre idée particulièrement valable pour les bébés qui dorment dans le lit de leurs parents. Après avoir allaité votre nourrisson, éloignez-vous de lui. S'il est blotti contre vous, il s'éveillera et voudra téter encore — parfois même en dormant, comme je l'ai déjà mentionné. Si votre bébé est habitué à sentir votre corps contre le sien, essayez de remplacer cette sensation par un petit animal en peluche.

(Voir les pages 160 à 163.) Vous n'aurez qu'à placer le jouet près du corps ou des jambes de votre bébé (loin de son visage) quand vous vous éloignerez afin que le petit sente une présence près de lui.

Si votre bébé persiste à demander le sein fréquemment la nuit, vous pouvez modifier l'organisation des lits jusqu'à ce que la situation soit réglée, ce qui peut prendre quelques semaines. Pour ma part, j'ai placé deux matelas au sol l'un à côté de l'autre dans notre pièce de repos. Durant la période d'ajustement, j'allaitais dans un lit et, quand Coleton était endormi, j'allais m'installer dans l'autre. D'accord, j'étais à proximité, mais j'étais encore assez loin pour ne pas provoquer de réveils supplémentaires. Si vous avez un lit à barreaux, placez-le à côté de votre lit. Votre bébé aura alors son espace personnel pour dormir. (Au risque d'avoir l'air de radoter, je vous rappelle de suivre toutes les mesures de sécurité qui s'appliquent.)

La parole aux mères

« Je me suis finalement aperçue que je craignais inconsciemment qu'en sevrant Melissa la nuit je devrais le faire le jour. Puisque je ne voulais pas cesser d'allaiter durant la journée, je nourrissais ma petite à toute heure du jour et de la nuit. J'ai changé ma façon de penser et maintenant j'allaite longtemps Melissa avant de la coucher pour la nuit et encore une fois sans me presser le matin. Je ne pense plus que je doive l'allaiter toute la nuit. »

Becky, mère de Melissa âgée de treize mois

Je dois vous dire que certains bébés qui dorment près de leur mère et qui s'éveillent fréquemment la nuit possèdent une sorte de « radar » détectant la présence maternelle et peuvent continuer de se réveiller souvent jusqu'à ce qu'ils soient placés dans une pièce différente. Si vous avez essayé toutes mes autres idées et que vous subissez encore de fréquents réveils nocturnes, posez-vous la question suivante : « Qu'est-ce qui est le plus important présentement : dormir avec mon bébé ou dormir tout court ? » Je ne peux y répondre à votre place, pas plus qu'il n'y a de bonne réponse à cette question. Examinez les besoins de chaque membre de votre famille afin de décider quelle voie emprunter. Si vous optez pour coucher votre bébé à un endroit différent, n'oubliez pas que vous pourrez toujours l'accueillir à nouveau dans votre lit dès qu'il fera ses nuits.

Vos mots clés peuvent aussi être utiles pour aider votre bébé à se rendormir. (Voir les pages 166 à 167.) Éventuellement, les mots clés et les caresses remplaceront l'allaitement puis ne seront plus requis ; alors, votre bébé dormira plus longtemps sans vous réveiller.

Comme pour la plupart des idées de ce livre, cette méthode s'appuie sur un changement graduel requérant du temps. Oubliez les solutions miracles et les transitions qui s'effectuent dans les larmes.

La parole aux mères

« Chloe amorce la nuit dans son lit et, quand elle se réveille, je l'amène dans notre lit. Puisque nous avons adopté cette pratique dès le début, je suis maintenant tellement habituée d'avoir ma petite à mes côtés que je ' souhaite ' qu'elle se réveille pour l'amener dans notre lit. Je sais que cela paraît bizarre, mais je veux simplement vous informer du fait que votre programme me force tout autant que Chloe à changer mes habitudes. »

Tanya, mère de Chloe âgée de treize mois

Aidez votre bébé à se rendormir tout seul et déplacez-le de votre lit au sien

Cette idée peut aider les bébés qui dorment avec leurs parents à s'habituer à leur lit.

Que votre bébé ait partagé votre lit à temps plein ou partiel, pendant un mois ou deux ans, un jour arrivera où vous serez prête à le faire dormir dans son propre lit. Vous trouverez ci-après une liste d'idées pour effectuer cette transition. Après en avoir pris connaissance, formulez votre stratégie en choisissant celles qui conviennent le mieux à la situation particulière de votre famille.

Certains parents décident d'attendre le moment où leur bébé sera prêt à faire cette transition par lui-même. C'est très bien ainsi si vous n'êtes pas pressée de changer la situation ; profitez alors de ce temps et laissez le processus s'accomplir naturellement ! Mes idées ne sous-entendent aucunement que votre bébé *devrait* dormir dans son propre lit si ce n'est pas ce que vous voulez. Elles s'adressent plutôt aux parents qui souhaitent que leur bébé se couche dès maintenant dans son propre lit.

N'oubliez pas que, dans la plupart des cas, le changement ne se produira pas en une seule nuit. La voie la plus paisible exige souvent quelques semaines et même quelques mois. Par contre, si l'un ou l'autre des parents, ou les deux, n'a plus la volonté ni la patience d'attendre, vous pouvez faire le déplacement plus rapidement tout en demeurant sensible aux besoins de votre bébé. Quelle que soit l'idée que vous choisissez d'appliquer, n'oubliez pas que votre bébé a vraiment aimé ces nuits passées dans votre lit et qu'au début il n'appréciera pas dormir seul. Efforcez-vous de lui faciliter cette transition le plus possible.

Marquez d'un signe les idées qui vous plaisent. Lisez-les et réfléchissez-y. Établissez ensuite votre plan personnel pour amener votre bébé à dormir dans son lit.

Restez proche, mais à une certaine distance

Placez un matelas au sol près de votre lit. Endormez-y votre bébé, puis couchez-vous dans votre lit. Lorsque le petit se réveillera et « demandera » le sein, un biberon, une caresse, du réconfort, maman ou papa pourra facilement se déplacer jusqu'à lui pour l'aider à se rendormir, puis pourra tout aussi facilement remonter dans le grand lit. Ainsi, l'enfant s'habituera à dormir seul. Après quelques semaines, transportez le matelas dans la chambre à coucher de votre bébé. (Vous pouvez aussi procéder à l'inverse, en dormant sur le matelas au sol et en laissant votre bébé dans le grand lit.) Une fois de plus, suivez toutes les mesures de sécurité qui s'appliquent.

Créez un lit familial miniature

La plupart des bébés qui partagent le lit des parents dormiront très bien *n'importe où* avec maman ou papa à leurs côtés. Tirez-en avantage lors du processus pour amener votre bébé à dormir tout seul.

Si votre bébé est assez vieux — plus de 10 mois environ —, placez un matelas au sol dans sa chambre à coucher. Assurez-vous que la pièce est entièrement sécuritaire pour votre enfant et suivez toutes les mesures de sécurité énoncées au premier chapitre.

Recourez à votre routine habituelle précédant l'heure du coucher mais, plutôt que d'aller vous installer dans le grand lit, couchez-vous avec votre bébé dans sa chambre. Les premières fois, vous pouvez y passer toute la nuit pour que votre bébé se sente en sécurité malgré le changement.

Après quelques nuits, vous voudrez peut-être retourner dans votre chambre une fois votre petit endormi. Si votre bébé possède une « doudou » ou un petit animal en peluche, déposez l'objet à votre place quand vous partez. Mettez sous tension un récepteur de surveillance afin de pouvoir vous rendre rapidement au chevet de votre bébé quand ce dernier se réveillera au cours de la nuit. Votre petit découvrira que vous n'êtes jamais loin de lui et s'éveillera de moins en moins fréquemment durant la nuit.

Changez le lit de place

Si vous possédez un lit pour votre bébé et que vous voulez qu'il y dorme, dans sa chambre, essayez la méthode étape par étape décrite ici. Suivez chaque étape de deux nuits à une semaine ou davantage, selon les réactions de votre bébé de même que les vôtres.

1. Placez le lit de votre bébé parallèlement au vôtre, comme s'il s'agissait d'une annexe. Vous pouvez laisser les barreaux baissés au maximum du côté de votre lit. (Il est important que vous attachiez le lit solidement au vôtre de façon qu'il reste bien en place et qu'aucun espace ne soit créé où votre bébé pourrait se coincer.) Il existe des lits à barreaux spécialement conçus pour cet usage, par exemple le modèle Arm's Reach que vous trouverez chez de nombreux fournisseurs de meubles pour bébés.

   Si votre bébé a toujours dormi blotti contre vous, vous pouvez faciliter la transition en imprégnant votre odeur dans les draps du lit à barreaux. Dormez dans ces draps quelques nuits, peut-être en vous en servant comme taies d'oreiller ou insérez-les dans votre chemise de nuit pendant quelques heures avant de coucher votre bébé.
2. Une fois que votre bébé aura bien accepté le changement, vous pourrez relever les barreaux et éloigner son lit de quelques dizaines de centimètres du vôtre. Votre poupon vous entendra, vous verra et respirera votre odeur, mais vos mouvements respectifs ne vous éveilleront plus toute la nuit et il commencera à se sentir à l'aise de dormir seul.
3. Éloignez le lit à barreaux de votre lit autant que le permet votre chambre à coucher.
4. Déplacez le lit à barreaux dans la chambre à coucher du bébé et gardez un récepteur de surveillance sous tension de façon à pouvoir vous rendre rapidement auprès de votre enfant si ce dernier se réveille. Lorsque vous aurez vite accouru à son chevet plusieurs fois, il aura la certitude que vous serez là chaque fois qu'il aura besoin de vous et ses périodes de sommeil s'allongeront.

La manière sournoise

Laissez votre bébé s'endormir dans votre lit, comme d'habitude. Dès qu'il dort profondément, transportez-le dans sa chambre et déposez-le dans son lit à barreaux. Mettez un récepteur de surveillance sous tension de façon à pouvoir vous rendre rapidement auprès de votre enfant si ce dernier se réveille. À ce moment, allaitez-le dans un fauteuil ou dans votre lit, puis ramenez-le dans le sien une fois qu'il se sera rendormi.

Si vous appliquez cette méthode, attendez-vous à parcourir le corridor menant d'une chambre à l'autre durant un bon bout de temps avant que le changement soit tout à fait instauré. De nombreux bébés s'adaptent assez rapidement et ont un sommeil plus durable qu'à l'époque où ils partageaient un lit avec une autre personne qui pouvait l'éveiller plus souvent en bougeant. Vous pouvez même déterminer une heure où les allers-retours prendront fin. Par exemple, amenez votre bébé dans son lit à barreaux chaque fois qu'il se réveillera jusqu'à 3 h ; après cette heure, gardez-le au lit avec vous afin de pouvoir profiter d'un peu de sommeil.

À l'instar de mes autres idées, celle présentée ici n'est pas une proposition rigide à respecter absolument. Vous pouvez l'utiliser de temps à autre pendant quelques semaines, de façon à introduire le changement en douceur pour vous-même et votre petit. (Bien sûr, si vous désirez que votre bébé s'habitue à son lit le plus rapidement possible, il vous faudra être très tenace et accélérer la transition. La décision vous revient.)

Cette idée donnera de meilleurs résultats si vous passez quelques moments agréables à vous amuser avec votre bébé quand il est couché dans son lit durant le jour. Cette pratique amènera votre bébé à se sentir plus à l'aise dans son lit et ainsi, quand il s'éveillera la nuit, le milieu lui sera familier.

Une idée pour les petits qui marchent et qui parlent

Si votre petit est assez vieux pour comprendre ce que vous lui dites et qu'il dort dans un lit sans barreaux, vous pouvez le coucher dans son propre lit dans sa chambre et lui expliquer ce qui arrivera s'il se réveille. Aménagez un « espace pour dormir » dans votre chambre : placez un matelas à côté de votre lit. Avertissez votre enfant que, s'il se réveille durant la nuit, il pourra venir dans ce petit lit spécial pour s'y rendormir. Expliquez-lui que papa et maman ont besoin de dormir et qu'il doit donc marcher sans faire de bruit et s'installer tout seul sans vous réveiller. Si ce plan réussit, n'oubliez pas de féliciter votre petit le lendemain matin.

Lorsque vous recourez à cette idée, il peut être utile de faire beaucoup d'éclat autour de l'organisation de la chambre de « grand garçon » ou « grande fille ». Vous pouvez disposer les meubles autrement, acheter de nouveaux draps et oreillers, et aligner de nombreux « amis » en peluche. Vous pouvez aussi placer un verre d'eau sur la table de chevet, ainsi qu'une lampe de poche ou tout autre objet utile ou rassurant en pleine nuit.

Si vous suivez ce processus, assurez-vous que votre rituel du soir est assez long pour favoriser la détente et qu'il comprend des activités plaisantes telles que la lecture de livres ou des caresses dans le dos. En arrivant dans son lit, votre enfant devrait se sentir apaisé et prêt à s'endormir, et savoir qu'il peut se rendre dans votre chambre au besoin.

Certains parents réussissent à convaincre leurs enfants de rester dans leur lit en leur promettant une récompense à la fin de la semaine, par exemple « Si tu restes dans ton lit toute la semaine, tu pourras dormir avec papa et maman samedi soir. » Bien sûr, comme pour la plupart des idées concernant l'éducation des enfants, il faut réfléchir avant de procéder. Cette façon de faire ne convient peut-être pas à votre situation particulière et peut même donner le résultat contraire si votre bébé finit par désirer dormir chaque nuit dans le lit familial. Voilà une occasion appropriée de vous rappeler que, en plus de tenir compte de la situation particulière de votre enfant et de celle de votre famille, vous devriez vous sentir libre de ne prendre qu'une partie de mes idées et de formuler les vôtres. Soyez créative. Vous connaissez votre famille mieux que moi, et je connais peut-être mieux le sommeil que vous. Ensemble, nous parviendrons à faire dormir votre bébé toute la nuit.

Faites dormir bébé avec ses frères et sœurs

Si votre bébé est âgé de plus de 18 mois et si vous avez un autre enfant qui accepte cette idée, déplacez votre tout-petit de votre lit à celui d'un frère ou d'une sœur (en vous assurant, bien sûr, de respecter toutes les mesures de sécurité énoncées au premier chapitre).

Nous avons essayé cette idée dans notre famille et avons découvert que nos enfants aimaient beaucoup dormir ensemble. D'autres parents sont également d'accord pour dire que cette pratique fait diminuer la rivalité et les disputes entre frères et sœurs. Je crois que ces conversations et ces étreintes tard le soir et tôt le matin rapprochent les frères et sœurs.

On peut effectuer cette pratique en laissant les enfants prévoir le tour de chacun de partager son lit. Chaque soir, les jeunes peuvent décider où ils veulent dormir et devenir chacun leur tour l'hôte pour la soirée. Si vous acceptez cette idée de partage du lit entre frères et sœurs, vous vous apercevrez qu'avec le temps vos enfants finiront par dormir séparément — d'abord une nuit, puis deux, et qu'ils resteront bientôt d'eux-mêmes dans leur propre lit. (Beaucoup continueront d'aller coucher parfois dans la chambre de leurs frères ou sœurs pendant quelques années encore, conservant ainsi le lien spécial que crée cette pratique.)

Aidez votre bébé à se rendormir avec l'aide d'une personne autre que vous

 ***Cette idée peut s'appliquer aux bébés qui sont allaités au sein et qui dorment dans le lit de leurs parents.***

Dans la plupart des cas, les bébés qui sont allaités au sein et qui dorment dans le lit de leurs parents se réveillent parce qu'ils aiment avoir accès à leur maman toute la nuit. Chaque fois, ils vous voient, vous entendent, vous sentent, respirent votre odeur et pensent : « Ah Ah ! Du bon lait chaud et une mère confortable. J'en veux ! » Ainsi, si votre mari, votre conjoint, votre mère ou quelqu'un d'autre accepte de vous aider durant environ une semaine, vous pourrez lui demander de dormir près de votre bébé à votre place.

Si votre bébé a moins de 18 mois, installez son lit à barreaux, son berceau ou un matelas juste à côté du lit de la personne qui vous aide. Il n'est pas conseillé de faire dormir un petit bébé directement à côté d'une autre personne que sa maman, car seule cette dernière possède l'instinct maternel qui l'empêchera d'écraser son bébé dans son sommeil. Votre bébé doit bien connaître la personne que vous avez choisie et se sentir à l'aise avec elle. Si possible, amorcez le processus

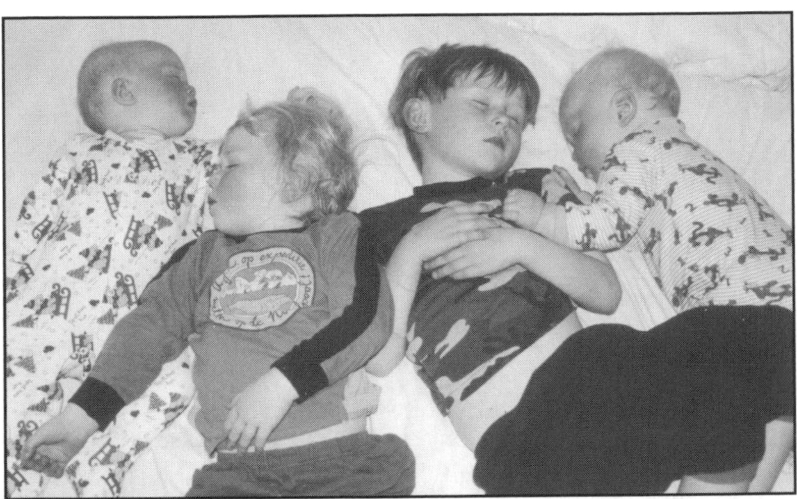

Rebecca âgée de dix mois, Carolyn âgée de trois ans, Patrick âgé de cinq ans et Thomas âgé de dix mois

durant les siestes pendant quelques jours. (Sinon, ce n'est pas grave, commencez avec les couchers du soir.)

Quand le bébé se réveille, votre aide peut le bercer, le promener, lui fredonner une berceuse à voix basse ou faire tout ce qui peut l'amener à se rendormir. Essayez d'éviter de donner un biberon à votre petit, car vous ne feriez que remplacer une « béquille » par une autre. Si votre aide utilise une sucette pour calmer votre bébé, n'oubliez pas que tôt ou tard il vous faudra probablement habituer votre poupon à s'en passer. De nombreux parents acceptent tout de même ce scénario.

Dites à votre aide que ce n'est pas une question de vie ou de mort. Autrement dit, avertissez la personne qu'elle peut vous ramener le bébé s'il se met à pleurer et s'agite, ou si elle-même perd patience. Faites un autre essai lors du deuxième réveil. Quand votre bébé vient vous retrouver (remarquez que j'ai dit « quand » et non « si »), suivez les idées de la

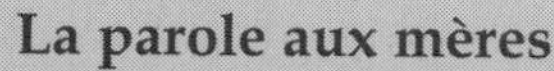

La parole aux mères

« Ma fille est pour ainsi dire incapable de se rendormir la nuit sans que je lui donne le sein. Si je ne le fais pas, elle s'agite et se met en colère. Nous avons donc eu l'idée d'envoyer son papa la calmer quand elle se réveille. Les premières nuits, elle a été plutôt fâchée quand elle s'apercevait que c'était papa et non maman qui s'occupait d'elle. Cependant, vers la fin de la semaine, elle était tombée sous le charme de son père. Mon mari raconte que le fait d'aider sa petite fille à se passer des allaitements nocturnes a été pour lui la meilleure façon de créer un lien avec elle. J'ai immédiatement remarqué ce lien solide entre eux, et les choses n'ont pas changé depuis même si cette époque est loin derrière nous. »

Deirdre, mère de Violet âgée de dix-neuf mois

section intitulée « Amenez votre bébé nourri au sein et dormant avec vous à se rendormir par lui-même ». Cette section débute à la page 178.

Aidez votre bébé à se rendormir dans son lit

Cette idée peut s'appliquer aux bébés qui dorment dans un lit à barreaux.

Il est probable que chaque fois que votre bébé pleure ou qu'il vous appelle durant la nuit, vous fassiez quelque chose pour l'aider à se rendormir. Pour l'amener graduellement à se rendormir sans votre assistance, vous devez raccourcir ces périodes d'aide nocturne.

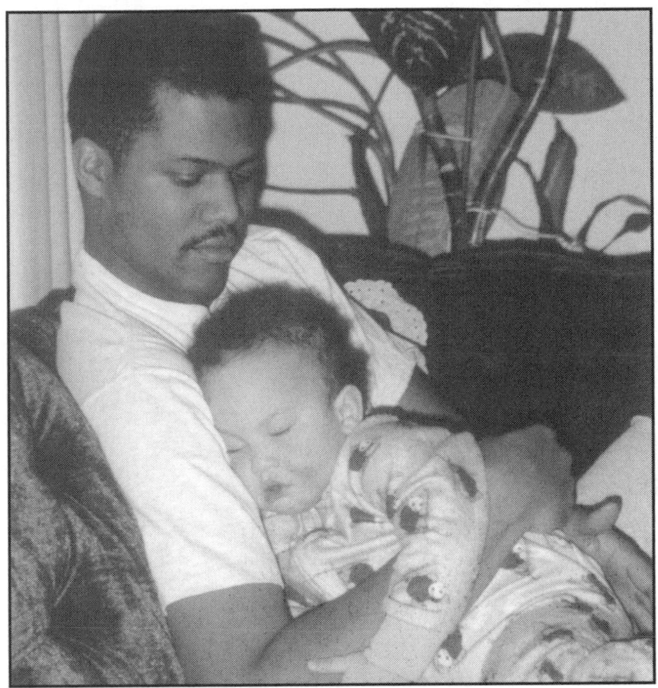

Jared et Jarell âgé de sept mois

Lorsque votre bébé se réveille, vous effectuez probablement une routine particulière afin de le rendormir, soit vous le prenez dans vos bras, le bercez, l'allaitez au sein, soit vous lui donnez un biberon ou une sucette. Comme vous l'avez vu au deuxième chapitre, votre bébé pense qu'il a besoin de ces gestes pour se rendormir. Vous ne voulez certainement pas délaisser d'un seul coup le modèle familier et rassurant que vous avez instauré ; ce serait un moyen sûr de provoquer le stress et les larmes. Vous devez plutôt modifier graduellement la *durée* de votre routine d'aide de manière que le rituel soit de plus en plus court. Votre bébé finira par se créer une nouvelle routine qui exclura votre présence.

Quand votre bébé se réveille, utilisez les mêmes moyens que d'habitude pour le rendormir. Puis, graduellement, *raccourcissez la durée* de cette activité et *variez la méthode*. Ainsi, plutôt que d'amener votre bébé à se rendormir complètement, laissez-le dans un état de somnolence et voyez s'il finit par se rendormir tout seul. S'il fait des difficultés, recommencez le processus. Peut-être aurez-vous besoin de trois ou quatre tentatives ou même davantage les premières nuits et peut-être même devrez-vous interrompre votre mission certaines nuits. En quelques semaines, vous verrez un véritable progrès, que vous évaluerez lorsque vous remplirez vos fiches de sommeil tous les dix jours.

Vos nuits ressembleront peut-être maintenant à cette description :

- Votre bébé se réveille.
- Vous le prenez dans vos bras, vous assoyez dans un fauteuil, le bercez, l'allaitez au sein ou au biberon, ou le couchez dans votre lit avec vous jusqu'à ce qu'il dorme profondément.
- Ensuite, vous ramenez probablement le bébé dans son lit en prenant soin de ne pas le réveiller. Vous le déposez lentement et délicatement.
- Enfin, vous sortez de sa chambre doucement et attendez le prochain appel.

Si vous choisissez d'essayer cette suggestion et si votre bébé requiert une sucette, un biberon ou votre sein chaque fois qu'il se réveille la nuit, vous voudrez probablement incorporer aux idées qui suivront le programme Pantley de sevrage en douceur (pages 173 à 177).

Je me suis aperçue que de nombreuses mères se sont fait dire de répondre immédiatement à leur bébé et de ne jamais le laisser pleurer. Toutefois, un problème se pose. Les soi-disant experts oublient de préciser que les bébés émettent des bruits durant leur *sommeil*. Ils se lamentent, râlent, reniflent, geignent et pleurent même en *dormant*. Les mères accourent souvent vers leur tout-petit au premier son et le retirent de son lit. C'est ce que je faisais avec mon premier bébé, il y a 14 ans, et je me rappelle que la petite était parfois endormie dans mes bras avant même que je me rende au fauteuil berçant. Je ne savais pas qu'en fait elle ne s'était pas vraiment réveillée.

La parole aux mères

« La nuit dernière, quand j'ai entendu Lauren émettre des sons, j'ai simplement attendu en tendant l'oreille au lieu de courir vers elle. J'ai été surprise. Deux fois elle s'était rendormie pendant que je me rendais dans sa chambre pour jeter un coup d'œil. »

Christine, mère de Lauren âgée de treize mois

La première étape pour aider votre bébé à dormir plus longtemps consiste à différencier les bruits du sommeil de ceux émis à l'état de veille. Je ne vous suggère pas d'ignorer en tout temps les pleurs de votre enfant ; il est possible que ce dernier ait besoin de vous et c'est sa seule façon de vous prévenir. En fait, quand vous attendez trop longtemps et que votre bébé se réveille complètement — pleurant et hurlant —, il lui est beaucoup plus difficile de se rendormir. Laissez plutôt sa porte et la vôtre ouvertes ou mettez un récepteur de surveillance sous tension. Lorsque vous entendez un bruit, tendez l'oreille, puis attendez. En étant attentive, vous finirez par faire la différence entre les sons émis durant le sommeil et les bruits qui signifient « Je suis réveillé et j'ai besoin de toi tout de suite. »

Le modèle suivant est un exemple qui sert à vous montrer comment l'aide nocturne peut être raccourcie. Il ne s'agit aucunement d'un plan précis, mais simplement d'un exemple pour vous aider à saisir ce concept. Votre méthode personnelle peut différer grandement.

Phase un : du confort pour bébé jusqu'à ce que ce dernier soit presque endormi

Lorsque vous vous apercevez que votre tout-petit est vraiment éveillé, allez le chercher. Installez-vous dans un fauteuil berçant et bercez-le ; donnez-lui le sein ou un biberon jusqu'au moment où il fermera les yeux, aura diminué son rythme de succion et sera sur le point de s'endormir. N'attendez pas qu'il soit tout à fait endormi. Levez-vous et bercez-le doucement dans vos bras. Quand vous le déposez dans son lit, laissez vos bras autour de lui pendant quelques minutes et effectuez un mouvement de va-et-vient. (Oui, c'est dur pour le dos, mais ce n'est que temporaire.) Votre bébé acceptera le changement de vos bras à son lit si vous évitez de le poser brusquement. Gardez à l'esprit le fait que sur vous il perçoit vos mouvements et votre respiration, tandis que son lit est immobile et silencieux. C'est pourquoi les gestes de transition sont importants. Quand le petit semble dormir, enlevez délicatement vos bras de sous son corps. S'il bouge, posez une main sur lui, murmurez vos mots clés ou faites jouer de la musique douce, puis bercez-le, caressez-le ou touchez-le jusqu'à ce qu'il se rendorme. S'il se réveille en pleurant, prenez-le dans vos bras et recommencez le processus. Peut-être devrez-vous répéter celui-ci deux, trois, quatre ou cinq fois, mais ce n'est *vraiment* pas grave. Si, à un certain moment, vous devenez l'un ou l'autre contrarié, utilisez vos moyens habituels pour rendormir votre nourrisson et abandonnez le plan pour l'instant. Éventuellement, votre bébé s'habituera à la nouvelle routine et s'endormira. Il aura toujours besoin de vous pour retrouver le sommeil mais, puisqu'il s'endormira dans son lit, il se sera rapproché du but consistant à se rendormir tout seul la nuit.

N'oubliez pas ! Vous êtes en train d'instaurer un changement, ce qui exige parfois du temps. Toutefois, cela vaut mieux que de passer une autre année ou plus dans un état de stupeur causé par le manque de sommeil.

Lorsque vous sentez que votre nouvelle routine fonctionne, passez à la phase deux.

La parole aux mères

« La première nuit où j'ai essayé le ' programme Pantley ', cela a marché comme un charme. Il a fallu que je sorte Mathieu de son lit à barreaux et que je le tienne dans mes bras à quatre reprises mais, quand il a de nouveau fait le difficile, je lui ai frotté le dos et j'ai prononcé mes mots clés. Le petit s'est rendormi sans pleurer et ne s'est réveillé qu'à 5 h, une autre victoire puisque d'habitude il dort jusqu'à 3 h ou 3 h 30. Je travaille maintenant à l'aider à se rendormir lorsqu'il se réveille trop tôt. Je sais qu'il faut patienter et procéder à pas de bébé ! »

Kim, mère de Mathieu âgé de treize mois

Phase deux : bébé est calmé et a sommeil

Assoyez-vous dans un fauteuil et bercez votre bébé ou donnez-lui le sein ou un biberon jusqu'à ce qu'il se *calme* et qu'il *ait sommeil,* sans toutefois le laisser *s'endormir complètement.* Faites jouer la musique ou les bruits blancs signalant qu'il est l'heure de dormir. Posez votre petit dans son lit à barreaux, caressez-le ou touchez-le et prononcez vos mots clés jusqu'à ce qu'il s'endorme. S'il s'éveille en pleurant, prenez-le dans vos bras et recommencez le processus. Peut-être devrez-vous répéter celui-ci deux, trois, quatre ou cinq fois, mais ce n'est *vraiment* pas grave. Si, à un certain moment, vous devenez l'un ou l'autre contrarié, utilisez vos moyens habituels pour rendormir votre nourrisson. Comme à la phase un, le bébé finira par s'habituer à la nouvelle routine et s'endormira. (Oui, j'ai repris cette idée ; il est important que vous vous accordiez la permission d'interrompre le processus quand il ne fonctionne pas. Vous constaterez tout de même une amélioration à la longue.)

Lorsque vous sentez que votre nouvelle routine fonctionne, passez à la phase trois.

Phase trois : bébé est bien sans que vous le preniez dans vos bras

Quand votre bébé émet des bruits qui vous avertissent de son réveil, rendez-vous immédiatement auprès de lui mais essayez de ne pas le prendre dans vos bras. À la place, faites jouer la musique ou les bruits blancs signalant qu'il est l'heure de dormir, caressez votre bébé, touchez-le ou placez vos bras autour de son corps comme vous l'avez fait avant qu'il s'endorme. Prononcez vos mots clés. Si votre petit s'éveille en pleurant, revenez brièvement à la phase deux, ou même à la phase un. Puis, reprenez ce processus.

Lorsque vous sentez que votre nouvelle routine fonctionne, passez à la phase quatre.

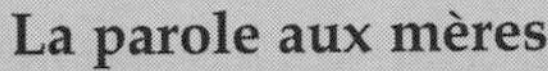

La parole aux mères

« Nous avions obtenu beaucoup de succès à la phase un et à la phase deux, mais nous n'arrivions pas à faire accepter à Elise la phase trois. Malgré tout, nous avons persisté et, juste comme j'étais sur le point d'abandonner, miracle ! Une bonne nuit, la petite s'est rendormie sans que je la sorte de son lit. Ce fut un grand moment. Nous ne sommes jamais parvenus à la phase quatre, puisqu'une semaine plus tard Elise faisait ses nuits. »

Heidi, mère d'Elise âgée de dix mois

Phase quatre : des petites caresses qui calment

Rendez-vous immédiatement auprès de votre bébé, mais essayez de ne pas le prendre dans vos bras. Faites jouer très doucement la musique ou les bruits blancs, caressez votre petit ou touchez-le. Restez près de son lit et prononcez vos mots clés. S'il s'éveille en pleurant, revenez brièvement à la phase trois, ou même à la phase deux. Puis, reprenez ce processus.

Lorsque vous sentez que votre nouvelle routine fonctionne, passez à la phase cinq.

Phase cinq : des mots qui calment

Dirigez-vous immédiatement vers la chambre de votre bébé, mais restez sur le pas de la porte. Voyez si vous devriez faire jouer la musique ou les bruits blancs. Prononcez vos mots clés. Si le bébé s'éveille en pleurant, revenez brièvement aux phases précédentes. Puis, reprenez ce processus.

Lorsque vous sentez que votre nouvelle routine fonctionne, passez à la phase six.

Phase six : du réconfort venant de l'extérieur de la chambre de bébé

Dirigez-vous immédiatement vers la chambre de votre bébé, mais restez à *l'extérieur*, là où le petit ne peut vous voir, et prononcez vos mots clés. Si l'enfant s'éveille en pleurant, revenez brièvement aux phases précédentes. Puis, reprenez le processus.

L'idée générale est d'avancer par étapes, petit à petit, vers votre objectif. Ce modèle ne convient peut-être pas à tous les bébés ; il sert plutôt à démontrer le concept. Il vous faudra revoir votre rituel précédant l'heure du coucher et le modifier un peu à intervalles de quelques soirs, et ce, jusqu'à ce que vous atteigniez votre objectif en ce qui concerne le sommeil.

N'oubliez pas que les phases ne représentent pas des étapes rigides à respecter à la lettre. Soyez attentive à votre bébé et restez en contact avec vos propres sentiments. Suivez ce que vous dicte votre cœur. À mesure que vous franchissez les étapes, faites preuve de souplesse et modifiez votre plan au besoin. Avancez graduellement vers votre objectif (un bébé qui dort toute la nuit sans votre compagnie) et vous y parviendrez.

Rédigez un best-seller familial

 ***Cette idée peut aider les parents de bébés âgés de plus de 18 mois.***

Votre bébé a vieilli et est maintenant en mesure de comprendre plus de choses. Vous avez probablement déjà commencé à lui enseigner les mots *s'il vous plaît* et *merci*. Il est sans doute capable de suivre des directives simples telles que « S'il te plaît, mets ceci sur la tablette. » À cet âge, la plupart des bébés aiment lire des livres, surtout les ouvrages qui sont illustrés avec des images de vrais bébés. Lire à votre enfant des livres qui abordent le sujet du sommeil à l'heure du coucher peut donner de bons résultats. Je me suis rendu compte que la plupart des livres portant sur le sujet décrivaient une routine typique et prévisible avant l'heure du coucher : jeu, bain, pyjama, histoire, biberon ou sein, lit. Il peut être profitable à votre petit de constater que d'autres enfants vivent la même chose que lui au moment de se coucher.

Voilà une bonne occasion de rédiger un livre personnel sur le sommeil de votre bébé. L'idée d'écrire m'a aidée à cesser en douceur d'allaiter mon fils David à l'âge de deux ans et demi. Elle peut s'appliquer à d'autres changements, par exemple arriver à faire dormir un bébé toute la nuit. Voici comment.

Utilisez du carton ou du papier très épais. Le livre doit être d'un grand format — 22 cm sur 28 cm (8 ½ po x 11 po) ou plus. Une fois le livre terminé, reliez les pages avec du ruban adhésif résistant. Entre-temps, assurez-vous de remplacer les pages où des erreurs auraient pu se glisser.

Je vais maintenant vous montrer comment faire deux types de livre. Choisissez-en un ou peut-être voudrez-vous faire l'expérience des deux !

Premier livre : Mon livre du dodo

À partir de magazines, d'annonces publicitaires ou de journaux, découpez des images de bébés. Essayez d'en trouver sur le thème du sommeil, par exemple un bébé dans un lit à barreaux ou dans une baignoire. De plus, choisissez des illustrations montrant des objets ayant un rapport avec votre rituel précédant l'heure du coucher : des livres d'images, une brosse à dents, des pyjamas, etc.

À l'aide de ces images, créez un livre qui illustre votre rituel précis, étape par étape. Sur la même page, rédigez une histoire à partir des images.

Chaque soir, juste avant d'entreprendre votre rituel, lisez le livre à votre bébé.

Second livre : Mon livre de croissance personnalisé

Intitulez le livre *Tout sur (nom du bébé)*. Vous y raconterez la vie de votre bébé en mettant surtout l'accent sur le sommeil (ainsi que sur l'allaitement si vous recourez également à cette idée pour sevrer votre bébé). Cette méthode peut aussi être efficace pour aider votre bébé à délaisser sa sucette ou à s'ajuster à tout changement majeur dans sa vie, par exemple la venue prochaine d'un autre enfant ou le divorce de ses parents.

Rassemblez des photos de votre bébé depuis sa naissance. Illustrez chronologiquement la vie de votre enfant en commençant avec une photo le représentant à l'époque où il était nouveau-né. Terminez avec des clichés qui montrent des activités et des objets de votre rituel à l'heure du coucher.

Représentez bébé tétant le sein, buvant un biberon, sucette au bec, en pyjama, lisant une histoire, couché dans son lit et en plein sommeil. Si possible, procurez-vous un film pour prendre des photos à chaque étape de votre rituel du soir. Prenez-en plusieurs de votre tout-petit en train de dormir profondément, dont une montrant papa ou maman, tout sourire, contemplant bébé en arrière-plan.

Placez une photo par page et rédigez un texte pour expliquer ce qu'elle représente. La fin du livre doit illustrer votre *objectif* relativement au sommeil, à l'allaitement (au sein ou au biberon) ou à l'usage de la sucette. Autrement dit, le livre décrit les résultats que vous désirez obtenir.

Personnalisez le livre. Vous trouverez ci-après des extraits de celui que j'ai créé pour David il y a huit ans. (Lorsque votre enfant aura grandi, ce livre vous fera un merveilleux souvenir. Les pages sont marquées par mes larmes tandis que je rédige cette section.)

> (Photo du nouveau-né : David allaité au sein) David vient de naître. Son papa et sa maman l'aiment beaucoup et sont très heureux de son arrivée. David aime boire le lait de sa maman.
>
> (Photo à six mois : Angela donne le biberon à David) David grandit. Il est maintenant capable de se traîner. Il aime jouer avec Vanessa et Angela. Il apprécie encore boire le lait de sa maman et maintenant il aime aussi son biberon, surtout quand c'est Angela ou Vanessa qui le lui donne.
>
> (Photo à onze mois : David marche) David grandit tellement vite ! Il commence à marcher et est capable de lancer une balle. Il mange des aliments et sa boisson favorite est le lait au chocolat. Il aime toujours boire le lait de sa maman. Il aime aussi son biberon.

Continuez le livre à mesure que votre bébé grandit. Cependant, ne poursuivez pas trop longtemps car votre enfant pourrait perdre son intérêt. Après tout, la fin constitue l'objectif réel du livre. Vous connaissez votre bébé mieux que quiconque et savez combien de temps vous pouvez soutenir son intérêt.

La dernière partie du livre portera sur les objectifs que vous vous êtes fixés relativement à l'heure du coucher et au sommeil (ou à l'allaitement). Vous devrez être précise dans vos propos.

> (Photo du deuxième anniversaire) Bon anniversaire, David ! Tu es un grand garçon maintenant. Tu cours, tu joues et manges de la crème glacée. Tu glisses sur un toboggan. Tu promènes le chien. Les grands garçons comme toi prennent une collation, puis se mettent au lit pour se reposer. Ils n'ont plus besoin de boire le lait de leur maman ; ils ont seulement besoin de ses caresses. Maman et David s'étreignent à l'heure du dodo. Ensuite, tous les deux, ils dorment toute la nuit.
>
> (Photo à deux ans : David dort) Maman et David s'étreignent le matin quand le soleil se lève. Tout le monde enlace David et le cajole le matin. Bravo, David ! Tu es un grand garçon maintenant.
>
> (Photos de tous les membres de la famille avec David)

Chaque soir, lisez ce livre à votre enfant. Ce dernier appréciera peut-être tellement cette lecture qu'il voudra aussi que vous la lui fassiez durant le jour et c'est très bien ainsi. Discutez de ce que vous lisez. Aidez votre tout-petit à faire ce que vous mentionnez dans le livre.

Après que j'eus conçu ce livre, je le lisais souvent à David et nous en parlions ensemble. Mon fils aimait beaucoup cela. Après quelques mois de lecture et de discussion, David était sevré. Ce processus simple et rempli d'affection nous a plu à tous les deux.

Fabriquez une affiche sur le thème du coucher

Cette idée peut aider les parents de bébés âgés de plus de 20 mois.

La plupart des enfants d'âge préscolaire apprécient la constance et la routine. Ils aiment que les mêmes choses se passent de la même façon jour après jour. Vous pouvez même vous sentir frustrée quand l'horaire des siestes de votre tout-petit ne s'accorde pas à votre ordre du jour. Il vous est sûrement arrivé d'avoir des courses pressantes à faire alors que votre bébé commençait à être malcommode parce qu'il était prêt pour sa sieste. Vous pouvez tirer avantage du désir de routine de votre bébé lorsque vous créez un rituel sain précédant l'heure du coucher.

J'ai déjà souligné l'importance d'un rituel à l'heure du coucher, et ce, pour tous les bébés. Maintenant que votre enfant est plus vieux, vous pouvez le faire participer au processus, et la façon la plus simple d'y arriver consiste à fabriquer une affiche thématique sur l'heure du coucher. Procédez comme suit :

- Procurez-vous un grand carton.
- Réunissez des marqueurs ou des crayons à dessiner.

- Suivez les directives de la section précédente sur la fabrication d'un livre et rassemblez des photos ou des images.
- Servez-vous des images et des crayons pour créer une affiche amusante et colorée illustrant clairement les étapes qui précèdent le coucher.
- Posez l'affiche sur la porte de la chambre à coucher de votre enfant, à la hauteur de ses yeux.
- Chaque soir, demandez à votre enfant de vous aider à suivre les étapes en lui posant la question « Qu'est-ce qu'on fait après ? »
- Félicitez-le pour avoir suivi les étapes (« Bon travail ! »)

Voici un exemple d'une affiche thématique sur l'heure du coucher :

L'affiche de Joey sur l'heure du coucher

1. Je mets mon pyjama.
2. Je prends une collation.
3. Je brosse mes dents.
4. Je lis trois livres.
5. Je bois un verre d'eau.
6. Je fais pipi dans mon petit pot.
7. J'allume ma veilleuse « Winnie l'ourson ».
8. Baisers, étreintes et caresses dans le dos.
9. Je me couche.
10. Maman et papa se couchent.

Pour de nombreux tout-petits, cette seule affiche fournira la constance et la routine nécessaires pour faciliter le coucher chaque soir.

Si vous enfant se réveille la nuit et vous appelle en pleurant, vous pouvez ajouter une phrase sur l'affiche décrivant votre solution préférée dans un tel cas. Voici quelques exemples :

- Quand Marie se réveille, elle va se coucher sur son matelas dans la chambre de maman et papa – doucement comme une petite souris.
- Lorsque Lucas se réveille la nuit, il peut aller sur son petit pot, prendre un verre d'eau et serrer son ourson contre lui. Lorsqu'il se réveille le matin, il peut grimper en silence dans le lit de maman et papa.

Déterminez vos attentes de façon précise et mettez-les sur papier. Puis, aidez votre petit à respecter les étapes, même durant la nuit. Par exemple, dites-lui : « Tu te rappelles l'affiche du dodo ? Voici ce qu'il faut faire maintenant. »

Si votre bébé se lève plusieurs fois après le rituel pour demander de l'eau, une caresse ou quoi que ce soit, ajoutez cette étape sur votre affiche pour parvenir à éliminer ce comportement exaspérant :

- Alex a droit à deux billets lui permettant de sortir de son lit. Il peut se lever deux fois pour aller sur son petit pot, boire de l'eau, donner des baisers ou des caresses. Quand il a utilisé ses deux billets, Alex doit rester au lit et s'endormir.

Vous pouvez fabriquer les billets avec le matériel qui a servi pour l'affiche. À la fin du rituel, remettez-les à votre enfant. Il doit vous en donner un chaque fois qu'il sort de son lit. Pour déterminer le nombre de billets, voyez combien de fois il se lève actuellement et soustrayez-en quelques-unes. Ainsi, s'il se lève normalement cinq ou six fois, fournissez-lui d'abord quatre billets. Après environ une semaine, ne lui en donnez que trois, puis deux, et finalement un seul. Le matin, vous pouvez même lui offrir une récompense s'il vous remet des billets non utilisés.

Rappelez-vous de toujours féliciter votre tout-petit pour avoir suivi sa routine à l'heure du coucher.

Soyez patiente

 ***Cette idée peut s'appliquer à tous.***

J'ai remarqué que mes mères témoins partageaient toutes une même caractéristique : la hâte d'obtenir des résultats. C'est tout à fait compréhensible ! Or, comme nous le savons, la patience est une vertu. Certaines mères ont été incapables d'attendre 10 jours pour remplir leurs fiches. Elles ont donc commencé à noter sagement la structure du sommeil de leur bébé nuit après nuit, en espérant remarquer une amélioration au jour le jour et se sont senties frustrées lorsque le succès n'était pas évident. Vouloir à tout prix une amélioration quotidienne ne fera (ironiquement) que vous tenir réveillée. Il y a un moment et un lieu pour les fiches. Remplissez-en une à peu près tous les 10 jours afin de constater vos progrès. De plus, ne regardez pas l'horloge toute la nuit. Suivez tout simplement votre plan et bientôt vous et votre bébé dormirez.

5

Votre plan de sommeil personnel

Avant d'accéder à cette étape, vous devrez avoir étudié les idées du chapitre 4 et pris en note les solutions qui semblent convenir à votre famille. C'est maintenant le temps de mettre de l'ordre dans votre plan et de vous engager sur la voie d'un sommeil meilleur.

Faites un résumé des solutions que vous avez choisies et inscrivez ces dernières dans la section suivante. Si vous avez un nouveau-né, votre modèle commence à la page 214. Si votre bébé a plus de quatre mois, passez à la page 216. Lorsque vous aurez créé votre plan personnel, vous pourrez photocopier les pages et les afficher là où elles seront bien à votre vue, par exemple sur votre réfrigérateur ou sur votre miroir de salle de bain ; cette façon de faire vous aidera à garder quotidiennement en tête les solutions que vous devez mettre en application. Il vous sera utile de consulter le livre en cours de processus, quand vous aurez besoin de vous rappeler l'une des étapes ou des idées.

Vous voilà prête à créer votre plan personnel en vous servant des modèles fournis aux pages suivantes.

Mon plan personnel pour mon nouveau-né

☐ Je vais me renseigner davantage sur les bébés et prendre confiance en moi.

- Je vais me procurer et lire les livres suivants :

____

____

____

____

____

____

☐ Je vais souvent faire dormir mon bébé dans son berceau, son lit à barreaux ou son lit.

- Mon bébé dormira dans mes bras seulement lors d'occasions spéciales.

☐ Je vais cesser d'allaiter mon bébé somnolent (et non endormi) et l'aider à s'endormir sans rien dans la bouche.

- Je vais éviter de créer une association entre la succion et le sommeil.

☐ Je vais apprendre la différence entre les bruits du sommeil et ceux émis à l'état de veille.

- Je vais laisser dormir mon bébé s'il dort !

TIRÉ DE Un sommeil paisible et sans pleurs D'ELIZABETH PANTLEY

- ☐ Je vais établir une distinction entre les siestes et le sommeil nocturne.
  - La nuit se déroule dans le calme, la noirceur et la tranquillité.
- ☐ Je ne laisserai pas mon bébé faire une sieste trop longue le jour.
  - La plus longue sieste permise durera____________.
- ☐ Je vais surveiller les signes de fatigue.
  - Je vais être attentive aux signes de fatigue suivants chez mon bébé : « Devient-il plus calme ? Perd-il son intérêt envers les gens et les jouets ? A-t-il un air figé ? Devient-il grognon ? Bâille-t-il ? » Je vais coucher mon bébé chaque fois que j'en percevrai un.
- ☐ Je vais rendre accueillant et confortable le milieu où dort mon bébé.
- ☐ Je vais favoriser mon confort pour les allaitements de nuit et je vais accepter cette étape de la vie de mon bébé.
- ☐ Je vais nourrir mon bébé avant de le coucher.
- ☐ Je vais savourer les séances d'allaitement reposantes durant le jour.

- Voilà exactement ce que je dois faire : me détendre et profiter de mon nouveau bébé.

☐ Je vais me simplifier la vie.

- Mon bébé est actuellement ma priorité.

☐ Je vais définir des attentes réalistes.

- Mon nouveau bébé parviendra à la maturité en ce qui a trait au sommeil au cours des prochains mois. Je dois faire preuve de patience.

Mon plan personnel pour mon bébé (de quatre mois à deux ans)

☐ Je vais me préparer.

- Mon bébé est assez vieux pour dormir toute la nuit sans mon attention. Sur le plan biologique, il est capable de dormir toute la nuit et de nombreux bébés y arrivent. Mon bébé et moi-même en bénéficierons. Je m'engage à faire dès ce soir ce qu'il faut pour aider mon bébé à mieux dormir. Je ne veux pas que mon enfant pleure ; je vais donc être patiente et procéder aux changements jour après jour. Bientôt, tous les deux, nous dormirons toute la nuit.

☐ Je vais préparer mon bébé.

- Mon bébé est en bonne santé.

- Mon bébé est bien nourri le jour.
- Le lieu où dort mon bébé est invitant et confortable.

☐ Je vais suivre un rituel à l'heure du coucher.

Heure approximative	Activité

- Voici notre routine précédant l'heure du coucher :

☐ Je vais coucher mon bébé tôt.

- Je couche maintenant mon bébé à_______________.
- Nous commençons le rituel du soir à____________.

☐ Je vais suivre une routine prévisible mais flexible durant le jour.

- Voici un aperçu général d'une journée typique (écrivez les heures planifiées pour le réveil, les siestes, les repas, le coucher et toute autre activité importante) :

Heure approximative	Activité

☐ Je vais m'assurer que mon bébé fait régulièrement des siestes.

- Les heures des siestes sont : ____________________.
- Je vais surveiller attentivement les signes de fatigue suivants chez mon bébé : « Est-il moins vigoureux ? Devient-il plus calme ? Perd-il son intérêt envers les gens et les jouets ? Se frotte-t-il les yeux ? A-t-il un air figé ? Devient-il grognon ? Bâille-t-il ? » Je vais faire faire une sieste à mon bébé chaque fois que j'en percevrai un.
- Je vais encourager les siestes grâce aux moyens suivants :________________________________.

☐ Je vais apprendre à mon bébé à se rendormir sans aide (1re idée) :

- Le jour, je vais passer des moments tranquilles en laissant mon bébé jouer dans son lit.

☐ Je vais apprendre à mon bébé à se rendormir sans aide (2e idée) :

- Je vais encourager mon bébé à faire des siestes dans divers lieux et par différents moyens :
  ____
  ____
  ____
  ____

☐ Je vais lui offrir une « doudou » ou un « joujou ».

- Je vais garder avec nous une « doudou » ou un « joujou » quand nous nous cajolons et quand je mets mon bébé au lit.

☐ Je vais établir une distinction entre les siestes et le sommeil nocturne.

- La nuit se déroule dans le calme, la noirceur et la tranquillité.

☐ Je vais déterminer des mots clés en guise d'indices du coucher.

- Voici nos mots clés :______________________________

☐ Je vais utiliser de la musique ou des bruits blancs en guise d'indices du coucher.

- Voici notre musique ou nos bruits à l'heure du coucher : ______________________________
  ____
  ____
  ____

☐ Je vais changer les associations qu'a faites mon bébé par rapport au sommeil.

- Je vais recourir aussi souvent que possible au programme Pantley de sevrage en douceur.

- Je vais aussi faire ce qui suit :____________________
____
____
____

☐ Je vais apprendre à mon bébé qui dort avec moi à se rendormir.

- Je ne réagirai pas trop rapidement ; je vais attendre d'entendre de vrais bruits signalant le réveil de mon bébé.
- Je vais raccourcir la durée de ma routine d'aide nocturne (allaitement, bercement, biberon ou sucette).
- Je vais recourir aussi souvent que possible au programme Pantley de sevrage en douceur.
- Je vais m'éloigner de mon bébé une fois qu'il sera endormi.
- Je vais utiliser mes mots clés et caresser ou masser mon bébé pour le rendormir.

☐ Je vais aider mon bébé à se rendormir et le porter dans son propre lit.

- Voici ce que nous ferons : ________________________

____

☐ Je vais demander à mon conjoint d'aider mon bébé à se rendormir.

- Voici ce que nous ferons : ____________________

  ____

  ____

- La personne qui s'occupe de mon bébé fera ce qui suit quand le petit se réveillera : ____________________

  ____

  ____

- Cette personne me ramènera mon bébé si ce dernier ou elle-même n'est pas bien. Voici ce que je ferai alors : ____________________

  ____

  ____

☐ Je vais aider mon bébé à se rendormir étape par étape.

- Voici mon plan en vue de raccourcir la durée et le contenu de ma routine d'aide nocturne :

1re phase : ____________________

____

____

2e phase : ____________________

____

____

3e phase : ____

____

____

4e phase : ____

____

____

5e phase : ____

____

____

6e phase : ____

____

____

☐ Je vais rédiger un livre ayant pour thème l'heure du coucher ; chaque soir avant de mettre mon bébé au lit, je vais lui en faire la lecture.

☐ Je vais créer une affiche thématique illustrant notre rituel et m'y référer chaque soir.

☐ Je serai patiente et constante ; bientôt, tout le monde dormira.

- Je *vais* réussir si je persiste et si demeure constante et patiente. Je n'ai qu'à me détendre, à suivre mon plan et à remplir mes fiches tous les dix jours. Après avoir rempli chaque fiche, je vais analyser mon succès et rectifier mon plan. Mon bébé et moi dormirons bientôt.

6

La mise en application de votre plan de sommeil pendant dix jours

Maintenant que vous avez créé votre plan de sommeil personnel, il est temps d'entreprendre officiellement le processus en vue d'amener votre bébé à dormir toute la nuit. Plus vous suivrez votre plan de manière assidue, plus vite vous verrez une amélioration. Je vous recommande fortement de faire du sommeil de votre bébé une priorité dans votre famille pendant un ou deux mois. Ainsi, vous devrez éviter les sorties aux heures prévues pour les siestes, le rituel et le coucher du soir.

Je sais que cela peut être exigeant. Avec trois enfants plus vieux dans notre famille, mon mari et moi avons souvent l'impression de vivre sur la route. Avec l'école, les loisirs, les sports, les fêtes d'anniversaire et tout le reste, nous sommes constamment affairés. Quand j'ai établi l'horaire des couchers de Coleton, j'ai organisé nos journées le plus possible à partir des heures où il devait dormir. J'ai profité du covoiturage, demandé des faveurs, sollicité l'aide de grand-maman et fait tout ce que j'ai pu afin que Coleton soit à la maison au moment où il devait faire une sieste ou se coucher pour la nuit. Quand il a commencé à dormir dix heures ou plus la nuit et à faire régulièrement des siestes de deux heures, j'ai pu me relaxer et varier davantage mes activités. Quand la structure de son sommeil s'est stabilisée, j'ai pu retarder d'une heure ou deux les siestes et le coucher du soir ; dès le retour à la maison, Coleton allait directement au lit et se réveillait plus tard le matin. De la même façon, vous ne serez pas non plus éternellement à la merci de l'horaire des couchers de votre bébé. Toutefois, plus vous serez assidue actuellement, plus vite vous obtiendrez des résultats positifs.

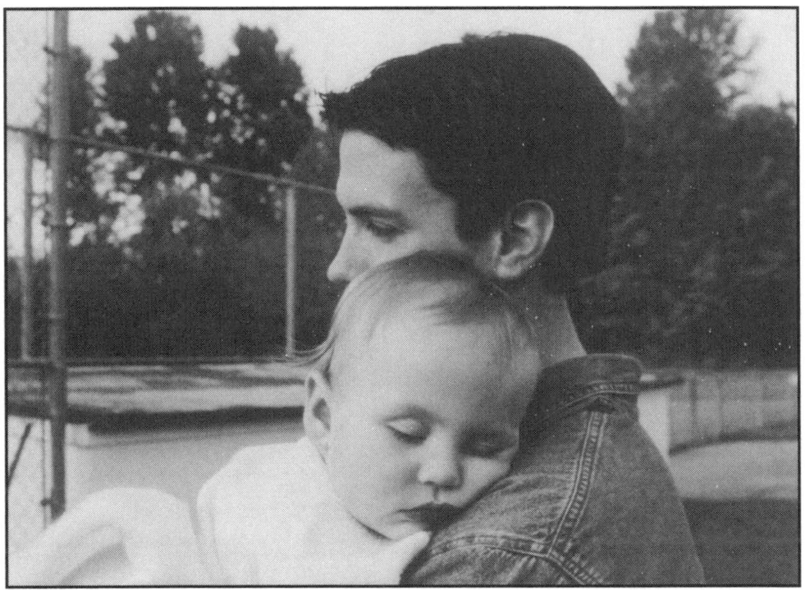

Matthew, onze mois, et Mike

Que faire si vous n'y arrivez pas du tout ?

Au départ, peut-être étiez-vous motivée à suivre votre plan à la lettre, et voilà que la maladie, les vacances, des visiteurs ou la dentition ont interrompu vos efforts. Il est possible que vous flanchiez au beau milieu de la nuit et que le matin vous vous réprimandiez pour avoir abandonné votre plan, ce qui peut être frustrant. Cependant, écoutez-moi bien : même si vous ne suivez qu'une partie de votre plan et même si votre constance n'est pas parfaite, vous verrez une amélioration. Même s'il y a quelques changements dans votre routine et vos habitudes, vous pouvez améliorer le sommeil de votre enfant. Quand tout finira par se mettre en place dans votre maison, vous pourrez vraiment commencer à vous concentrer sur votre plan de sommeil et faire en sorte que votre bébé dorme toute la nuit.

Le chemin menant au succès est plutôt sinueux

La plupart d'entre vous trouveront que le chemin menant au succès n'est pas droit ni facile, même en suivant leur plan à la lettre. Il s'apparente plutôt à une danse, et tantôt vous ferez deux pas en avant puis un autre en arrière et même quelques-uns de côté.

C'est ce que j'ai vécu avec Coleton. Nous avions connu notre meilleure nuit jusqu'à maintenant. Coleton s'était endormi tout seul et était resté endormi pendant sept heures. J'étais enchantée ! Une nouvelle étape était franchie ! Cependant, mon bonheur n'a pas duré. La nuit suivante, Coleton n'a même pas essayé de s'endormir tout seul ; j'ai dû l'allaiter presque constamment et il faisait le difficile entre les allaitements. Puis, il se réveillait fréquemment et se lamentait « Maman, maman » jusqu'à ce que je le nourrisse à nouveau. Bon nombre de mes mères témoins ont rapporté ce genre de phénomène. Je recevais un courriel débordant de joie puis, un ou deux jours plus tard, la mère en détresse m'envoyait un message pour me demander : « Que s'est-il passé ? Ma petite est restée réveillée toute la nuit ! »

En effet, que s'est-il passé ? Les possibilités sont illimitées. Le bébé tombe malade, *vous* tombez malade, il fait ses dents, il a sauté une sieste, il commence à se traîner, il a été vacciné, vous recevez des visiteurs de l'extérieur, ou c'est la pleine lune ! Peut-être serez-vous capable de cerner la cause ou peut-être vous gratterez-vous le crâne en vous demandant pourquoi votre bébé passe une si mauvaise nuit. Puis, la nuit suivante, il dormira comme jamais auparavant. Voilà encore une preuve montrant à quel point les bébés sont imprévisibles.

Or, il y a une bonne nouvelle. Quand vous suivez mon plan de sommeil, la danse compliquée se termine là où vous voulez aller. Voilà pourquoi les fiches que je vous conseille de rédiger tous les 10 jours sont si importantes. Avec une preuve concrète de vos progrès sur une période de 10 jours, vous serez capable d'endurer les dérapages ennuyeux.

Il faudra peut-être 20, 30 ou même 60 jours avant que vous connaissiez ce que vous appelez une vraie bonne nuit de sommeil. Toutefois, d'un point de vue plus large, que représentent quelques mois ? C'est un autre cadeau que m'ont offert mes quatre enfants : la perspective. J'ai une fille de 14 ans. Je sais à quel point l'enfance passe trop rapidement. Je suis sûre que vous le penserez vous aussi. J'ai l'impression d'avoir tenu dans mes bras juste hier ma petite Angela qui venait de naître, mais j'ai devant moi une jolie jeune fille qui va à l'école secondaire et qui emprunte mes vêtements et mes boucles d'oreilles. Angela est devenue une personne très autonome et ses opinions sont bien ancrées. (Oh, ai-je mentionné qu'elle faisait ses nuits ?)

Je vous souhaite donc bonne chance avec votre plan de sommeil et (bientôt) bons rêves !

7

La rédaction de fiches de sommeil après dix jours

Maintenant que vous avez suivi votre plan pendant au moins 10 jours, il est temps de rédiger vos fiches de sommeil, d'analyser votre succès et d'apporter les modifications nécessaires. En fait, vous procéderez ainsi tous les 10 jours (chapitres 9 et 10) jusqu'à ce que vous parveniez à des résultats qui vous satisfont.

La période de 10 jours n'est pas obligatoire ; vous pouvez remplir vos fiches à un intervalle de temps qui vous convient davantage. Cependant, je vous suggère d'attendre *au moins* 10 jours afin de vous donner, à vous et à votre bébé, suffisamment de temps pour vous ajuster aux changements dans votre routine. Remplir vos fiches plus fréquemment ne vous apportera peut-être que de la frustration, car vous serez alors trop concentrée sur votre désir de dormir et d'obtenir une amélioration rapide. (De la même façon, il n'est pas recommandé de vous peser chaque jour quand vous suivez un régime pour perdre du poids.)

Créez vos fiches à l'aide des modèles suivants. Prenez soin de lire les directives et de répondre aux questions. Lisez l'information qui suit chaque fiche, de même que celle qui apparaît au prochain chapitre ; ces informations vous aideront à faire votre analyse.

Fiche des siestes

Nom du bébé : ______________________________

Âge : ______________________________

Date : ______________________________

Plan suivi durant ________ **jours**

Heure à laquelle bébé s'endort	Comment bébé s'endort	Où bébé s'endort	Où bébé dort	Durée

1. Reportez-vous au tableau 2.1 à la page 76 ou copiez l'information de votre première fiche.
   Combien de siestes votre bébé devrait-il faire ?________
   Combien de siestes votre bébé fait-il *actuellement* ?____
   Combien d'heures les siestes devraient-elles totaliser ?
   Combien d'heures les siestes de votre bébé totalisent-elles *actuellement* ?______________________________

2. Avez-vous instauré un rituel pour la sieste ? ________
3. Surveillez-vous les signes de fatigue et couchez-vous votre bébé dès que vous les remarquez ? ________
4. Le moment et la durée des siestes sont-ils constants chaque jour ? ________

Fiche du rituel précédant le coucher

Nom du bébé : ________

Âge : ________

Date : ________

Plan suivi durant ________ jours

Légende :
Activité : animée, modérée, calme
Bruit : fort, modéré, tranquille
Lumière : claire, tamisée, éteinte

Heure	Activité	Intensité de l'activité	Intensité du bruit	Intensité de la lumière

1. Au cours des 10 derniers jours, combien de fois avez-vous suivi votre rituel avant l'heure du coucher ?_____
2. L'heure qui précède le coucher est-elle plutôt calme, tranquille ? L'éclairage est-il tamisé ?_____________
3. Votre rituel du soir aide-t-il votre bébé à se détendre et le dispose-t-il au sommeil ?_______________
4. Votre rituel du soir est-il constant et sert-il d'indice du coucher pour votre bébé ?_______________
5. Le rituel précédant l'heure du coucher est-il relaxant et agréable pour vous ?_______________

Fiche des réveils nocturnes

Nom du bébé : _______________________________

Âge : _______________________________

Date : _______________________________

Plan suivi durant ________ **jours**

Heure	Comment bébé m'a réveillée	Durée et activité	Heure à laquelle bébé se rendort	Comment bébé se rendort	Durée du sommeil

Heure de l'endormissement : ______________________________

Heure du réveil : ______________________________

Nombre total de réveils : ______________________________

Durée de sommeil la plus longue : ______________________________

Heures totales de sommeil : ______________________________

8

L'analyse de votre succès

Réfléchissons maintenant à ce qui s'est passé depuis que vous avez commencé à suivre votre plan. Profitez-en pour corriger ce dernier en y apportant les changements que vous savez nécessaires pour aider votre bébé à mieux dormir. Puisque nous ne pouvons nous asseoir ensemble devant une tasse de café pour discuter de votre bébé (ce serait agréable, n'est-ce pas ?), j'ai prévu ce chapitre pour vous aider à déterminer quelles parties de votre plan sont efficaces et lesquelles vous devez corriger. Servez-vous d'abord de l'information que vous avez notée dans vos fiches au chapitre 7 pour remplir le tableau suivant. Inscrivez les données de la première fiche et de celle que vous avez remplie après 10 jours, et précisez le changement.

	Première fiche	**Fiche après 10 jours**	**Changement**
Nombre de siestes			
Durée des siestes			
Heure du coucher			
Heure du réveil			
Nombre de réveils			
Durée de sommeil			
Heures totales de sommeil			

Prenez maintenant quelques minutes pour répondre aux questions ci-après, afin de mieux analyser vos efforts. Si c'est possible, discutez de l'information avec votre conjoint, la personne avec qui vous éduquez votre enfant, ou une mère qui a elle aussi un plan de sommeil. Peut-être désirerez-vous créer un groupe de soutien entre mères qui se rencontrent en personne ou échangent par courriel ou sur babillard électronique. Le soutien venant d'autres parents qui vivent la même situation que vous peut être très utile et très instructif.

Évaluez votre plan de sommeil

Au cours des 10 derniers jours, avez-vous bien suivi votre plan ?

☐ J'ai suivi parfaitement toutes les parties de mon plan pendant 10 jours.

☐ J'ai suivi certaines parties de mon plan seulement.

☐ Au début, j'ai suivi mon plan, mais je suis revenue à mes vieilles habitudes.

☐ Plan ? Quel plan ? (Oh là là ! il vaudrait mieux revenir à la première étape.)

Avez-vous remarqué qu'au moins un aspect s'est amélioré ? (Par exemple, une augmentation de 15 minutes dans la durée de la sieste ou du sommeil nocturne, un coucher plus tôt le soir, une diminution des réveils durant la nuit.)

Quels aspects ont le plus changé ? ____________________

Pourquoi croyez-vous qu'il en est ainsi ? (Qu'avez-vous fait pour qu'il en soit ainsi ?) ____________________

____

____

____

Quels aspects ont le moins changé ? ____________________

Pourquoi croyez-vous qu'il en est ainsi ? (Qu'avez-vous fait pour qu'il en soit ainsi ?) ____________________

____

____

____

Au cours des 10 derniers jours, qu'avez-vous appris sur les habitudes de sommeil de votre bébé ? ____________________

____

____

____

____

____

____

Quelles parties de votre plan semblent le mieux influer sur le sommeil de votre bébé ? ____________________

____

____

Selon vous, quels changements devriez-vous maintenant apporter à votre plan ? ____________________

____

____

____

____

Comment allez-vous procéder pour amener ces changements ? ____________________

____

____

____

____

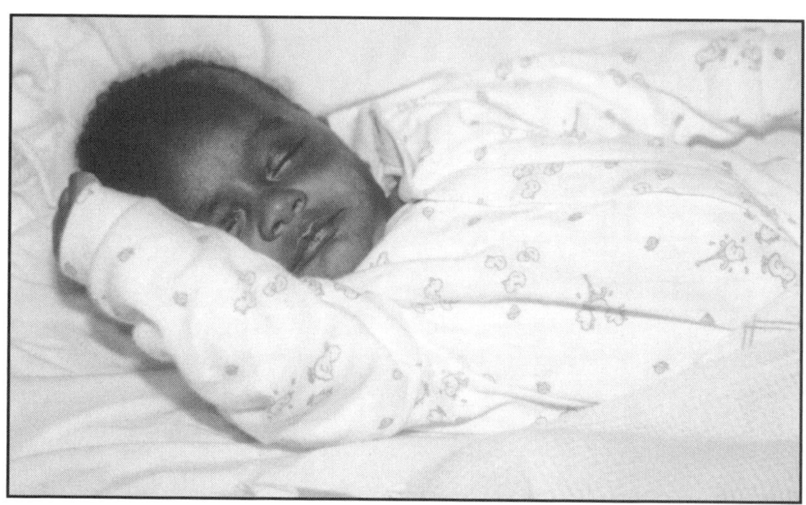

Reuel, un mois

Les sections suivantes se divisent en trois parties. Passez directement à celle qui correspond à votre degré de réussite et lisez-la. Si vous le voulez, lisez aussi les autres parties pour obtenir de l'information et des idées supplémentaires. Voici les trois options :

Si votre bébé fait maintenant ses nuits (cinq heures consécutives ou plus)

Bravo ! Il me fait beaucoup plaisir que vous ayez obtenu autant de succès aussi rapidement. J'imagine que vous avez maintenant plus d'énergie et que vous êtes plus heureuse, même si votre sommeil ne s'est amélioré que depuis quelques jours. N'est-il pas étonnant de constater à quel point le fait de dormir un peu plus peut avoir des conséquences paisibles sur votre vie ?

Maintenant que vous avez constaté une certaine amélioration, vous devez vous pencher sur quelques précisions. D'abord, ce n'est qu'un début ! Maintenant que votre bébé dort cinq heures consécutives ou plus, vous verrez probablement cette durée s'allonger peu à peu, nuit après nuit. C'est ce que vous favoriserez en continuant de suivre votre plan.

Il est essentiel de respecter votre plan parce que la structure du sommeil de votre bébé vient tout juste d'être modifiée. Si vous reprenez vos anciennes façons de faire, c'est probablement ce que fera aussi votre bébé. Après tous les efforts que vous avez fournis, cela serait très frustrant. Suivez le même plan pendant au moins quelques semaines pour vous assurer que le changement est durable.

N'oubliez pas que la structure du sommeil des bébés varie. Ne vous découragez pas en une seule nuit — ou semaine — difficile. De nombreux changements peuvent influer sur le sommeil de votre bébé : la dentition, la maladie, les vacances, les visiteurs, les vaccins ou tout simplement les écarts dans votre routine quotidienne. Ayez de la constance et, au cours des prochains mois, vous constaterez que le sommeil de votre bébé se sera stabilisé en un modèle agréable, de moins en moins touché par les imprévus du quotidien.

Maintenant que votre bébé dort durant des périodes plus longues, vous découvrirez peut-être que vous continuez de vous réveiller tandis qu'il dort. Cela pourrait bien être la goutte qui fait déborder le vase de votre frustration ! Si c'est votre cas, vous trouverez quantité d'idées au chapitre 11.

Si vous nourrissez votre bébé au sein, il est possible que les réveils nocturnes moins fréquents de votre enfant vous occasionnent un certain inconfort à cause de la congestion mammaire. Des solutions vous attendent aux pages 308 à 310.

Donnez-vous une petite tape dans le dos et serrez votre bébé bien fort. Vous avez réussi !

Si vous constatez une certaine amélioration

Bravo ! Même si votre bébé ne dort pas *toute* la nuit, je suis certaine que la question du sommeil — le sien et le vôtre — est maintenant moins problématique. Prenez un peu de temps pour réfléchir à ce qui s'est passé depuis que vous avez commencé à suivre votre plan. Voyez quelles idées semblent fonctionner le mieux et conservez-les. Repérez les idées qui ne sont pas efficaces et modifiez-les ou cessez de les utiliser. Par après, mettez votre plan révisé en application durant 10 jours supplémentaires et remplissez ensuite d'autres fiches que vous analyserez.

Lisez la section suivante afin de déterminer si vous n'auriez pas oublié certains aspects qui vous empêchent d'atteindre rapidement votre objectif.

Si vous ne constatez aucun changement positif

J'aimerais pouvoir vous serrer dans mes bras. Je sais à quel point vous vous sentez frustrée présentement. Courage ! Bon nombre de mes mères témoins n'ont vu aucun changement au début mais, lorsqu'elles ont évalué ce qui s'était produit, révisé leurs idées et modifié leurs façons de faire, elles ont constaté peu à peu une amélioration appréciable. Je vais tenter de découvrir pourquoi le plan n'est pas encore efficace pour vous.

Commençons par examiner les problèmes plausibles pouvant empêcher votre succès.

Avez-vous suivi les étapes ?

Ce livre est organisé de manière très simple ; il présente une méthode étape par étape à suivre dans un ordre déterminé et bien défini. Est-il possible que, dans votre désir désespéré de sommeil, vous ayez sauté de l'information importante ? Voici un exemple. Le chapitre 2 porte sur la façon dont dorment les bébés ; si vous n'avez pas lu cette information, vous ne pouvez comprendre la logique derrière chaque idée. Peut-être avez-vous adapté une suggestion et, sans le savoir, avez-vous annulé son but même. Je vous suggère de relire les premières sections du livre. Ne vous découragez pas. De nombreux parents ont dû recommencer au début et ont obtenu un énorme succès. Ce sera bientôt votre cas.

Si vous vous rendez compte que vous avez oublié des étapes, repartez du début afin de combler vos lacunes. Raffinez votre plan et amenez votre bébé à dormir !

Avez-vous choisi le bon plan ?

Il est possible que vous ayez choisi les mauvaises étapes dans votre plan. Lisez à nouveau le chapitre 2 et demandez-vous si vous avez sélectionné les idées qui conviennent le mieux pour vous et votre bébé. Lorsque vous aurez décidé du plan que vous devriez suivre, renouvelez votre engagement.

Auparavant, vous enduriez les interruptions de sommeil sans les comprendre. Maintenant que vous avez acquis une nouvelle vision sur le sommeil de votre bébé, vous devriez être en mesure de cerner clairement ce qui l'empêche de dormir. Une fois que vous aurez identifié ces problèmes, vous pourrez aller de l'avant avec un plan de sommeil efficace.

Faites-vous preuve de patience ?

Je sais, vous êtes fatiguée. Vous voulez dormir. Ce soir.

Respirez profondément. Vous le pouvez, cela ne prend pas une éternité. Si vous mettez l'accent sur ce qui ne va pas plutôt que sur ce qui va bien, vous ne faites que vous rendre malheureuse, tout comme cette mère témoin :

La parole aux mères
« C'est surprenant (et déprimant) de constater à quel point les habitudes de réveil de mon bébé sont constantes : la petite se réveille à intervalles d'une heure quarante-cinq minutes. Je me suis aperçue que le processus du sommeil me paraît beaucoup plus frustrant maintenant que j'essaie de le modifier. C'était plus facile pour moi sur le plan psychologique d'accepter des réveils nocturnes constants. »

Kelly, mère de Savannah âgée de dix-huit mois

Peut-être avez-vous entendu parler de l'étonnant « résultat en deux jours » qu'une personne a obtenu avec la méthode consistant à laisser pleurer le bébé et que vous souhaitez voir un changement aussi rapide chez votre poupon — sans devoir le laisser pleurer, bien sûr. Or, voilà que 10 jours ont passé et que vous ne constatez à peu près pas de changement. Cela vous paraît peut-être même pire qu'avant.

Rappelez-vous que, lors de notre première rencontre — dans mon introduction —, je vous ai promis que votre bébé finirait par dormir toute la nuit. Je n'ai pas parlé de miracle instantané. De plus, il est probable que vos problèmes de sommeil vous dérangent davantage maintenant que vous vous efforcez de les résoudre. Avant, c'était plus facile de faire l'autruche et d'éviter de reconnaître la véritable fréquence des réveils de votre bébé durant la nuit ou leur influence négative sur votre vie. Maintenant que vous faites des efforts pour parvenir à faire dormir votre bébé plus longtemps, vous êtes énormément concentrée sur cet aspect de votre vie et, par conséquent, beaucoup plus consciente de votre manque de sommeil.

Je suis certaine que votre bébé n'est pas si différent des autres pour qui cette méthode a fonctionné. Faites une pause, révisez toutes les idées et analysez votre plan de sommeil. Je suis prête à parier qu'au cours des 10 prochains jours vous vous rapprocherez des résultats que vous espérez.

Vous êtes-vous vraiment engagée à suivre le plan ?

Certains parents sont à moitié convaincus lorsqu'ils commencent à exécuter leur plan et ils espèrent des changements miraculeux. Ils prennent connaissance des idées, en choisissent une ou deux qui leur semblent faciles ou rapides et s'aperçoivent au bout de 10 jours que la structure du sommeil de leur bébé n'a pas changé. Ils ne connaîtront le succès que lorsqu'ils s'engageront vraiment à suivre leur plan. Vous êtes la seule à savoir si vous êtes déterminée à suivre le vôtre, si vous lui avez consacré suffisamment d'efforts et si vous l'avez respecté religieusement.

La parole aux mères

« Je me suis rendu compte que nous ne suivions notre plan que partiellement. Je suppose que nous espérions que les changements allaient se produire comme par magie. Aujourd'hui, mon mari et moi avons discuté ensemble et avons décidé de prendre le plan au sérieux à partir de maintenant. Il n'est plus question d'appliquer les idées seulement de temps à autre. »

Neela, mère d'Abhishek âgé de dix-huit mois

Avez-vous réussi sans vous en rendre compte ?

Vous recherchez peut-être la perfection – ces huit heures consécutives de sommeil bienheureux sans aucun réveil – sans vous apercevoir que votre bébé dort *en réalité* mieux qu'avant. Peut-être vos fiches font-elles mention de deux réveils nocturnes supplémentaires et vous sentez-vous déçue. Attendez ! Si votre bébé a dormi plus d'heures dans l'ensemble, l'augmentation du nombre de réveils ne représente pas nécessairement une mauvaise nouvelle. Autrement dit, six réveils sur une période de dix heures constituent une nette amélioration par rapport à cinq réveils en huit heures. Peut-être votre bébé se couche-t-il maintenant une heure plus tôt, ou ne vous faut-il à présent que vingt minutes et non une heure pour le mettre au lit. Lorsqu'il se réveille la nuit, peut-être se rendort-il en quelques minutes et ne vous garde-t-il plus éveillée trop longtemps. Examinez encore vos fiches et comparez-les. La première fois, avez-vous obtenu du succès sans vous en apercevoir ?

La parole aux mères

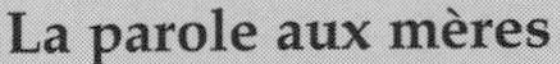

« Je vous ai fait parvenir mes fiches à quelques reprises en ayant l'impression que j'avais échoué, mais vous me répondiez en me félicitant pour les améliorations que j'avais obtenues. Vos commentaires m'ont incitée à mieux examiner mes fiches. Alors, j'ai pu constater qu'il y avait effectivement des résultats positifs ! »

Christine, mère d'Emily âgée de dix-huit mois

Avez-vous connu un recul ou des circonstances inhabituelles ?

Si vous avez eu de la difficulté à appliquer votre plan de sommeil parce que votre bébé a fait ses dents, ou à cause de la maladie, des vacances ou de toute autre modification dans votre routine habituelle, vous progresserez plus lentement que si ces circonstances n'avaient pas perturbé les siestes et le sommeil nocturne de votre bébé.

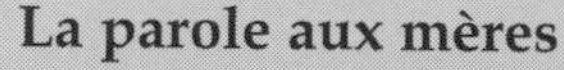

La parole aux mères

« Quand j'ai commencé à suivre mon plan, tout allait vraiment bien. Cependant, il semble que, chaque fois que je crois voir du progrès, il se produit un recul. D'abord, c'étaient les vacances, puis mon bébé a eu un mauvais rhume. À présent, il fait ses dents et se réveille à nouveau toutes les deux ou trois heures. Je pense qu'il a aussi eu une poussée de croissance. Ce matin, je lui ai dit que j'allais le vendre aux voisins et tous les deux avons beaucoup ri. »

Susan, mère de Luke âgé de dix mois

Voilà à quoi ressemble la vie des parents ! S'il vous était déjà arrivé de ressentir de l'ennui avant que votre bébé entre dans votre vie, ce mot a désormais disparu de votre vocabulaire. Les reculs sont inévitables au cours de l'application de votre plan de sommeil. Ne vous arrêtez pas. Malgré toutes les interruptions, vous pouvez progresser. Quand les choses reviendront à la normale, vous verrez que vous êtes sur le point de réussir.

La persistance et la constance sont les clés de votre succès. Efforcez-vous de respecter votre plan malgré les reculs. Même si vous ne réussissez pas à suivre chacune des étapes, celles que vous appliquez produiront des changements positifs.

De façon générale, quand la vie reprend son cours normal, la structure du sommeil d'un bébé se stabilise elle aussi. Voici ce qu'a raconté la même mère quelques semaines plus tard :

La parole aux mères

« Finalement, ses dents sont sorties, la douleur a cessé et il va beaucoup mieux. Voici ce que j'ai inscrit sur la fiche d'hier soir : retour à la normale. Depuis trois semaines environ, c'était la première fois que Luke dormait plus de six heures d'affilée. Je suis tellement contente. Je suppose que les voisins ne l'auront pas en fin de compte. »

Susan, mère de Luke âgé de dix mois

Des problèmes médicaux ou de croissance nuisent-ils au sommeil de votre bébé ?

L'incapacité de dormir de votre bébé est peut-être due à autre chose qu'aux habitudes et aux façons de faire. Peut-être un problème de santé ou de croissance empêche-t-il votre bébé de bien dormir. Il est toujours sage de discuter avec votre médecin de vos inquiétudes concernant la santé de votre bébé. Voici quelques-uns des problèmes les plus courants pouvant tenir un bébé éveillé la nuit.

La dentition

Le phénomène de la dentition est fréquemment en cause quand un bébé a de la difficulté à s'endormir et à rester endormi. Rappelez-vous la dernière fois que vous avez eu mal aux dents, à la tête, au dos ou au cou. L'inconfort peut vous empêcher de dormir. Les bébés sont incapables de dire où ils ont mal ; ils peuvent seulement pleurer ou se lamenter. Souvent, ce comportement commence bien avant que nous puissions voir une dent émerger. Il est donc difficile de s'apercevoir que la dentition est responsable de la mauvaise humeur d'un enfant.

Les signes de la dentition

Le phénomène de la dentition peut s'amorcer dès l'âge de trois mois. Voici les signes qui l'accompagnent généralement :

- Difficulté à s'endormir et à rester endormi
- Mauvaise humeur
- Écoulement de bave
- Nez qui coule
- Éruption cutanée au menton ou autour de la bouche
- Envie de mordre
- Joues rouges
- Rejet du sein ou du biberon
- Besoin accru de téter
- Gencives enflées et décolorées

Certains parents font mention d'une faible fièvre, de diarrhée, de vomissements ou d'éruption cutanée sur les fesses mais, puisque ces symptômes peuvent également signaler une infection ou un virus, vous devriez toujours en faire part à votre médecin.

Que faire pour que bébé se sente mieux
Si vous croyez que votre bébé fait ses dents, les interventions suivantes peuvent soulager son inconfort de manière qu'il puisse se détendre suffisamment pour s'endormir :

- Donnez-lui une serviette propre imbibée d'eau fraîche dans laquelle il pourra mordre.
- Donnez-lui un anneau de dentition à température de la pièce ou rafraîchi au réfrigérateur et dans lequel il pourra mordre.
- Tapotez souvent son menton tout doucement pour l'essuyer.
- Offrez-lui une gorgée d'eau froide.
- Frottez ses gencives avec un doigt propre mouillé.
- Nettoyez ses gencives avec une brosse à dents spécialement conçue pour les bébés.
- Étendez de la vaseline ou une pommade douce sur son menton ou aux endroits où coule la bave.
- Allaitez-le souvent au sein, autant pour le réconforter que pour le nourrir.

Les onguents qu'on vend sans ordonnance pour soulager la douleur causée par la dentition sont souvent très forts. (Appliquez-en un peu sur vos lèvres et vous éprouverez une sensation de picotement et d'engourdissement.) Utilisez-les donc parcimonieusement et seulement avec l'approbation de votre médecin.

L'angoisse de séparation

À mesure que votre bébé vieillit, il se rend compte de vos absences. Il vit au présent et n'a qu'une conscience limitée du temps et de la mémoire. Ainsi, quand vous le quittez, il se demande où vous allez et craint que vous ne reveniez pas. C'est ce qui s'appelle l'angoisse de séparation. Le docteur Avi Sadeh dit, dans son livre intitulé *Sleeping Like a Baby* (Yale University Press, 2001) :

> Au cours de la petite enfance, l'angoisse de séparation est l'une des principales causes des problèmes de sommeil.
>
> L'augmentation de la fréquence des troubles du sommeil durant la première année de la vie peut être liée à l'apparition de l'angoisse de séparation, phénomène de croissance normal à cet âge.
>
> Un changement, par exemple le retour de la mère sur le marché du travail à la suite de son congé de maternité, une nouvelle gardienne, la fréquentation d'une garderie ou toute nouveauté pouvant signaler une séparation et une nouvelle adaptation, s'exprime souvent immédiatement sous forme d'un important trouble du sommeil.

Le docteur Sadeh explique que même une séparation temporaire, par exemple quand la mère doit se rendre à l'hôpital pour donner naissance à un autre enfant ou qu'elle passe la soirée à l'extérieur de la maison, peut avoir des répercussions considérables sur la structure du sommeil d'un bébé. Ses recherches ont montré que, même après la séparation, les bébés se réveillaient plus souvent, pleuraient davantage et passaient moins de temps à dormir en général.

De nombreux parents découvrent que l'angoisse de séparation est à son comble au moment où leur bébé est au stade de se traîner et de commencer à marcher. Pourquoi en est-il ainsi ? C'est parce que le bébé est en train d'apprendre qu'il peut s'éloigner de sa mère — et sa mère de lui.

Des conseils pour l'angoisse de séparation
Lorsque l'angoisse de séparation se manifeste, faites en sorte que votre bébé sache que vous, ou une autre personne qui prend soin de lui, êtes toujours à proximité. Voici quelques façons de lui transmettre ce message :

- Le jour, cajolez plus souvent votre bébé ; serrez-le dans vos bras et caressez-le.
- Suivez un rituel paisible et constant une heure avant de le coucher le soir.
- Installez une grande photo de papa et maman près de son lit.
- Quand il est réveillé, ne vous éloignez pas à la sauvette au moment où il ne vous regarde pas. Dites-lui toujours au revoir ou bonne nuit quand vous partez.
- Ayez un air confiant et joyeux quand vous quittez votre bébé ; évitez de projeter l'insécurité et la peur. Répondez rapidement quand votre bébé vous appelle ou pleure la nuit, même si ce n'est que pour lui dire « Je suis là et tout va bien. »
- Amenez votre enfant à s'attacher à un objet favori (pages 160 à 163). Ainsi, il pourra le serrer dans ses bras quand vous ne serez pas avec lui.
- Le jour, éloignez-vous de votre bébé de temps en temps ; allez dans une autre pièce tout en chantant ou en sifflant. Ainsi, votre bébé saura que, même s'il ne vous voit pas, vous êtes près de lui.

Les étapes clés du développement et les poussées de croissance

Il est courant qu'un bébé en train d'acquérir une nouvelle habileté se réveille la nuit avec l'envie soudaine de la mettre en pratique. Généralement, ce genre d'interruption du sommeil ne dure pas longtemps et disparaît dès que la nouvelle habileté est maîtrisée.

De façon similaire, il est possible que votre bébé se mette soudainement à manger davantage, à dormir moins et à grandir au point que ses vêtements ne lui fassent plus avant même que vous ayez enlevé l'étiquette de prix. Il s'agit d'une poussée de croissance, une période durant laquelle votre bébé grandit de manière remarquable — jour et nuit.

La parole aux mères

« J'ai remarqué que, lorsque mes jumeaux apprennent quelque chose de nouveau, par exemple se traîner ou se tenir debout, leur sommeil est plus agité au cours des jours qui suivent. Quand ils s'éveillent au milieu de la nuit, ils veulent tout de suite effectuer leur nouveau ' truc '. Si je n'étais pas si fatiguée, ce serait amusant de les regarder se traîner ou réussir à se mettre debout. Après quelque temps, ils semblent s'habituer à leurs nouvelles aptitudes et dorment mieux. »

Alice, mère des jumeaux Rebecca et Thomas âgés de six mois

Lors de ce type de réveils nocturnes, vous devez aider votre bébé à se recoucher et à se calmer en un minimum de temps et sans trop de difficulté. Les mots clés et les caresses ou les tapotements dans le dos sont souvent efficaces car, la plupart du temps, votre bébé n'est même pas complètement réveillé.

La parole aux mères

« Je n'avais jamais pensé que les nouvelles habiletés de Kyra pouvaient la tenir en activité durant la nuit. Depuis deux semaines, chaque matin à l'aube, je la retrouve debout dans son lit à barreaux. Maintenant que vous en avez parlé, je me rends compte que depuis deux semaines elle utilise tout ce qu'elle peut pour s'aider à se tenir debout. »

Leesa, mère de Kyra âgée de neuf mois

Les maladies et malaises courants : rhume, reniflement, fièvre et vaccins

Tout comme un adulte, un bébé qui ne se sent pas bien ne dort pas bien. Toutefois, contrairement à un adulte, il ne sait pas pourquoi il ne se sent pas bien, pas plus qu'il ne sait quoi faire pour se sentir mieux. Quand votre bébé ne va pas bien, faites votre possible pour lui procurer du bien-être. Délaissez votre plan de sommeil pendant quelques jours.

Voici plusieurs suggestions pour favoriser le bien-être de votre bébé :

- **Laissez-le se reposer.** Reportez les courses à plus tard, évitez de recevoir des visiteurs ou de faire tout ce qui pourrait déranger la période tranquille de rétablissement. Cela *vous* aidera vous aussi à rester calme et tranquille et, par conséquent, vous serez mieux disposée à amener votre bébé à guérir.
- **Donnez-lui beaucoup de liquides.** Quelle que soit la maladie, votre bébé se sentira mieux s'il est bien hydraté. Si vous le nourrissez au sein, allaitez-le

souvent. S'il boit avec une tasse ou un biberon, fournissez-lui beaucoup de lait maternisé, de jus et d'eau. À un enfant plus vieux, vous pouvez donner des sucettes glacées, de la soupe et des cubes de glace.

- **Dorlotez-le et serrez-le dans vos bras.** Il vous faudra peut-être interrompre votre routine habituelle durant quelques jours. Plus vous tenterez de vous affairer quand votre bébé est malade, plus il sera de mauvaise humeur.
- **Décongestionnez son nez pour qu'il puisse bien respirer.** Vaporisez dans ses narines une solution saline pour le nez (renseignez-vous auprès de votre pharmacien) et faites-le respirer avec un aspirateur nasal conçu pour les bébés.
- **Maintenez de l'humidité dans l'air.** Pendant que votre bébé dort, mettez en marche un humidificateur ou un vaporisateur diffusant de l'eau propre distillée.
- **Encouragez-le à dormir le plus longtemps possible.** Appliquez les idées les plus efficaces pour amener votre bébé à faire des siestes et à dormir paisiblement.
- **Consultez un médecin chaque fois que votre bébé est malade.** Au bureau de votre pédiatre ou à votre hôpital, il y a toujours quelqu'un qui peut vous donner des conseils sur la manière de soigner votre bébé.

Les gaz et les coliques

Tous les bébés ont des gaz, mais certains ont plus de difficulté à les expulser de leur système. Votre bébé aspire peut-être de l'air quand il est allaité ou qu'il pleure, ce qui peut produire une sensation inconfortable de ballonnement, des gaz et même des maux d'estomac.

Peut-être avez-vous entendu le terme « coliques » associé à un bébé qui pleure beaucoup. Cependant, tous les bébés qui pleurent ne souffrent pas nécessairement de coliques. Les chercheurs ne connaissent pas encore la cause précise des coliques, mais la plupart croient que ce phénomène est dû au fait que le système digestif des bébés n'a pas encore atteint son plein développement. Certains avancent que le développement incomplet du système nerveux, de même que l'incapacité du bébé à traiter les stimulations sensorielles constantes, peuvent provoquer une sorte de crise vers la fin de la journée. Quelle qu'en soit la cause, les coliques font vivre aux parents l'une des expériences les plus exaspérantes. Voici des signes qui vous aideront à reconnaître les coliques :

- Vous assistez régulièrement, généralement vers la fin de la journée, à une séance de pleurs inconsolables.
- Les épisodes de pleurs durent de une à trois heures ou même davantage.
- Ces malaises se produisent entre trois semaines et quatre mois.
- Le bébé est en bonne santé et de bonne humeur le reste de la journée.

Ce n'est pas de votre faute

Puisque les coliques se produisent à un âge si jeune, les nouveaux parents ont souvent l'impression qu'ils ont eux-mêmes créé cette situation en n'agissant pas correctement. Leur vulnérabilité et leur manque d'expérience les amènent à se questionner sur leur capacité de s'occuper de leur bébé. Puisque vous ne croyez pas en la méthode de laisser pleurer votre enfant, il est très pénible pour vous d'entendre pleurer votre bébé quand il souffre de coliques. Je le sais pour en avoir vécu l'expérience.

Même si j'ai traité mes quatre bébés de la même façon, seulement un a souffert de coliques. Cette épreuve a été terrible, mais elle m'a permis d'en apprendre beaucoup sur moi-même et sur mon bébé. Grâce à ma propre expérience, à mes recherches et à mes discussions avec d'autres parents, je peux vous assurer une chose : ce n'est pas de votre faute. Tous les bébés peuvent souffrir de coliques. Si c'est le cas du vôtre, consolez-vous. Lorsque votre bébé aura atteint l'âge de trois ou quatre mois, les coliques disparaîtront comme par magie et ne vous sembleront qu'un souvenir lointain.

Des conseils pour les coliques

Il n'existe pas de traitement simple et efficace contre les coliques. Cependant, grâce à leur expérience, les parents et les professionnels sont en mesure de faire des suggestions qui peuvent aider les bébés durant cette période. Essayez toutes les idées de la liste qui suit afin de découvrir lesquelles conviennent le mieux à votre enfant. N'oubliez pas qu'il n'existe pas de cure miracle et que rien n'éliminera complètement les coliques tant que le système de votre bébé ne se sera pas pleinement développé et ne pourra se stabiliser par lui-même. Jusque-là, faites tout ce que vous pouvez pour calmer votre bébé — et vous-même.

- Si vous nourrissez votre bébé au sein, allaitez-le sur demande chaque fois qu'il a besoin d'être calmé.
- Évitez de consommer des aliments qui pourraient lui donner des gaz, tels les produits laitiers ou contenant de la caféine, le chou et le brocoli.

- Si vous le nourrissez au biberon, allaitez-le plus souvent en réduisant la quantité. Faites des essais avec différentes sortes de lait maternisé.
- Essayez différents types de biberons et tétines qui empêchent votre bébé d'aspirer de l'air en tétant.
- Pendant l'allaitement et tout de suite après, tenez votre bébé le plus droit possible.
- Nourrissez-le dans un endroit tranquille.
- S'il aime téter une sucette, offrez-lui-en une.
- Faites-lui faire un rot plus souvent.
- Procurez-vous une balançoire pour bébés ou un porte-bébé ; ces accessoires pourraient vous être utiles durant les épisodes de coliques.
- Entrez la poussette dans la maison et promenez votre bébé.
- Donnez-lui un bain chaud.
- Placez sur son ventre une couverture chaude ou une bouteille d'eau chaude recouverte d'une serviette. (Veillez à ce que la température soit juste à point.)
- Tenez votre bébé en position courbée, les jambes remontées vers le ventre.
- Massez-lui le ventre.
- Emmaillotez-le dans une couverture chaude et promenez-le dans sa poussette.
- Étendez-le, son ventre contre votre cuisse, et massez-lui ou caressez-lui le dos.
- Bercez-le dans un fauteuil berçant ou installez-le dans une balançoire.
- Marchez dans une pièce sombre et tranquille en le tenant dans vos bras.
- Étendez-vous sur le dos et couchez-le face à vous ; massez-lui le dos. Posez-le dans son lit quand il est endormi.

- Amenez-le faire une promenade en voiture.
- Faites jouer de la musique douce ou diffusez des bruits blancs.
- Renseignez-vous auprès de votre médecin sur les médicaments pour traiter les coliques et les gaz.

Des conseils aux parents de bébés qui souffrent de coliques
Les suggestions suivantes pourraient vous aider à mieux supporter le stress que vous occasionnent les coliques de votre bébé. Rappelez-vous ceci : en prenant soin de vous et en simplifiant votre vie, vous êtes plus apte à offrir du bien-être à votre bébé quand il vit des périodes difficiles.

- Planifiez vos sorties selon les moments de la journée où votre bébé est de bonne humeur.
- Attendez-vous à ce que votre bébé pleure quand il a des coliques et sachez que, même si vous pouvez lui apporter du réconfort, rien ne pourra arrêter complètement ses pleurs.
- Acceptez les offres des personnes qui veulent s'occuper de votre bébé, ne serait-ce que pour vous permettre de prendre un bain ou une douche afin de vous détendre.
- N'oubliez pas qu'il s'agit d'une situation temporaire.
- Faites toutes sortes d'essais jusqu'à ce que vous découvriez l'intervention la plus efficace.
- Évitez les longues listes de tâches ; ne faites que le plus important.
- Parlez avec d'autres parents d'enfants souffrant de coliques afin de partager des idées et de trouver un certain réconfort.
- Si les pleurs provoquent chez vous une grande tension ou de la colère, mettez votre bébé dans son lit ou

demandez à une autre personne de le prendre dans ses bras un instant ; ainsi, vous allez éviter de le blessez accidentellement.

- N'oubliez pas que les coliques ne provoquent pas de dommages à long terme.

Quand appeler le médecin
Chaque fois que vous vous inquiétez à propos de votre bébé, appelez le médecin. Pour ce qui est des coliques, vous devriez certainement faire appel à lui dans l'une ou l'autre des circonstances suivantes :

- Les pleurs sont accompagnés de vomissements.
- Votre bébé ne prend pas de poids.
- Les coliques se prolongent après l'âge de quatre mois.
- Votre bébé a l'air d'éprouver de la douleur.
- Votre bébé ne veut pas que vous le preniez ni que vous le touchiez.
- Vous vivez plus d'un épisode de pleurs durant la soirée.
- Votre bébé ne mouille ni ne souille ses couches de façon régulière.
- Vous avez remarqué d'autres problèmes qui ne sont pas mentionnés dans la liste des signes pour reconnaître les coliques.

Les otites

Si votre bébé est très grognon, qu'il se réveille plus souvent que d'habitude et parfois même en pleurant comme s'il éprouvait de la douleur et qu'il tire sur ses oreilles, il souffre peut-être d'une otite. Cela est très courant chez les bébés parce que leur conduit auditif est court, large et horizontal, offrant ainsi aux bactéries du nez et de la gorge un accès facile et rapide aux oreilles. À mesure que les bébés vieillissent et que leur conduit auditif se forme, ils deviennent de moins en moins disposés aux otites. Entre-temps, ces dernières viendront perturber le sommeil de votre bébé.

Les causes et les symptômes de l'otite

L'otite se produit lorsque les bactéries et les fluides s'accumulent dans l'oreille interne, souvent à la suite d'un rhume, d'une infection des sinus ou d'une autre maladie des voies respiratoires. Les fluides restent pris dans l'oreille, ce qui provoque une douleur lancinante. L'otite n'est pas contagieuse, même si l'est la maladie qui la précède généralement.

Votre bébé peut présenter tous les symptômes suivants ou seulement quelques-uns et même aucun. Il est important de voir votre pédiatre, même si vous n'êtes pas sûre que votre bébé souffre d'une otite. Un pressentiment, même s'il s'avère incorrect, justifie largement un appel ou une visite chez le médecin. Faites confiance à votre instinct.

Les symptômes suivants peuvent signaler une otite :

- Le bébé change soudainement d'humeur : il devient grognon, pleure et s'accroche à vous.
- Il s'éveille plus souvent la nuit (comme si vous aviez besoin de ça !).
- Il se réveille en pleurant comme s'il éprouvait de la douleur.
- Il fait de la fièvre.
- Il a la diarrhée.

- Son appétit diminue ou il a de la difficulté à avaler. (Le bébé s'éloignera du sein ou du biberon et pleurera même s'il a faim.)
- Son nez continue de couler même quand il n'a plus le rhume.
- Ses yeux coulent.
- Il est de mauvaise humeur en position couchée, mais redevient gai quand vous le mettez debout.

Les symptômes qui suivent indiquent presque toujours une otite :

- Le bébé se touche, se tire ou se tape les oreilles fréquemment, pas pour s'amuser mais visiblement par inconfort.
- Un liquide vert, jaune ou blanc s'écoule de ses oreilles.
- Une odeur désagréable provient de ses oreilles.
- Le bébé semble avoir de la difficulté à entendre.

Que faire en cas d'otite

Si votre bébé présente l'un des symptômes et que vous croyez qu'il souffre d'une otite, prenez immédiatement rendez-vous chez votre médecin. Il est préférable d'entendre votre médecin dire « Votre bébé n'a pas de problème aux oreilles, mais il fait ses dents » que de laisser votre bébé (et vous-même) souffrir à cause d'une infection non traitée. Il est également important de consulter votre médecin parce qu'une otite non traitée peut entraîner des difficultés d'élocution, une perte de l'ouïe, une méningite ou d'autres complications.

Votre médecin vous offrira peut-être les suggestions suivantes si votre bébé souffre d'une otite. (N'essayez pas de résoudre le problème par vous-même sans l'aide d'un médecin.)

- Donnez-lui un analgésique tel que de l'acétaminophène (Tylenol) ou de l'ibuprofène. (Évitez l'aspirine, à moins qu'un médecin ne vous la recommande.)
- Soulevez-lui la tête quand il est couché. Élevez une extrémité du matelas (fixez quelques boîtes de thon sous une extrémité ou essayez les idées fournies à la page 263) ou laissez dormir votre bébé dans une poussette, un siège d'auto, vos bras ou une balançoire.
- Placez une compresse tiède sur l'oreille infectée.
- Évitez de mouiller les oreilles de votre bébé.
- Faites-lui boire beaucoup de liquides.
- Utilisez des gouttes auriculaires prescrites par un médecin.
- N'envoyez pas votre bébé à la garderie ou chez la gardienne ; restez à la maison avec lui.

Comment diminuer les risques d'otite

N'importe quel bébé peut souffrir d'une otite, mais vous pouvez prendre quelques mesures pour diminuer les risques :

- **Prévenez les rhumes et les grippes qui introduisent des bactéries dans le système de votre bébé.** Lavez fréquemment les mains de votre bébé ainsi que les vôtres. Invitez toute personne qui prend votre bébé dans ses bras à se laver les mains d'abord, surtout si elle ou quelqu'un de sa famille a le rhume. N'approchez pas votre bébé d'une personne qui de toute évidence à le rhume ou la grippe.
- **Éloignez votre bébé de la fumée de cigarette.** Un seul après-midi passé dans un environnement où il y a de la fumée de cigarette peut augmenter le risque de votre bébé de contracter une otite.

- **Allaitez votre bébé au sein pendant au moins six mois.** Les anticorps et les stimulants du système immunitaire contenus dans le lait maternel préviennent la croissance bactérienne. De plus, la façon dont votre bébé est nourri au sein (en tétant vigoureusement et en avalant fréquemment) empêche le lait de couler dans ses oreilles. Les bébés allaités au sein sont moins disposés aux otites que ceux qui boivent au biberon.
- **Ne donnez jamais un biberon à votre bébé lorsque ce dernier est couché.** Le lait pourrait s'accumuler dans sa bouche et s'insinuer dans les conduits auditifs. (Cela pourrait aussi provoquer des caries.)

Les reflux gastro-œsophagiens

Le mot *gastro-œsophagien* fait référence à l'estomac et à l'œsophage. *Reflux* signifie un retour dans le sens opposé. On parle de reflux gastro-œsophagiens lorsque le contenu de l'estomac remonte dans l'œsophage. Un bébé qui en souffre éprouve des douleurs qui s'apparentent aux brûlures d'estomac et qui ont tendance à empirer quand il est couché. Ainsi, il devient ardu pour lui de s'endormir et de rester endormi. Le plus souvent, les reflux gastro-œsophagiens sont causés par le développement incomplet du système digestif du bébé. Le problème finit d'ailleurs par disparaître chez la plupart des bébés.

Voici une liste des symptômes les plus courants de reflux gastro-œsophagiens :

- Le bébé crache ou vomit fréquemment.
- Il a de la difficulté à se nourrir ou résiste à l'allaitement même s'il a faim.
- Il s'empiffre ou boit avidement.

- Il pleure et a l'air de souffrir.
- Il s'éveille la nuit en pleurant.
- Il devient grognon et pleure après l'allaitement.
- Il s'agite et pleure davantage quand il est couché sur le dos.
- Il s'agite moins quand vous le tenez debout ou le couchez sur le ventre.
- Il a souvent le rhume et tousse beaucoup.
- Il crache quand il force pour faire ses besoins.
- Il a souvent le hoquet.
- Ses sinus et ses narines sont congestionnés.
- Il perd du poids.

Si vous remarquez ces symptômes chez votre bébé, vous devriez en discuter avec votre médecin afin de voir s'il s'agit de reflux gastro-œsophagiens. Une fois que le médecin aura confirmé vos doutes, il vous suggérera peut-être les interventions suivantes :

- Allaitez votre bébé plus souvent et moins longtemps plutôt que moins souvent et plus longtemps.
- Tenez-le en position verticale de 30 à 60 minutes après l'allaitement.
- Après l'allaitement, couchez votre bébé sur le ventre dans un angle de 30 degrés en le surveillant bien. N'oubliez pas que, selon la recommandation de l'American Academy of Pediatrics, la plupart des bébés devraient dormir sur le dos même ceux qui souffrent de reflux gastro-œsophagiens. Si les reflux affectent gravement votre bébé, discutez avec votre médecin d'une solution de rechange.

- Tout de suite après l'allaitement, évitez d'asseoir votre bébé dans un accessoire (un porte-bébé, par exemple) où il pourrait s'affaisser.
- Élevez la tête du lit de votre bébé soit en réglant le matelas au niveau le plus haut à cet endroit, soit en plaçant un objet stable sous les pieds du lit ou encore des blocs de bois ou des livres sous le matelas.
- Si votre bébé boit du lait maternisé, essayez différentes marques de commerce ou une sorte plus épaisse. Testez divers types de biberons et de tétines pour tenter de réduire l'excès d'air.
- Si votre bébé est nourri au sein, allaitez-le plus souvent mais réduisez la quantité de lait. S'il est prêt à consommer des aliments solides, donnez-lui un peu de céréales de riz après l'allaitement.
- Ne mettez pas à votre bébé des vêtements serrés au ventre.
- Ne laissez pas votre bébé pleurer, même pas une minute, car les pleurs peuvent empirer les reflux gastro-œsophagiens. Prenez-le dans vos bras le plus longtemps possible afin de réduire les pleurs.
- Ne l'exposez pas à la fumée secondaire.

Si votre bébé est gravement affecté par les reflux gastro-œsophagiens, renseignez-vous auprès de votre médecin pour connaître les médicaments offerts, par exemple les antiacides pour enfants.

Les allergies et l'asthme

Quand un bébé a du mal à respirer en raison d'une affection, il dort généralement moins bien. Il arrive qu'un bébé se réveille souvent la nuit à cause d'allergies ou de l'asthme, et ce, sans que ses parents en soient conscients.

Les symptômes des allergies et de l'asthme

Il est souvent difficile de faire la différence entre un simple rhume et une affection plus grave. Voici les signes à surveiller en ce qui concerne les allergies et l'asthme :

- Écoulement du nez
- Toux, surtout le soir
- Reniflement
- Éternuement
- Nez congestionné, surtout au réveil
- Démangeaisons aux yeux, aux oreilles et au nez
- Larmoiement
- Mal de gorge
- Difficulté à respirer
- Éruption cutanée
- Diarrhée
- Symptômes du rhume durant plus de deux semaines
- Otite chronique, persistante
- Manifestation accrue de ces symptômes après un contact avec des animaux, ou des plantes ou des fleurs

Seul un médecin peut dire si votre enfant souffre vraiment d'allergies ou d'asthme parce qu'un grand nombre de symptômes s'apparentent à ceux qui sont généralement associés au rhume, à la congestion des voies respiratoires ou à d'autres conditions enfantines normales, par exemple la dentition. Si vous croyez que l'un ou l'autre de ces états affecte votre bébé, parlez de vos inquiétudes à votre médecin.

Les cauchemars, les terreurs nocturnes, le somnambulisme et le bafouillage

Divers troubles courants peuvent perturber le sommeil des bébés plus vieux. Peut-être arrive-t-il à votre bébé de s'éveiller en pleurant ou encore de bafouiller, de bouger, de s'asseoir ou même de se traîner ou de marcher pendant qu'il dort. La majorité de ces incidents se produisent rarement et ne durent pas longtemps.

Dans ce genre de situations, la meilleure option pour les parents consiste à calmer le bébé du mieux qu'ils le peuvent, puis à l'aider à se rendormir. Quand un trouble du sommeil devient persistant, parlez-en à votre médecin.

Le ronflement et l'apnée du sommeil

Si, quand il dort, votre bébé est très agité et très bruyant, s'il respire par la bouche, s'il ronfle ou renifle bruyamment, il souffre peut-être d'apnée du sommeil. *Apnée* signifie « absence de respiration ». Le symptôme le plus dérangeant de ce trouble du sommeil est que la personne qui dort cesse de respirer pendant une période pouvant aller jusqu'à 30 secondes, parfois même plus longtemps. Cela est très inquiétant pour les parents qui en sont témoins et cette situation devrait être prise au sérieux mais, généralement, il n'y a pas de danger de mort et il existe un traitement. Jusqu'à 10 pour cent des enfants sont atteints de manière importante d'apnée du sommeil. Les principales causes incluent une gorge ou des voies aériennes étroites, des amygdales ou des ganglions lymphatiques dilatés, l'obésité et les anomalies faciales. D'autres symptômes peuvent apparaître chez les enfants plus vieux : la somnolence durant le jour, les cauchemars, l'énurésie, les terreurs nocturnes, le somnambulisme, une transpiration abondante durant le sommeil et des maux de tête le matin.

Tous les enfants qui ronflent ne souffrent pas nécessairement d'apnée du sommeil. Toutefois, si le ronflement est bruyant et s'accompagne des autres symptômes, il est possible qu'il s'agisse d'apnée. Réciproquement, tous les enfants ayant des voies aériennes étroites, des amygdales dilatées ou un excès de poids ne souffrent pas nécessairement d'apnée.

Une apnée non traitée peut entraîner des problèmes cardiaques et de l'hypertension artérielle, en plus d'un important manque de sommeil. Les chercheurs n'ont pas réussi à établir de lien entre l'apnée du sommeil et l'incidence de la MSN.

Quel est le traitement ?

Le traitement le plus courant de l'apnée du sommeil chez les enfants est l'ablation ou la réduction des amygdales ou des végétations adénoïdes. D'autres traitements typiques incluent l'élargissement des voies aériennes, le dégagement du conduit aérien durant le sommeil ou (quand l'obésité est en cause) la perte de poids.

Surveillez votre bébé de temps à autre quand il dort

Tous les parents devraient surveiller leur bébé de temps en temps quand il dort. Dans une chambre tranquille, la respiration de votre bébé devrait à peine être audible. Elle devrait s'effectuer par le nez, régulièrement et aisément. (Cela ne sera pas le cas si votre bébé a le rhume ou si son nez est congestionné. Toutefois, il est important de savoir que les enfants atteints d'apnée du sommeil présentent souvent des symptômes très marqués quand ils ont le rhume.)

Si votre bébé respire par la bouche quand il dort et que sa respiration est bruyante et s'accompagne de ronflements ou de sifflements, ou encore s'il semble devoir faire des efforts pour respirer, consultez votre pédiatre ou un oto-rhino-laryngologiste, ou encore adressez-vous à une clinique de troubles du sommeil pour déterminer s'il peut s'agir d'apnée du sommeil. Ces symptômes peuvent être graves dans le cas d'un nouveau-né et vous devriez en faire part immédiatement à un spécialiste.

Passez à l'étape suivante de votre plan

Maintenant que vous avez analysé la situation actuelle de votre bébé en ce qui a trait au sommeil et que vous avez cerné les problèmes possibles, il est temps de mettre votre plan au point. Relisez la section sur les idées, remaniez votre plan et mettez-le en application durant une autre période de 10 jours. Ensuite, rédigez une autre série de fiches et, si vous avez bien effectué votre travail, vous dormirez comme un petit bébé — le vôtre, celui qui dort toute la nuit.

9

La mise en application de votre plan de sommeil pendant dix jours supplémentaires

À ce stade de votre plan, il est essentiel que vous ayez suivi les étapes mentionnées aux chapitres 7 et 8. Grâce à ces sections, vous aurez plus de facilité à déterminer la meilleure façon d'appliquer votre plan pour les 10 prochains jours. Peut-être vous êtes-vous aperçue qu'il vous fallait changer certaines parties de votre plan. Peut-être vous êtes-vous rendu compte que les habitudes de sommeil de votre bébé diffèrent de ce que vous aviez imaginé en premier lieu et que vous devez ajouter certaines idées ou même en supprimer. Peut-être même avez-vous constaté que votre plan était parfait et que vous n'aviez qu'à le suivre pendant 10 jours supplémentaires.

Maintenant que vous avez eu le temps de vous familiariser avec ces idées nouvelles, vous comprendrez de mieux en mieux ce que vous lirez et la façon d'appliquer les concepts. Vous vous êtes certainement exclamée « Ah ! ah ! » à quelques reprises, lorsque votre bébé s'est comporté d'une manière qui correspondait à ce que vous aviez lu. C'est que soudain vous avez mieux saisi les fondements sur lesquels s'appuient les solutions.

Chaque bébé est différent ; chaque famille est unique

Je me méfie toujours des tableaux portant sur la croissance et les étapes clés qui énoncent précisément à quoi vous devriez vous attendre de votre bébé chaque semaine. Les bébés sont différents les uns des autres, tout comme les adultes se distinguent les uns des autres, et il n'est pas raisonnable de tenir pour acquis que tous font la même chose exactement au même moment. En tant que mère de quatre enfants, je sais que les bébés se développent à des rythmes extrêmement différents. Mes enfants m'ont prouvé la spécificité de leur propre développement en franchissant les principales étapes clés à des moments qui ont grandement varié. Vanessa n'avait que 18 mois quand elle a formulé sa première phrase : « Biscuit, maman, s'il te plaît. » Angela, par contre, n'a commencé à parler par phrases complètes qu'à l'âge de deux ans et demi. David a marché à 10 mois et s'est mis à courir peu de temps après, tandis que Coleton s'est contenté de se traîner et de se faire porter jusqu'à 18 mois. Comme vous le savez déjà, Angela n'a pas fait ses nuits avant deux ans, tandis que Vanessa a réussi cet exploit par elle-même à six semaines. Ce qu'il y a de plus intéressant dans ces comparaisons, c'est que maintenant, à l'âge de deux, dix, douze et quatorze ans, mes enfants parlent et marchent tous très bien et font tous leurs nuits. Je veux surtout ici vous faire comprendre que chaque bébé est unique. Il y a des choses que vous pouvez faire pour aider votre bébé à mieux dormir, mais son propre tempérament et sa physiologie entrent en jeu en ce qui concerne le moment où il dormira toujours toute la nuit. Ainsi, il est préférable de ne pas comparer les habitudes de sommeil de votre enfant à celles des autres, mais de comparer plutôt son propre horaire d'une semaine à l'autre. En notant les améliorations de la structure de sommeil de votre bébé, et ce, à mesure que vous appliquez votre plan, vous pourrez constater le succès que vous avez obtenu.

Lauren, neuf mois, et Jim

Quand y arriverons-nous ?

Patience, patience ! Il est question ici d'un vrai petit être humain, pas d'un ordinateur programmable. Même s'il serait tout à fait génial que je puisse inventer une méthode de sommeil sans pleurs efficace en un jour, je n'entretiens aucune illusion sur la possibilité d'un tel plan. Je vous invite à célébrer chaque petit succès au fil de votre démarche. Votre bébé fait maintenant une plus longue sieste ? Super ! Il s'endort plus rapidement ? Merveilleux ! La nuit, il reste endormi durant de plus longues périodes ? Alléluia ! En étant capable d'apprécier honnêtement chaque petite victoire en cours de route, vous vous en ferez moins avec cette histoire de sommeil. Vous *êtes* sur la voie qui mène au sommeil qui dure toute la nuit. Vous y parviendrez. Voici maintenant le temps de vous réengager à suivre votre plan pendant une autre période de 10 jours. Bonne chance dans votre démarche vers le sommeil qui dure toute la nuit !

« J'ai tout essayé, mais rien ne fonctionne ! À l'aide ! »

Les idées contenues dans cette section s'adressent à quiconque est au bout du rouleau ou sur le point d'abandonner et de laisser son bébé pleurer.

Pour plusieurs raisons, toutes les mères témoins avec lesquelles j'ai travaillé n'ont pas obtenu immédiatement un succès foudroyant. Quelques parents ont fait des efforts pendant quelques semaines, puis ont eu l'impression que cela ne valait pas du tout la peine. Certains ont pu réévaluer ce qui se produisait, puis apporter quelques ajustements avant de connaître le succès. D'autres s'acharnent encore, comme ces deux familles :

> Je n'ai rien de positif à rapporter. J'ai commencé deux fiches, mais je n'ai pas réussi à les terminer. Pour la première, je ne me suis rendue qu'à 22 h 41. C'était incroyable ! Ma petite se réveillait si souvent que j'ai perdu le fil. Dans notre lit, elle s'éveillait aussi souvent. C'est fou. Nous en avons assez. Nous sommes plus qu'épuisés ! Je ne veux pas être la mère témoin pour qui le programme échoue, mais il semble que ce soit ce qui est en train d'arriver. Chaque jour, mon mari et moi discutons de la possibilité de laisser pleurer notre bébé. Nous avons

essayé pendant une minute et même résisté jusqu'à deux, mais aucun de nous n'a pu poursuivre au-delà. Donc, même si nous pensons le faire, nous ne croyons pas qu'il s'agisse d'une option à considérer. Nous ne savons plus quoi faire.

Je n'en peux plus. J'ai l'impression de devenir complètement folle. Encore une fois, je me suis promenée toute la nuit d'un lit à l'autre. Je n'arrive plus à fonctionner. Présentement, mon fils est réveillé et je l'allaite de temps à autre depuis 4 h. Il est passé 6 h et, chaque fois que je lui enlève le sein, il hurle comme si je le battais. C'est ridicule et, en plus, je commence à détester l'allaitement. C'est horrible. Je pleure et mes amies ne sont d'aucune aide. Elles me disent : « Tu vois, je te l'avais dit. Tu n'aurais pas dû gâter ton bébé. Tu devrais le laisser pleurer ; il finira par s'endormir. » Je sais qu'elles ont tort et que j'agis de la bonne façon avec mon bébé, mais je n'arrive plus à supporter cet état d'éveil constant.

Si vous êtes, vous aussi, rendue à ce point, vous trouverez ci-après trois idées complètement différentes de ce que je vous ai conseillé jusqu'à maintenant. De toute évidence, vous en êtes à un degré d'émotivité extrême, ce qui pourrait être dangereux. Vous ne voulez certainement pas blesser votre bébé par accident durant la nuit en le secouant ou en le frappant. C'est ce qui peut arriver quand vous êtes dans un tel état. (Même les parents les plus attentifs et les plus aimants peuvent être poussés à la colère par le manque de sommeil.) Vous ne voulez pas non plus vous mettre à détester votre bébé, ni que votre manque de sommeil ne vienne gâcher ce qui devrait être des moments heureux avec lui.

Vous pouvez utiliser l'une ou l'autre des trois idées suivantes si votre bébé a plus de quatre mois. Réfléchissez à chacune d'elles durant une journée. Parlez-en avec votre mari ou une amie en qui vous avez confiance. Prenez une grande respiration. (Si votre bébé a moins de quatre mois, veuillez vous reporter à la section sur les nouveau-nés, à partir de la page 94.)

Idée numéro un : accordez-vous une pause

Au cours de la prochaine semaine, ne cherchez pas à résoudre les réveils nocturnes. Faites tout ce qui est efficace pour que votre bébé se rendorme au plus vite. Débarrassez-vous de votre réveille-matin ou tournez-le de façon à ne plus voir l'heure. Couchez-vous le plus tôt possible et restez au lit le plus longtemps possible le matin. Accordez la priorité à votre vie et ne faites rien qui puisse être effectué la semaine prochaine. Faites des siestes si et quand vous le pouvez. C'est la semaine où « vous feriez n'importe quoi pour profiter d'un peu de sommeil ». Accordez-vous ce genre de pause durant une ou même deux semaines, puis revenez aux idées avec une perspective nouvelle. Si vous croyez que ça pourrait marcher, faites une pause d'un mois et peut-être votre bébé cessera-t-il de lui-même de se réveiller la nuit. Je vais être honnête et vous préciser que cela se produit rarement. Toutefois, après avoir refait le plein de sommeil, vous vous sentirez mieux et serez mieux disposée à reprendre votre plan de sommeil.

Entre-temps, lisez le chapitre 8, particulièrement la section commençant à la page 239. L'information qui s'y trouve pourra peut-être vous aider à déceler les problèmes qui vous empêchent d'obtenir du succès.

Idée numéro deux : engagez-vous sérieusement

Continuez à suivre les étapes suggérées dans ce livre, mais en apportant un changement majeur : engagez-vous sérieusement ! Fini les « peut-être », les « à peu près », les « je devrais » ou les « prochaines fois ». Prenez le temps de relire la première partie de ce livre et concentrez-vous. Créez-vous un plan à partir de ce que vous avez appris sur le sommeil et de ce que vous savez sur vous-même et votre bébé. Ayez confiance au programme ; ce dernier peut vous aider. Suivez chaque idée à la lettre.

Si votre bébé dort dans votre lit toute la nuit ou quelques heures et continue à se réveiller plusieurs fois, peut-être devrez-vous le coucher dorénavant dans son lit afin d'en arriver à de plus longues durées de sommeil. Il vous faudra certainement vous lever à quelques reprises pendant plusieurs jours, mais votre bébé finira par dormir plus longtemps. Vous trouverez des suggestions à partir de la page 187. Lorsque votre poupon dormira profondément de manière régulière, vous pourrez toujours le ramener dans votre lit si vous le désirez.

De nombreux parents ayant atteint un point de frustration extrême ont découvert qu'ils ne respectaient qu'à moitié les suggestions, et ce, en espérant que le succès viendrait malgré tout. En ne vous engageant qu'à moitié, vous ne réussirez qu'à moitié et parfois même ne constaterez aucune amélioration.

Je vous encourage à relire l'introduction et à revoir toute la section sur les solutions (voir le chapitre 4). Modifiez votre plan au besoin et suivez-le précisément ; votre bébé dormira. Il convient maintenant de lire le chapitre 12 pour y puiser de l'encouragement.

La majorité des parents qui suivent mon plan à la lettre obtiennent des résultats remarquables en 30 jours ou moins. Vous le pouvez aussi.

Idée numéro trois : adoptez une version modérée de la méthode consistant à laisser pleurer votre bébé

Si vous êtes sur le point d'abandonner la méthode et de jeter ce livre par la fenêtre, et que vous avez décidé de laisser pleurer votre bébé, cette section s'adresse à vous.

Le docteur Sears qualifie la situation où vous en êtes de « zone de danger » et énonce une mise en garde. Si les habitudes nocturnes de votre bébé vous font perdre votre sang-froid et font naître en vous du ressentiment, il vous faut procéder à un changement. J'inclus la suggestion suivante parce que vous êtes à bout. Elle peut fonctionner à merveille ou peut-être ne fera-t-elle que vous déranger davantage. Réfléchissez-y avant de décider de la mettre en application. Si en cours de route vous vous rendez compte que la situation ne fait qu'empirer au lieu de s'améliorer, appliquez immédiatement l'idée numéro un. Prenez une pause d'une semaine pour réévaluer la situation.

Cette suggestion convient davantage aux bébés âgés de plus d'un an. Cependant, si votre bébé est plus jeune (plus de quatre mois) et que vous êtes sur le point de le coucher dans son lit et de mettre des bouchons dans vos oreilles, j'ai une meilleure suggestion. Voici les étapes d'une version modérée de la méthode consistant à laisser pleurer votre bébé.

1. Passez plus de temps seule avec votre bébé durant le jour (surtout le matin et le soir avant le coucher).

Cajolez-le, prenez-le dans vos bras et transportez-le avec vous plus souvent.

2. Montrez à votre bébé à faire la différence entre le jour et la nuit. (Amenez-le dans la salle de bain et jouez à un jeu : lumière éteinte, c'est la nuit ; lumière allumée, c'est le jour ! Lisez-lui des livres qui parlent des contraires. Le matin et le soir, faites des commentaires sur le moment de la journée en regardant par la fenêtre.)
3. À l'heure du coucher, énoncez clairement vos attentes. Par exemple, vous pouvez dire : « Quand il fait clair, c'est le temps de boire du lait. Quand il fait noir, c'est le temps de dormir. » Recherchez des livres plastifiés sur les bébés et le sommeil, ou encore rédigez votre propre livre (voir les pages 205 à 209). Lisez-les à votre bébé durant le rituel du soir.
4. Quand votre bébé s'éveille la nuit, répétez-lui vos attentes. Dites, par exemple : « Chhhhh. Bonne nuit. Quand il fait clair, c'est le temps de boire du lait. Quand il fait noir, c'est le temps de dormir. Maintenant, il fait noir, il faut dormir. » Donnez-lui de petites tapes dans le dos ou caressez-le-lui en lui disant que c'est le moment de dormir.
5. Il pleurera, peut-être même beaucoup. Il est possible qu'il soit très contrarié. Attendez-vous à cela et dites-vous : « Bientôt, il ira mieux. Je vais faire ceci encore pendant (nombre de nuits). » (Choisissez le nombre de nuits que vous acceptez de procéder ainsi.)
6. Si vous n'êtes pas capable de laisser pleurer votre bébé dans son lit, même en restant à son chevet, vous pouvez le prendre dans vos bras, le bercer, lui murmurer une berceuse, lui frotter le dos, poser votre

joue contre la sienne ou faire tout ce qui vous aide l'un et l'autre. (Si votre mari ou une personne qui s'occupe de votre bébé peut prendre votre relève, cela est parfois préférable tant pour le bébé que pour la mère.)

7. Si votre bébé se réveille à répétition non pas pour être nourri au sein ou au biberon, mais pour que vous le preniez dans vos bras ou le berciez, vous pouvez procéder de la même manière. Cependant, laissez-le dans son lit et penchez-vous pour le caresser ou le calmer autrement. (Une mère m'a confié qu'elle avait essayé cette suggestion et qu'elle s'était endormie sur le plancher, la main à travers les barreaux du lit en train de tapoter le petit derrière de son bébé !)
8. Murmurez-lui des mots réconfortants (surtout pour vous aider à rester calme, mais en même temps pour lui faire savoir que vous êtes là). Par exemple, dites : « Tout sera réglé dans quelques jours. Je t'aime. Tout va bien. Maman est là. C'est le temps de dormir. »
9. En tout temps, quand vous ou votre bébé n'en pouvez plus, allaitez-le, donnez-lui un biberon ou recourez à tout moyen efficace pour le calmer et le rendormir. À ce stade, il sera très fatigué ; il s'endormira rapidement et dormira plus longtemps. Vous n'avez aucune raison de vous pousser à la limite. Vous réessaierez au prochain réveil ou demain soir.
10. Vous pouvez choisir un moment de la nuit où vous interromprez le processus. Par exemple : « Je vais faire ceci jusqu'à 3 h. Après, je vais mettre mon bébé au lit afin que nous puissions dormir un peu tous les deux. »
11. Nous pensons toutes les deux qu'il n'est pas bon de laisser pleurer un bébé. Cependant, si vous êtes au bout du rouleau, que vous n'avez plus la patience d'attendre

les changements graduels ou que papa menace de s'installer à l'hôtel, c'est probablement votre dernier recours. Vous avez été une mère très affectueuse ; votre bébé a été aimé et a reçu de bons soins. Bien sûr, il est important que tous les deux vous soyez bien reposés et calmes. Dans *The Breastfeeding Book,* Martha et William Sears déclarent : « Pleurer et s'agiter dans les bras d'un père ou d'une mère remplis d'amour, ce n'est pas la même chose que pleurer jusqu'à s'épuiser. » Donc, si vous croyez qu'il ne vous reste que cette solution, ne vous sentez pas coupable. Tentez seulement de vous sortir de votre fatigue le plus vite possible et donnez à votre bébé plein d'amour et de caresses durant le jour.

12. N'oubliez pas qu'en tout temps, même en plein milieu de la nuit, il est tout à fait correct d'abandonner cette idée et de revenir à l'idée numéro un (voir la page 274).

10

La rédaction des fiches, l'analyse de votre succès et la révision de votre plan tous les dix jours au besoin

Maintenant que vous avez suivi votre plan de sommeil pendant une deuxième période de 10 jours, c'est le temps de rédiger d'autres fiches, d'analyser votre succès et d'apporter les changements nécessaires. L'information de ce chapitre vous servira tous les 10 jours, après avoir appliqué votre plan, jusqu'à ce que vous soyez satisfaite du sommeil de votre bébé.

À l'aide des modèles fournis, créez vos fiches, puis répondez aux questions qui les accompagnent. Photocopiez suffisamment de modèles pour vous assurer d'en avoir jusqu'à l'étape finale du succès ou recopiez-les dans un cahier.

À mesure que vous progressez, revoyez l'information contenue dans le chapitre 8.

Gardez ce livre à portée de la main

Même lorsque votre bébé fera des nuits et des siestes de rêve, il est possible que le problème resurgisse à l'occasion. Les sujets que j'ai abordés au chapitre 8 (les otites, la dentition, les vacances) dérangeront probablement l'horaire du meilleur dormeur. Ne vous en faites pas trop avec ces circonstances normales. Ressortez simplement ce livre et suivez à nouveau votre plan pendant une ou deux semaines pour remettre votre enfant sur la bonne voie.

Utilisez les fiches et les évaluations offertes aux pages suivantes tous les 10 jours jusqu'à ce que vous ayez atteint votre objectif ultime. Par la suite, servez-vous-en chaque fois que les habitudes de sommeil de votre bébé ont besoin d'un ajustement.

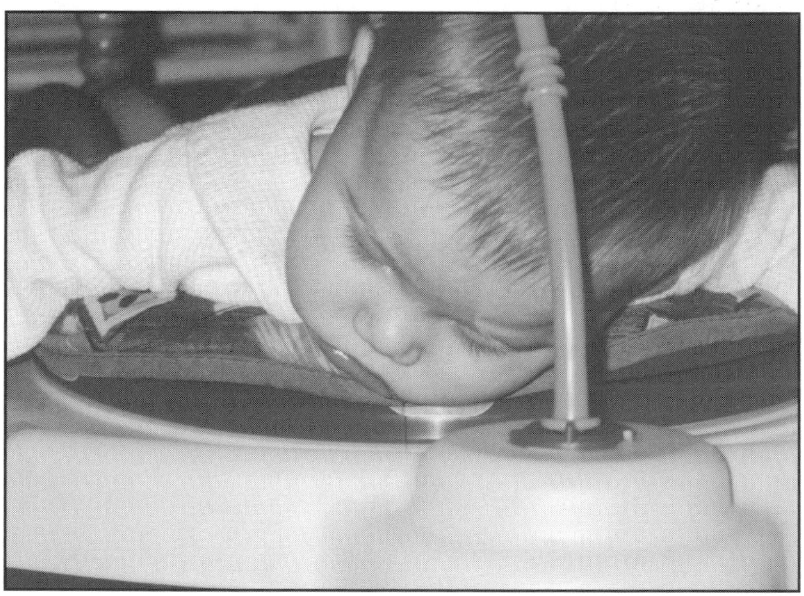

Coby, cinq mois

Fiche des siestes

Nom du bébé : ______________________________

Âge : ______________________________

Date : ______________________________

Plan suivi durant ________ jours

Heure à laquelle bébé s'endort	Comment bébé s'endort	Où bébé s'endort	Où bébé dort	Durée

1. Reportez-vous au tableau 2.1 à la page 76 ou copiez l'information de votre première fiche.
   Combien de siestes votre bébé devrait-il faire ?______
   Combien de siestes votre bébé fait-il *actuellement* ?____
   Combien d'heures les siestes devraient-elles totaliser ? _____
   Combien d'heures les siestes de votre bébé totalisent-elles *actuellement* ?______________________
2. Avez-vous instauré un rituel pour la sieste ?_________

3. Surveillez-vous les signes de fatigue et couchez-vous votre bébé dès que vous les remarquez ? __________
4. Le moment et la durée des siestes sont-ils constants chaque jour ? __________

Fiche du rituel précédant le coucher

Nom du bébé : __________

Âge : __________

Date : __________

Plan suivi durant ________ **jours**

Légende :
Activité : animée, modérée, calme
Bruit : fort, modéré, tranquille
Lumière : claire, tamisée, éteinte

Heure	Activité	Intensité de l'activité	Intensité du bruit	Intensité de la lumière

1. Au cours des 10 derniers jours, combien de fois environ avez-vous suivi votre rituel habituel avant le coucher ? ______
2. L'heure qui précède le coucher est-elle plutôt calme, tranquille ? L'éclairage est-il tamisé ? ______
3. Votre rituel aide-t-il votre bébé à se détendre et à ressentir le sommeil ? ______
4. Votre rituel est-il constant et sert-il d'indice du coucher pour votre bébé ? ______
5. Votre rituel avant l'heure du coucher est-il relaxant et agréable pour vous ? ______

Fiche des réveils nocturnes

Nom du bébé : ______

Âge : ______

Date : ______

Plan suivi durant ______ jours

Heure	Comment bébé m'a réveillée	Durée et activité	Heure à laquelle bébé se rendort	Comment bébé se rendort	Durée du sommeil

Heure de l'endormissement : ______________________
Heure du réveil : ______________________________
Nombre total de réveils : _________________________
Durée de sommeil la plus longue : __________________
Heures totales de sommeil : ______________________

Voici, à la page suivante, un tableau de comparaison de vos fiches. Remplissez-le afin de constater votre progrès.

	Première fiche	Après dix jours	Changement	Après vingt jours	Changement	Après trente jours	Changement	Après quarante jours	Changement
Nombre de siestes									
Durée des siestes									
Soir : heure de l'endormissement									
Heure du réveil									
Nombre de réveils									
Durée de sommeil la plus longue									
Heures totales de sommeil									

Tous les 10 jours, utilisez cette feuille de travail pour analyser votre expérience.

Durant les 10 derniers jours, avez-vous bien respecté votre plan ?

- ☐ J'ai suivi parfaitement toutes les parties de mon plan pendant 10 jours.
- ☐ J'ai suivi certaines parties de mon plan seulement.
- ☐ Au début, j'ai suivi mon plan, mais je suis revenue à mes vieilles habitudes.
- ☐ Plan ? Quel plan ? (Oh là là, il vaudrait mieux revenir à la première étape.)

Avez-vous remarqué qu'au moins un aspect s'est amélioré ? (Par exemple, une augmentation de 15 minutes dans la durée de la sieste ou du sommeil nocturne, un coucher plus tôt le soir, une diminution des réveils durant la nuit.) ______________________________

Quels aspects ont le plus changé ? ______________

Pourquoi croyez-vous qu'il en est ainsi ? (Qu'avez-vous fait pour qu'il en soit ainsi?) ______________

____

____

____

Quels aspects ont le moins changé ? ______________

Pourquoi croyez-vous qu'il en est ainsi ? (Qu'avez-vous fait pour qu'il en soit ainsi ?) ______________________

____

____

____

____

Au cours des 10 derniers jours, qu'avez-vous appris sur les habitudes de sommeil de votre bébé ? ______________

____

____

____

____

____

____

Quelles parties de votre plan semblent le mieux influer sur le sommeil de votre bébé ? ____________________

____

____

____

Selon vous, quels changements devriez-vous maintenant apporter à votre plan ? ________________________

____

____

____

Comment allez-vous procéder pour amener ces changements ? ______________________________

____

____

____

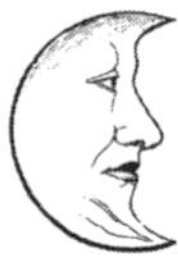

Partie II

Parlons de vous maintenant

Votre bébé ne fait pas encore ses nuits, mais il s'éveille de bonne humeur et resplendit toute la journée d'une joyeuse exubérance qui dément le manque de sommeil. Vous, par contre, avez peut-être l'air d'une véritable loque qui se traîne sans but dans un état de torpeur, espérant une nuit de rêve où vous pourrez rester confortablement dans votre lit, sans interruption. Pis encore, peut-être vous réveillez-vous par vous-même pendant que votre bébé dort, ce qui rend la situation encore plus frustrante. De nombreux parents découvrent que, même une fois que leur bébé dort profondément, ils continuent de se réveiller fréquemment. S'il y a une chose de plus exigeante que de se lever pour s'occuper d'un bébé toutes les deux ou trois heures, c'est bien de se réveiller toutes les deux ou trois heures même quand il dort paisiblement !

Cette section porte sur vous. Elle a pour objectif de vous aider à revenir à une structure de sommeil normale. Vous apprendrez plusieurs bonnes nouvelles et surtout, en suivant ces conseils, vous dormirez bientôt à poings fermés.

Le dernier chapitre de ce livre traite de la façon de garder un esprit sain durant la période où vous êtes privée de sommeil. Il vous offre de l'encouragement sur le chemin menant vers l'équilibre et vous aidera à demeurer concentrée sur l'avenir. Vous y trouverez des moyens d'apaiser votre frustration et votre détresse, et de renforcer votre résolution de bien suivre votre plan de sommeil et celui de votre bébé, et ce, dès maintenant.

11

Bébé dort (enfin !), mais pas maman

Vous avez suivi la solution « sommeil sans pleurs » vous avez créé un plan de sommeil, noté vos progrès sur des fiches et persévéré nuit après nuit – et votre bébé fait enfin ses nuits. C'est incroyable. C'est merveilleux. Le marchand de sable fait maintenant partie de votre famille. Votre bébé dort toute la nuit, mais pas vous.

La parole aux mères
« Mon bébé dort toute la nuit, mais je me réveille toutes les deux heures et je regarde l'horloge. »
Robin, mère d'Alicia âgée de treize mois

Ne vous découragez pas. Il s'agit d'une situation très courante et vous apprendrez dans ce chapitre comment améliorer votre propre sommeil.

Qu'est-ce qui se passe ?

Certains des événements qui se sont déroulés au cours des quelques mois ou années qui viennent de s'écouler ont perturbé votre sommeil. Vous avez vécu une grossesse, eu un bébé, peut-être été enceinte à nouveau et eu un ou plusieurs autres bébés. Si vous avez adopté un bébé, vous avez peut-être manqué de sommeil au cours de ce long processus exigeant et ensuite durant les premiers mois d'insomnie de votre petit.

Vous ne vous êtes peut-être même pas aperçue que vous aviez pris l'habitude de vous éveiller la nuit. Votre sommeil nocturne actuel inclut plusieurs réveils et votre système s'est habitué à un certain manque de sommeil.

Il y a probablement longtemps que vous n'avez pas dormi une nuit complète, peut-être même plus longtemps que vous ne l'imaginez. De nombreux parents ont en fait oublié à quoi ressemblait leur structure de sommeil avant que des enfants fassent partie de leur vie. Bon nombre d'entre eux croient qu'ils dormaient régulièrement huit heures consécutives. La plupart des experts du sommeil recommandent effectivement aux adultes de dormir huit heures. Cependant, en réalité, selon la National Sleep Foundation, les adultes dorment en moyenne environ sept heures par nuit. De plus, au moins la moitié des adultes ont de la difficulté à dormir — à s'endormir et à rester endormi —, qu'ils soient ou non parents d'un bébé. Autrement dit, si vous ne dormiez pas comme un loir avant d'avoir un bébé, vous ne dormirez pas mieux maintenant.

Il y a un autre aspect à considérer concernant votre sommeil actuel. À mesure que nous vieillissons (ce que vous faites depuis quelques années, n'est-ce pas ?), la quantité de sommeil dont nous avons besoin et le nombre d'heures passées à dormir tendent à diminuer, tandis que les problèmes de sommeil, eux, augmentent.

De récentes études menées par la National Sleep Foundation ont révélé l'influence de l'action hormonale mensuelle sur notre sommeil. Dans ces études, 43 pour cent des femmes ont mentionné que leur sommeil était dérangé durant la semaine qui précédait les règles ; 71 pour cent ont déclaré que c'était leur cas pendant les règles. De plus, 79 pour cent des femmes ont fait part de problèmes de sommeil durant la grossesse. (Personnellement, je pense que ce chiffre est beaucoup trop bas – probablement que les 21 pour cent qui ont choisi la case « non » dans ce sondage étaient trop fatiguées pour comprendre la question.)

Selon les experts du sommeil, non seulement l'âge mais aussi le stress de la vie adulte contribuent au trouble du sommeil. (Je déteste rapporter de mauvaises nouvelles, mais le pire est devant nous puisqu'on estime qu'entre 50 et 90 pour cent des personnes âgées de plus de 60 ans ont des problèmes de sommeil.)

En considérant tous ces phénomènes, il reste bien peu de nuits où notre sommeil n'est pas perturbé pour une raison ou une autre.

Voilà, vous connaissez toute l'histoire. Vous ne pouvez maintenant attribuer tous vos problèmes nocturnes à votre rôle de parent !

Comment obtenir une bonne nuit de sommeil ?

Puisque vous venez de vivre une période de réveils nocturnes fréquents, je n'ai pas besoin de vous préciser que la qualité de votre sommeil et le nombre d'heures que vous dormez peuvent influer sur l'ensemble de votre vie. Votre santé et votre bien-être requièrent un sommeil adéquat et reposant.

Chacun a des besoins particuliers en ce qui concerne le sommeil. Vous devriez évaluer vos propres besoins de sommeil à partir de votre santé. Laissez votre corps vous dire ce qu'il désire et efforcez-vous de l'écouter. Apprenez à reconnaître les signes qui vous indiquent si vous êtes ou non suffisamment reposée.

Vous trouverez ci-après quelques conseils utiles pour améliorer le sommeil adulte, des conseils que j'ai recueillis au cours des recherches exhaustives que j'ai effectuées pour les besoins de ce livre. Passez la liste en revue et choisissez-en autant que vous le voulez. Vous verrez certainement une différence en recourant simplement à une ou deux de ces suggestions.

Toutefois, gardez à l'esprit le fait suivant. Il arrive parfois que des personnes ayant été privées de sommeil pendant une certaine période se sentent encore plus fatiguées quand elles commencent à procéder à des changements en vue d'améliorer leur cycle de sommeil. Heureusement ce phénomène s'estompe rapidement et, dès que vous serez habituée à mieux dormir, vous vous sentirez mieux sur les plans émotionnel et physique.

Prenez connaissance des idées présentées ci-après et retenez celles qui semblent vous convenir, puis créez votre plan de sommeil personnel. Vous dormirez bientôt comme un bébé (qui ne s'éveille pas toutes les deux heures).

Cessez de vous préoccuper de votre sommeil

C'est fantastique ; votre bébé dort mieux à présent. C'était votre objectif en achetant ce livre et vous avez réussi. Ce n'est maintenant qu'une question de temps avant que vous-même dormiez mieux aussi — en fait, dès que vous vous serez habituée à la nouvelle routine de votre bébé et que vous serez sûre qu'il l'est lui aussi. N'est-il pas cruellement ironique d'être étendue dans votre lit à vous en faire parce que vous n'arrivez pas à vous endormir ou à rester endormie et de constater que c'est précisément ce qui vous tient éveillée ? Détendez-vous donc ! Suivez les suggestions suivantes et le sommeil viendra.

Éloignez votre réveille-matin et cessez de vous préoccuper du fait que vous ne dormez pas. Vous n'arriverez certainement pas à dormir en vous rongeant les sangs ! Il vaut mieux établir de bonnes habitudes de sommeil et les respecter soir après soir.

En tant que parent affairé, peut-être compliquez-vous votre problème en vous inquiétant du fait que, pendant que vous dormez, vous perdez du temps que vous pourriez utiliser pour accomplir ce que vous avez à faire. Soit vous vous couchez beaucoup trop tard, soit vous vous sentez coupable, étendue dans votre lit, en pensant à tout ce que vous « devriez » faire. Accordez-vous la permission de dormir. C'est essentiel pour votre corps, important pour votre santé et bon pour votre âme. N'oubliez pas que, si vous êtes bien reposée, votre bébé en profitera puisque vous serez une mère plus heureuse (ou un père plus heureux). Si vous allaitez votre bébé au sein ou que vous êtes enceinte, un meilleur sommeil vous sera également profitable, tant à vous-même qu'à votre petit.

Remboursez votre dette de sommeil

Quand nous ne dormons pas suffisamment, nous créons une dette de sommeil qui augmente chaque nuit blanche. Essayez de récupérer autant de minutes de sommeil que possible. Déterminez deux semaines pendant lesquelles vous tenterez de dormir plus que d'habitude. Faites-en votre priorité. Chaque fois que c'est possible, couchez-vous tôt, faites une sieste, dormez quelques minutes. Une petite heure de plus de sommeil vous aidera à rembourser au moins une portion de votre dette. Vous vous sentirez beaucoup mieux et serez alors en mesure d'établir de saines habitudes de sommeil.

Si vous ne pouvez tout simplement pas trouver le temps de dormir un peu plus, oubliez cette idée et concentrez-vous plutôt sur l'établissement d'une saine routine de sommeil. Peut-être faudra-t-il un mois ou plus avant que votre dette de sommeil diminue et que votre nouveau programme soit efficace, mais il est sûr que vous réussirez. Lorsque vous aurez conçu votre propre plan, vous découvrirez que dormir disparaîtra de votre liste de préoccupations. Cela ne deviendra qu'une partie simple et naturelle de votre vie, tout comme pour votre bébé.

Réglez votre horloge biologique

Votre corps est doté d'une sorte d'horloge interne grâce à laquelle vous pouvez régulariser vos états de veille et de sommeil. Un horaire de sommeil régulier conditionne cette horloge, qui se met alors à fonctionner en votre faveur. Si, chaque jour, vous vous couchez et vous levez à des heures différentes, l'efficacité de ce magnifique cadeau de la nature diminue ; votre horloge se dérègle. Vous serez alors fatiguée ou active à des moments inappropriés. Parfois, vous aurez l'impression de dormir debout durant le jour puis, le soir dans votre lit, vous serez complètement éveillée.

Ce phénomène explique pourquoi tant de gens ont de la difficulté à se lever le lundi matin. Toute la semaine, ils se couchent et se lèvent à une heure précise. Le vendredi matin, ils s'éveillent avant même que le réveille-matin se déclenche et, le vendredi soir, ils s'efforcent de rester éveillés durant le film de fin de soirée. Le lundi matin, quand sonne le réveille-matin, ils se sentent faibles et exténués. Vers la fin de la semaine, l'horloge interne a pris le contrôle à cause de la régularité de l'horaire des couchers et des levers. Or, durant le week-end, les gens se couchent plus tard et – s'ils en ont la chance – dorment aussi plus longtemps le matin, ce qui dérègle leur horloge biologique, qui doit être à nouveau réglée à partir du lundi matin.

Ce déséquilibre s'arrange facilement. Votre meilleur outil est un plan de sommeil stable. Déterminez une heure de coucher et une heure de lever précises, et respectez-les du mieux que vous le pouvez, sept jours par semaine. Il est évident que votre vie bien remplie vous fera déroger de cette routine de temps en temps. Vous pouvez dévier de votre plan de temps à autre sans trop déranger votre horloge biologique. Toutefois, dans l'ensemble, en suivant votre horaire le plus régulièrement possible, vous bénéficierez d'un meilleur sommeil, aurez plus d'énergie et serez plus alerte. Votre horloge biologique fonctionnera comme il se doit, vous permettant de faire preuve d'une bonne productivité le jour et de terminer la journée dans le calme le soir.

Il existe bien sûr quelques personnes choyées capables de bien fonctionner avec un horaire de sommeil variable. Ce sont des exceptions. Cette suggestion simple et efficace aide la plupart des gens.

Soyez organisée

Quand vos journées se déroulent à un rythme trépidant et que vous manquez d'organisation, votre niveau de stress augmente. Les réactions physiologiques et émotionnelles naturelles au stress nuisent à votre capacité de dormir. Vous pouvez donc régler ce genre d'insomnie en vous attaquant à sa source. Il s'agit alors de faire preuve d'une meilleure organisation et de plus d'efficacité durant le jour.

En inscrivant sur une liste ou un calendrier vos tâches de la journée, vous saurez mieux où vous en êtes. En mettant par écrit la multitude de détails importants à ne pas oublier, vous pourrez vous détendre au moins un petit peu. C'est comme si vous sortiez de votre tête toutes les dates et les choses à faire et les reportiez sur du papier, libérant ainsi un peu d'espace dans votre esprit. Ainsi, tard le soir, vous ne vous poserez pas cette question : « Que fallait-il donc que je fasse ? Qu'est-ce que j'ai oublié ? » Tout est là sur votre liste ou votre calendrier. Laissez un bloc-notes et un crayon près de votre lit. Si une idée ou une tâche importante vous vient à l'esprit, vous pourrez l'écrire avant de vous assoupir. Mettez-la sur papier puis oubliez-la pour l'instant.

Évitez la caféine tard dans la journée

Voici une information intéressante : la caféine reste dans votre circuit sanguin entre 6 et 14 heures ! La caféine contenue dans la tasse de café que vous buvez après le repas du soir se trouve encore dans votre système à minuit et même plus tard. La caféine renferme un agent chimique qui provoque l'hyperactivité et l'insomnie. Voilà pourquoi de nombreuses personnes trouvent stimulant de boire du café le matin. Le degré de tolérance au café varie. Vous devez donc faire des expériences pour déterminer la quantité de café que vous pouvez consommer et jusqu'à quelle heure vous pouvez en boire sans que votre sommeil ne soit perturbé.

Si vous nourrissez votre bébé au sein, prenez soin de vérifier s'il n'est pas lui aussi affecté par la caféine. Même si aucune étude n'a établi de lien entre la caféine et la difficulté de dormir d'un bébé, nous savons que le régime alimentaire influe sur la qualité, la quantité et le goût du lait maternel. Il n'est donc pas exagéré d'y voir un certain lien. (De nombreuses mères qui allaitent au sein ont affirmé avoir perçu chez leur bébé un effet de la caféine. Il vaut donc la peine de réfléchir à votre cas.)

N'oubliez pas que la caféine est un ingrédient qui ne se retrouve pas uniquement dans le café. Le thé (le vert comme le noir), le cola et d'autres boissons gazeuses (même la racinette et l'orangeade ; vérifiez l'étiquette), le chocolat et même certains analgésiques vendus sans prescription en contiennent, toutefois en plus petites quantités.

Avant de vous mettre au lit, buvez de préférence du lait chaud ou de la tisane, ce qui vous procurera un état de détente propice au sommeil.

Méfiez-vous des effets des médicaments et de l'alcool

Si vous prenez des médicaments, renseignez-vous sur leurs effets secondaires auprès de votre médecin ou pharmacien.

Nous sommes souvent conscients que les médicaments nous rendent somnolents, mais nous oublions parfois que certains ont l'effet contraire, c'est-à-dire qu'ils nous stimulent.

De la même façon, un ou deux verres de vin ou de bière le soir ne dérangeront sans doute pas votre sommeil et peut-être même le favoriseront-ils. Toutefois, une quantité plus grande peut avoir un effet rebond et entraîner de l'insomnie quelques heures plus tard, au milieu de la nuit. De plus, l'alcool peut nuire à la qualité du sommeil, le rendant plus léger et dérangeant les cycles de rêve normaux.

Faites de l'exercice durant la journée

Il y a de nombreux avantages à faire de l'exercice chaque jour. Un meilleur sommeil arrive en tête de liste. De nombreuses études (sans parler de l'expérience quotidienne) ont prouvé que les exercices physiques d'intensité modérée effectués régulièrement réduisaient l'insomnie et amélioraient la qualité du sommeil.

Pour que l'activité physique contribue à améliorer votre sommeil, vous devez maintenir un modèle régulier, par exemple 35 à 45 minutes d'exercices d'aérobie effectués modérément, quatre ou cinq fois par semaine. Pour obtenir de meilleurs résultats, faites vos exercices au moins trois heures avant de vous coucher. Il n'est pas conseillé de les faire juste avant de vous mettre au lit, car les exercices donnent spontanément de l'énergie. (Encore une fois, il y a des exceptions. Certaines personnes s'endorment tout de suite après avoir fait leurs exercices. Voyez si c'est votre cas.)

Vous pensez peut-être ne pas pouvoir sortir pour faire de l'exercice à cause de votre bébé. Au contraire ! Votre bébé vous offre l'occasion parfaite de faire une promenade quotidienne derrière la poussette. S'il fait trop froid l'hiver, rendez-vous dans un centre commercial où vous profiterez d'un grand espace pour déambuler librement. Cela ne vous conviendra peut-être pas tous les jours et vous devrez parfois laisser votre porte-monnaie à la maison, mais de nombreux parents trouvent que c'est un moyen efficace de faire un peu d'exercice. De plus, la plupart des bébés apprécient cette promenade et tirent avantage de la stimulation qu'elle leur procure, une stimulation qui pourrait également les aider à dormir.

Voici d'autres façons d'incorporer de l'exercice physique dans votre vie quotidienne :

Si vous travaillez à la maison :

- Quand votre bébé fait sa sieste, utilisez un tapis roulant, une bicyclette stationnaire ou d'autres accessoires pour l'exercice physique.
- Faites du jogging en montant et en descendant un escalier.
- Sortez avec votre bébé et faites du jardinage.

Si vous travaillez à l'extérieur :

- À l'heure du lunch ou au moment de la pause, montez et descendez des marches ou faites une promenade dans le quartier.
- Établissez une routine pour profiter du gymnase ou de la salle d'exercices des employés.
- Marchez d'un bon pas pour vous rendre à la photocopieuse, à la salle du courrier ou à la toilette.

Voici des idées pour tout le monde :

- Écoutez une vidéo de mise en forme et faites les exercices avec votre bébé.
- Écoutez votre musique favorite et dansez avec votre bébé.
- Découvrez de nouvelles façons de faire de l'exercice. Par exemple, garez votre voiture un peu plus loin du magasin, empruntez l'escalier plutôt que l'ascenseur, marchez quand votre destination est proche, reconduisez vos enfants plus vieux à l'école à pied et jouez dehors avec eux.
- Organisez des activités familiales où il y a du mouvement et de l'action, par exemple des randonnées pédestres, des promenades à vélo ou des excursions à la plage ou au parc.

Créez un environnement propice au sommeil

Examinez votre chambre à coucher et assurez-vous qu'elle favorise la relaxation et un sommeil régénérateur. Chaque personne est différente, mais la liste suivante peut vous servir de guide.

- **Le confort**. Trouvez-vous votre matelas confortable ? Vous offre-t-il un bon soutien ? Aimez-vous votre couverture ou votre douillette, ou vous dérange-t-elle durant la nuit ? La souplesse et l'épaisseur de votre oreiller vous conviennent-elles ? Est-il fabriqué avec des matières agréables qui vous aident à vous détendre ? Faites ce qu'il faut pour améliorer ces détails.

- **La température**. Vous vous éveillerez fréquemment si vous avez trop chaud ou trop froid durant la nuit. Faites des essais jusqu'à ce que vous trouviez la température idéale. Si la personne qui dort avec vous a des préférences qui diffèrent des vôtres, trouvez des façons de vous accommoder tous les deux, par exemple en portant un autre type de pyjama, en utilisant un ventilateur ou en ajoutant des couvertures.
- **Le bruit**. Certaines personnes dorment mieux dans un silence parfait, tandis que d'autres préfèrent entendre une musique de fond ou des bruits blancs. Si l'une des personnes partageant le même lit aime le bruit et que l'autre veut le silence, procédez à des essais : mettez des bouchons d'oreilles ou écoutez la musique ou le bruit blanc au casque.
- **La lumière**. Si vous préférez dormir dans la noirceur complète, couvrez vos fenêtres. Si vous aimez la clarté, ne baissez pas le store ou allumez une veilleuse. (Faites attention si vous utilisez de la lumière en pleine nuit pour aller à la salle de bain ou vous occuper de votre bébé. Une lumière vive pourrait déranger votre horloge biologique, qui réagira comme si c'était déjà le matin. Pour la nuit, prévoyez un éclairage de faible intensité.) Encore une fois, si vous n'avez pas les mêmes goûts que la personne qui partage votre lit, voyez qui de vous deux a les besoins les plus importants ou essayez de trouver un compromis. Vous pouvez couvrir vos yeux en portant un masque souple spécialement conçu pour cet usage, ou encore remonter le store d'un côté de la pièce et le baisser de l'autre – en dormant face à la fenêtre couverte, vous aurez une plus grande impression de noirceur.

Établissez votre propre rituel du soir

Vous avez instauré un rituel que vous suivez une heure avant de coucher votre bébé pour l'aider à mieux dormir. Vous pouvez aussi en créer un pour vous. Souvent les parents effectuent une routine agréable avant de mettre leurs enfants au lit. Une fois passée cette heure relaxante durant laquelle ils se sont presque endormis en leur lisant des histoires, ils repartent en quatrième vitesse et s'affairent dans toute la maison afin d'accomplir les tâches qui restent à faire. Soudain, ils jettent un coup d'œil vers l'horloge et — oh non — il est déjà minuit !

Votre rituel du soir personnel peut grandement améliorer votre capacité de vous endormir et de rester endormie. Il peut comprendre tout ce qui vous aide à vous relaxer, par exemple lire un livre, écouter de la musique, siroter une tasse de thé et discuter avec votre conjoint. Évitez de stimuler votre corps ou votre esprit durant l'heure qui précède le coucher. Des activités comme répondre à votre courriel, nettoyer votre maison à fond ou regarder la télévision peuvent vous garder éveillée longtemps par après.

Si possible, maintenez un éclairage tamisé durant l'heure qui précède votre coucher puisque les lumières vives signalent à votre corps qu'il est temps de passer aux activités de jour. En réduisant la lumière et le bruit, vous vous préparez en vue d'une bonne nuit de sommeil.

Mangez sainement et légèrement avant le coucher

Vous dormirez mieux si votre estomac n'est ni trop plein ni trop vide. Il est possible que vous ressentiez de la fatigue après un repas copieux, mais votre corps devra continuer de travailler pour le digérer, ce qui dérangera votre sommeil. À l'opposé, la faim peut aussi vous tenir éveillée. Généralement, un juste milieu est préférable. Prenez une collation légère environ une ou deux heures avant de vous coucher. Évitez les aliments gazeux, gras, sucrés ou épicés. On a découvert que certains aliments favorisaient un meilleur sommeil ; ce sont le lait, les œufs, le fromage cottage, la dinde et les noix d'acajou. Faites des essais pour trouver les meilleurs choix pour vous.

Favorisez la relaxation et le sommeil

Lorsque nous sommes étendus dans notre lit et que nous attendons l'arrivée du sommeil, notre corps et notre esprit ont souvent envie d'action. Le moteur tourne et nos pensées nous tiennent réveillés. Or, il existe une méthode efficace pour provoquer le sommeil. Il s'agit de concentrer son esprit sur des pensées calmes et relaxantes. Voici quelques moyens d'y arriver :

- Répétez une méditation ou une prière familières afin de libérer votre esprit de l'activité du quotidien et de le préparer au sommeil. Les étirements du yoga peuvent également détendre vos muscles.
- Concentrez-vous sur votre respiration et répétez le mot *relaxe* en expirant lentement ou imaginez votre respiration comme le flux et le reflux des vagues sur une plage.
- Recourez à la relaxation progressive pour amener doucement toutes les parties de votre corps à se détendre. Commencez par les pieds. Sentez leur poids, puis décontractez-les et imaginez qu'ils sont entourés

d'une agréable chaleur. Passez ensuite à votre jambe droite et reprenez le processus. Continuez avec votre jambe gauche et ainsi de suite jusqu'à votre tête. (La plupart des gens sont endormis, ou presque, avant d'arriver à cette partie du corps !) Vous pouvez adapter les exercices de relaxation que vous avez appris dans vos cours prénatals.

Quand la congestion mammaire vous empêche de dormir

Il arrive souvent qu'une période d'ajustement soit nécessaire quand un bébé nourri au sein commence à faire ses nuits. C'est difficile à croire, mais vos seins *constitueront* leur propre horaire. Il est normal que votre production de lait décroisse durant la nuit et, quand votre bébé aura pris de nouvelles habitudes de sommeil, en une semaine elle s'harmonisera au nouveau modèle d'allaitement de votre nourrisson. Vos seins produiront encore du lait continuellement ; ainsi, si votre bébé se réveille de temps à autre pour téter, il y en aura suffisamment pour le satisfaire. Il est intéressant de constater que, si votre bébé recommence à se réveiller la nuit parce qu'il fait ses dents, qu'il est malade ou qu'il a une poussée de croissance, votre production de lait s'adaptera à ses besoins (tant que vous l'allaiterez sur demande). Quel merveilleux miracle que l'allaitement !

La parole aux mères

« Hier, nous avons passé notre meilleure nuit jusqu'à maintenant. Mon petit gars a dormi sept heures d'affilée. Par contre, je me suis réveillée au milieu de la nuit avec des briques sur la poitrine ! Mes seins coulaient et me faisaient mal. Après avoir mis tant d'efforts pour faire dormir mon bébé, je n'ai pas osé le réveiller. J'espère depuis si longtemps qu'il fasse ses nuits que jamais je n'aurais pensé souhaiter qu'il se réveille pour téter ! »

Elisa, mère de Jahwill âgé de neuf mois

Des solutions durant la période d'ajustement

Voici quelques conseils qui vous seront utiles durant la période d'ajustement.

- Avant de coucher votre bébé et lorsqu'il se lève le matin, allaitez-le généreusement des deux seins.
- Pour dormir, portez un grand soutien-gorge muni de coussinets ou insérez-y des débarbouillettes.
- Quand vos seins sont engorgés, appliquez des compresses chaudes et expulsez une petite quantité de lait (soit à la main, soit avec un tire-lait). Ne retirez pas tout le lait car votre corps serait alors porté à réagir comme si votre bébé avait encore besoin d'être nourri la nuit. Aspirez juste assez de lait pour vous sentir bien.
- Prenez une douche chaude et massez vos seins sous le jet d'eau. Penchez-vous vers l'avant ; la loi de la gravité favorisera l'expulsion du lait. Expulsez juste assez de lait pour vous sentir bien jusqu'à ce que votre bébé se réveille pour téter.

- Appliquez une compresse froide sur vos seins ou utilisez de l'ibuprofène pour soulager la douleur ou l'inconfort.
- Si vous souffrez trop pour expulser du lait à la main ou avec un tire-lait, n'hésitez pas à réveiller votre bébé pour lui donner le sein. La plupart des bébés sont capables de téter en dormant et le vôtre pourrait bien boire juste assez de lait pour vous aider à vous rendormir. Même s'il se réveille, il se rendormira facilement durant l'allaitement.
- Pendant quelque temps, augmentez le nombre d'allaitements durant le jour. Certains bébés qui commencent tout à coup à dormir plus longtemps la nuit veulent être nourris plus souvent le jour pour compenser les allaitements qu'ils n'ont plus la nuit.
- Si, par le passé, vos voies mammaires se sont bloquées ou si vous avez déjà eu des infections mammaires, évitez les récidives en expulsant du lait ou en allaitant votre bébé en quantité juste suffisante pour assouplir vos seins. Cependant, ne le faites pas trop souvent si vous voulez en arriver à éliminer de votre horaire les allaitements nocturnes. N'oubliez pas que votre corps régularise la production de lait de manière à s'ajuster aux nouvelles habitudes de sommeil de votre bébé.
- Ne cessez pas d'allaiter votre bébé ! Vos seins contiennent encore du lait qui doit être évacué. Les allaitements fréquents durant le jour vous aideront à traverser cette période d'inconfort.

Surveillez votre santé

Si vous souffrez d'insomnie chronique ou d'autres troubles du sommeil inhabituels, ou encore si vous avez d'autres problèmes de santé, faites preuve d'intelligence. Consultez un médecin.

12

Quelques réflexions : entre mères

Tout en terminant ce livre, je réfléchis aux progrès que j'ai réalisés en ce qui a trait aux habitudes de sommeil de Coleton. Au début de cette aventure, il avait 12 mois et se réveillait toutes les heures pour téter. Un désir de sommeil impossible à assouvir remplissait mes nuits et toute la journée j'effectuais de constantes recherches frénétiques dans les livres et sur Internet pour trouver un moyen – quel qu'il soit – de faire dormir Coleton. Un critère me guidait : jamais je ne laisserais pleurer mon bébé jusqu'à ce qu'il s'endorme d'épuisement. Après tout, nous étions dans le même bateau : tous les deux, nous avions besoin de sommeil et ne savions pas comment parvenir à dormir.

Je ne vous cache pas que j'ai parfois eu envie de pleurer. Je me souviens de nuits où Coleton me réveillait pour la sixième fois et que je me mettais à prier : « Oh Dieu, faites qu'il s'endorme. » Comme vous, chères amies lectrices, j'ai appris que, lorsqu'une personne manque de sommeil, dormir devient la priorité absolue de sa vie.

Maintenant que j'ai traversé le pont (ou devrais-je dire le lit), le sommeil ne me préoccupe plus autant. Coleton fait tous les jours une sieste de deux heures et il dort toute la nuit, se réveillant rarement. Quand il s'éveille pour que je l'allaite, je suis bien reposée et bien disposée à répondre à ses appels nocturnes. Chez nous, le sommeil est redevenu une simple question de repos.

Mes mères témoins ont parcouru le même chemin. Elles ont entrepris cette aventure les yeux pochés, en me suppliant désespérément de les aider.

La parole aux mères

« Je n'aime pas l'avouer, mais je suis devenue obsédée par le sommeil. »

Caryn, mère de Blaine âgé de six mois

« Le matin, je suis un vrai zombie. Je ferais tout pour passer une nuit complète à dormir. C'est devenu mon obsession ultime. »

Yelena, mère de Samantha âgée de sept mois

« Je suis constamment à bout. Je passe mes journées dans une sorte d'engourdissement. Je ne suis vraiment pas capable de laisser pleurer mon bébé, mais je veux vraiment dormir. »

Neela, mère d'Abhishek âgé de dix-huit mois

À la fin de notre expérience ensemble, mes mères témoins avaient retrouvé leur énergie et étaient prêtes à découvrir la prochaine étape clé de la vie de leur bébé.

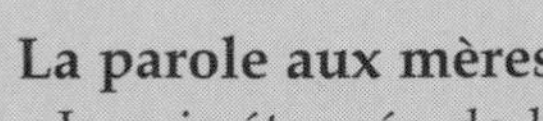

La parole aux mères

« Je suis étonnée de l'ampleur de nos progrès. J'ai peine à croire qu'il s'agit du même bébé. Je me sens comme une nouvelle mère, une mère heureuse et énergique qui dort toute la nuit et se réveille reposée et de bonne humeur. »

Robin, mère d'Alicia âgée de treize mois

« Maintenant, Josh se couche sans problème pratiquement tous les soirs. J'ai donc toute la soirée pour travailler, prendre une douche, dîner et préparer son repas pour le lendemain à la garderie. J'ai l'impression que chaque journée contient deux jours. »

Shannon, mère de Joshua âgé de dix-neuf mois

« Kailee se couche chaque soir à 20 heures et je ne l'entends jamais avant 6 heures et demie. Notre vie a complètement changé. Nous apprécions de tout cœur notre nouvelle liberté. »

Marsha, mère de Kailee âgée de huit mois

Nous sommes semblables

En travaillant avec mon groupe de mères témoins, je me suis rendu compte à quel point nous nous ressemblions. Nos noms diffèrent, nous vivons à divers endroits, mais notre cœur est le même. Nous aimons nos bébés inconditionnellement ; nous ne sommes pas capables de les entendre pleurer, pas plus que nous ne pouvons tolérer les pleurs d'autres bébés. Notre vie a changé complètement et irrévocablement dès que notre test de grossesse s'est révélé positif. À mesure que grandit notre bébé, nous lui réservons une plus grande place dans notre cœur.

De plus, nous avons de très fortes convictions sur l'éducation des enfants et nos opinions ne sont pas facilement balayées par celles des médias, de nos amies, ou même de notre pédiatre ou d'autres « experts ». Nous savons au plus profond de notre cœur ce dont notre bébé a besoin ; nous pressentons ce qu'il veut. Profitant des progrès de la médecine tout en nous méfiant des philosophies élaborées dans l'intérêt de la commodité, nous sommes déterminées à tenir compte de notre puissant instinct. Nous sommes même prêtes à souffrir pour offrir le meilleur à notre bébé. Nous sommes des lionnes, des mamans ourses, des papas tigres. Nous jouons notre rôle de parent avec notre cœur.

Si vous êtes mère pour la première fois

Si vous êtes mère pour la première fois et que vous venez tout juste d'entreprendre votre démarche vers un meilleur sommeil, je sais que vous êtes frustrée et impatiente. Puisque vous êtes bien déterminée à ne pas laisser votre bébé pleurer, je sais que les conseils que vous recevez de votre famille, de vos amies et peut-être même de votre pédiatre ne sont pas toujours utiles et compréhensifs.

Il est vraiment bénéfique pour vous de discuter avec d'autres personnes qui partagent votre philosophie. Si vous avez la chance d'avoir une amie qui a les mêmes opinions que vous, tirez-en toutes les deux avantage en prenant souvent le temps de parler ensemble. Si vous n'avez pas cette chance, cherchez du soutien du côté d'Internet. De nombreux sites Web sur l'éducation des enfants vous offrent l'occasion d'échanger des idées avec des parents de même mentalité que vous. Il existe une multitude de sites pouvant vous aider. Vous y trouverez de l'information, des articles, des babillards électroniques, des forums de discussion et bien d'autres choses. Voici quelques sites que j'ai appréciés :

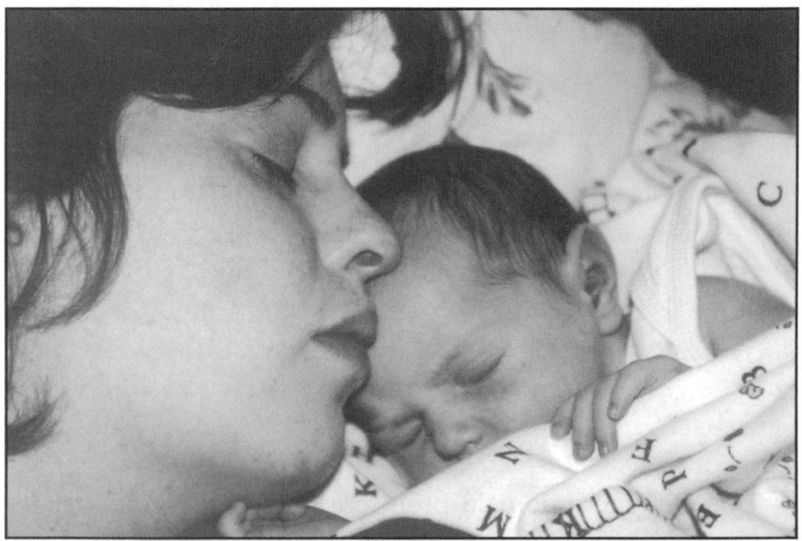

Kate âgée de deux semaines et Jill

babiestoday.com
babycenter.com
babyzone.com
breastfeeding.com
geoparent.com
mothering.com
myria.com
nursingbaby.com
parenthoodweb.com
parentsoup.com
parentsplace.com
storknet.com

Peut-être découvrirez-vous que le fait de vous confier à quelqu'un – que ce soit en personne, par téléphone ou ordinateur – vous conduit vers l'engagement plutôt que la dépression. Je vous encourage à rechercher le soutien dont vous avez besoin pour vous aider à traverser cette période exigeante.

Vivre le moment présent

Si vos problèmes de sommeil projettent une ombre toujours plus grande sur votre vie, vous pouvez décider de vivre le moment présent. Votre cerveau embrouillé par le manque sommeil est peut-être tellement concentré sur le désir de dormir que vous n'arrivez plus à penser à autre chose qu'à vos quelques prochaines heures de repos. Vous manquez de perspective. Pour en retrouver, posez-vous les questions suivantes :

1. Où serai-je dans cinq ans ?
2. Que vais-je penser de ce que je vis présentement ?
3. Serai-je fière de la façon dont je me débrouille avec la routine de sommeil de mon bébé ou vais-je avoir des regrets ?
4. Comment mes actions actuelles avec mon bébé se refléteront-elles sur la personne qu'il deviendra plus tard ?

Je sais que je me répète, mais le fait d'avoir des enfants plus vieux m'a donné la perspective qui me manquait la première fois. Mes enfants m'ont montré à quel point l'enfance passait vite. J'ai maintenant peine à me souvenir des difficultés de ces quelques premières années puisqu'elles se sont envolées si rapidement. Je suis fière de n'avoir pas cédé aux pressions des gens de mon entourage. J'ai plutôt suivi ce que mon cœur me dictait pour prendre soin en douceur de tous mes bébés. Cette époque est maintenant terminée pour nous, mais les souvenirs restent.

Quand je regarde mes enfants plus vieux, j'aime ce que je vois. Ce sont de jeunes personnes aimables, sensibles et attentionnées, à qui je me suis efforcée d'inculquer des valeurs solides. Toutefois, ils sont encore assez jeunes – tellement plus près de l'essence de l'humanité – pour réagir à certaines situations instinctivement, sans réfléchir. En les observant, mes impressions se sont renforcées sur une réalité dont souvent la logique adulte ne tient pas compte. Quand leur petit frère pleure, mes trois autres enfants se précipitent à son aide. Quand l'un d'entre eux est blessé, les autres lui présentent un contenant réfrigérant, une parole réconfortante ou une étreinte. Du plus profond de leur âme encore si pure, ils ont un mouvement de recul devant un parent qui ignore son bébé qui se lamente.

Mes enfants savent ce qu'il faut faire, en partie parce qu'il n'y a pas très longtemps qu'ils étaient eux-mêmes des bébés. Ils savent ce que ressent un bébé qui pleure. C'est facile pour eux car ils n'ont pas encore accumulé de bagage adulte et d'idées fausses. Quand un bébé pleure, la bonne réaction, c'est… de réagir. C'est aussi simple que cela.

Cependant, l'instinct ne fait pas tout. Je crois que mon engagement à traiter tous mes bébés avec douceur – mon refus de les laisser pleurer – a contribué à faire d'eux les êtres sensibles qu'ils sont aujourd'hui. Évidemment, cela n'a pas toujours été facile. C'est rarement le cas quand il s'agit d'obtenir une chose de grande valeur.

Les bébés du base-ball

Mes trois enfants plus vieux jouent tous au base-ball. Coleton et moi passons donc une bonne partie du printemps au terrain de jeu. Coleton avait cinq mois quand il a connu sa première saison de base-ball. Puisque j'étais l'entraîneuse de l'équipe de ma fille, Coleton passait le temps sous l'abri des joueurs et sur le terrain, niché dans sa balançoire à surveiller la joute et à écouter les cris d'encouragement, les chants et tout le brouhaha. En attendant leur tour au bâton, les filles le prenaient dans leurs bras l'une après l'autre pour l'amuser et tenter de le faire rigoler. Cette même saison, j'ai rencontré une mère dont le fils était du même âge que Coleton. Elle arrivait toujours avec son petit garçon bien attaché dans son siège d'auto qui se transformait en poussette. Le petit y restait bien installé, au bout des gradins. Sa position inclinée lui donnait une vue sur le ciel et les arbres. Quand il se plaignait, sa mère lui offrait un biberon, puis il buvait jusqu'à ce qu'il s'endorme. Comme je discutais avec cette mère, comme le font entre elles les mères des joueuses, je me suis aperçue que nous étions différentes au-delà du terrain de base-ball. Tandis que Coleton dormait à côté de sa maman qui l'allaitait chaque fois qu'il en avait envie, l'autre mère mettait en pratique l'entraînement au sommeil. À l'heure du coucher, elle mettait son bébé dans son lit à barreaux et ignorait ses pleurs jusqu'à une heure déterminée, le lendemain matin, pour lui « apprendre » à se calmer et à se rendormir par lui-même.

Coleton et cet autre bébé étaient tous les deux tranquilles. Nous n'entendions que rarement l'un ou l'autre pleurer. Toutefois, en observant la vie de ces enfants, je me demandais comment leurs expériences actuelles allaient teinter leur avenir. La vie de Coleton était remplie de personnes — des bras accueillants, des visages joyeux, des cajoleries, des caresses. Il était constamment au cœur de la vie, non seulement jouissant de ses propres expériences mais aussi observant celles des autres. Ses nuits ressemblaient à ses jours : quelqu'un était toujours là pour répondre à son appel. L'autre bébé passait les premiers mois de sa vie emprisonné dans sa poussette ; il entendait les gens mais il se trouvait à une distance trop grande pour faire partie de l'action, sauf quand de temps en temps quelqu'un venait se pencher au-dessus de lui. De longues heures de solitude meublaient ses nuits, personne ne répondant à ses pleurs.

Coleton commençait sa vie dans la merveilleuse communication humaine, qu'il chercherait certainement à retrouver en vieillissant. L'autre bébé apprenait l'indépendance et la solitude. Cela ne les empêchait pas tous les deux d'être des bébés heureux, satisfaits cependant de deux mondes différents — l'un centré sur les gens et l'autre coupé des gens. Je me demandais comment ces expériences d'enfance allaient affecter les hommes que ces bébés deviendront. À mesure que vous vivez ces premiers mois avec *votre* bébé, prenez le temps de vous demander quelle influence vos actions présentes auront à long terme. Ainsi, il deviendra plus facile pour vous de rejeter les conseils inutiles que vous recevrez pendant que vous travaillerez à vos propres solutions concernant le sommeil.

Patience, patience et encore un peu de patience

Respirez profondément et répétez après moi : « Cela aussi passera. » Vous êtes actuellement au cœur du problème, et c'est difficile. Or, en un rien de temps, votre bébé dormira et vous aussi. Il sera alors temps de passer à la phase suivante – et à d'autres défis – de cette expérience magnifique, exigeante et en fin de compte si enrichissante que nous appelons le rôle parental. Je vous souhaite, à vous et à votre famille, une vie remplie de bonheur et d'amour.

Pour plus d'information

Vous pourrez lire les comptes rendus d'entrevues avec de nombreuses mères témoins sur le site Web de l'auteure : www.pantley.com

Pour obtenir un catalogue gratuit de livres, de vidéocassettes, de bandes sonores et de bulletins sur le rôle de parent, pour vous renseigner sur le service de conférences données par Elizabeth Pantley ou pour communiquer avec l'auteure :

Envoyez une lettre à l'auteure à l'adresse suivante :
5720 127th Avenue NE
Kirkland, WA 98033-8741

Envoyez un courriel à l'auteure à l'adresse suivante :
elizabeth@pantley.com

Téléphonez sans frais au numéro :
1 800 422-5820

Envoyez votre demande par télécopieur au numéro :
(425) 828-4833

Rendez-vous sur le Web à l'adresse :
pantley.com

Cherchez sur Internet les articles écrits par « Elizabeth Pantley ».

Index

Notes à propos de l'auteure

Elizabeth Pantley est une éducatrice de parents et la présidente de *Better Beginnings, Inc.*, une entreprise qui œuvre dans le domaine de l'éducation et des ressources familiales. Elizabeth s'adresse fréquemment aux parents dans des écoles, des hôpitaux et des associations parentales. Ses présentations sont accueillies avec éloge et enthousiasme.

L'auteure est régulièrement invitée à des émissions de radio et souvent citée en tant qu'experte du rôle parental dans des magazines tels que *Parents, Parenting, Working Mother, Woman's Day, Good Housekeeping, McCalls* et *Redbook*, de même que dans plus de cinquante sites Web s'adressant aux parents. Elle publie un bulletin, *Parent Tips,* qui est distribué dans les écoles partout aux États-Unis et elle a écrit trois autres livres sur le rôle de parent :

- *Hidden Messages : What Our Words and Actions Are Really Telling Our Children*
- *Perfect Parenting : The Dictionary of 1,000 Parenting Tips*
- *Kids Cooperation : How to Stop Yelling, Nagging and Pleading & Get Kids to Cooperate*

Son ouvrage le plus récent, *The Successful Child : What Parents Can Do to Help Kids Turn Out Well* (Little, Brown and Company), a été rédigé en collaboration avec les docteurs William Sears et Martha Sears.

Elizabeth et son mari, Robert, vivent dans l'État de Washington avec leurs quatre enfants, Grama (la mère d'Elizabeth) et divers animaux domestiques. L'auteure participe activement aux activités scolaires et sportives de ses enfants et a occupé des postes aussi variés qu'entraîneuse de softball et présidente de l'association de parents et maîtres dans une école.

Les quatre enfants d'Elizabeth font leurs nuits.